LA SOUPE A LA FOURCHETTE

DANS LA MÊME COLLECTION

Jean Anglade, *Un parrain de cendre*
Jean Anglade, *Le Jardin de Mercure*
Jean Anglade, *Y a pas d' bon Dieu*
Jean-Jacques Antier, *Autant en apporte la mer*
Marie-Paul Armand, *La Poussière des corons*
Marie-Paul Armand, *Le Vent de la haine*
Marie-Paul Armand, *Le Pain rouge*
Marie-Paul Armand, *La Courée*
  tome I *La Courée*
  tome II *Louise*
  tome III *Benoît*
Édouard Axelrad, *La Cavale irlandaise*
Erwan Bergot, *Les Marches vers la gloire*
Erwan Bergot, *L'Héritage*
Erwan Bergot, *Sud lointain*
  tome I *Le Courrier de Saïgon*
  tome II *La Rivière des parfums*
  tome III *Le Maître de Bao-Tan*
Erwan Bergot, *Rendez-vous à Vera-Cruz*
Georges Coulonges, *Les Terres gelées*
Anne Courtillé, *Les Dames de Clermont*
Alain Gandy, *Les Chiens jaunes*
Alain Gandy, *L'Escadron*
Alain Gandy, *La Dernière Rafale*
Alain Gandy, *Adieu capitaine*
Michel Hérubel, *Anna*
Denis Humbert, *La Malvialle*
Denis Humbert, *Un si joli village*
Denis Humbert, *La Rouvraie*
Michel Jeury, *Au cabaret des oiseaux*
Henry Noullet, *La Pagode rouge*
Henry Noullet, *Les Trois Cavaliers de Langson*
Henry Noullet, *Sur la piste de Samrang*
Michel Peyramaure, *Les Tambours sauvages*
Michel Peyramaure, *Pacifique Sud*
Claude Riffaud, *Mékong Palace*
Jean Rosset, *Vir'vent*
Annie Sanerot-Degroote, *La Kermesse du diable*
Violaine Vanoyeke, *Les Schuller*
Claude Veillot et Jean-Michel Thibaux, *L'Enfant qui venait du froid*
Jeane Westin, *Amour et Gloire*

Jean Anglade

LA SOUPE A LA FOURCHETTE

Roman

Production Jeannine Balland

PRESSES DE LA CITÉ

ISBN 2-258-03866-9

Ô femmes! Vous êtes des enfants extraordinaires!

DIDEROT,
Sur les femmes

Au fond du long couloir des jours,
Obstinément, l'espoir des grands bois retrouvés
Luit comme une lampe d'église.

PIERRE MOUSSARIE,
Pays perdu

1

– *Ont anaz tou douz ?* Où allez-vous tous les deux ? cria, parce qu'il les savait un peu durs d'oreille, le tambour de ville-garde-champêtre Estieu, dit Dardanelle parce qu'il était allé là-bas combattre la Turquie, les voyant passer, derrière leur âne.

– On descend à Murat, répondit la Vieille. (Entre mari et femme, ils ne s'appelaient jamais autrement que le Vieux et la Vieille, cependant que les gens du pays disaient Rouffiat et sa Rouffiate). On va choisir un drôle ou une drôlette.

Naturellement, vu ses importantes fonctions, quoiqu'il ne fût plus muni de son fusil à deux coups depuis 1940, suite à un décret du gouvernement de Vichy, et qu'il lui restât pour seule arme son képi brodé de deux initiales, *G.C.*, Estieu était informé de la venue de ces petits réfugiés marseillais. Donneur de conseils professionnel, il recommanda aux deux Vieux la plus vive attention, comme s'il se fût agi d'acheter à la foire une vache ou un veau :

– Tâchez de bien ouvrir l'œil ! C'est tous des tarés.

Le chemin rocailleux descendait entre les pâturages broutés par des vaches rouges. Quelquefois, les quatre fers de Batistou arrachaient des étincelles aux cailloux. En 39, la Réquisition avait pris Nénesse, leur cheval. Et pour quoi faire, grand Dieu ? Pour aller combattre les tanks allemands! Sa chair contre leur acier! Si bien qu'ils n'avaient plus à présent que cette bourrique s'ils voulaient voyager attelés.

– Sinon, gare! ajouta Dardanelle. Gare au choléra! Marseille est une ville infestée de maladies. Ça vient des moustiques. Je sais ce que je dis : j'y suis passé.

A cet avertissement, le Vieux Léonce Rouffiat sut tout de suite ce qu'il devait faire : il saisit le bord de son chapeau et, par une rapide rotation, le tourna devant derrière.

Ce feutre, ceint d'une ganse jaune, il le portait depuis un demi-siècle, mais seulement à l'occasion des sorties. Cinquante ans de bons et loyaux services.

– Votre chapeau, maître, aimait à dire Jeff, l'ouvrier agricole, est un monument historique.

Cent fois, au cours de sa longue vie, Léonce avait usé de cette recette magique pour conjurer la guigne. Et quatre-vingts fois sur les cent, elle avait produit de bons effets : l'orage s'était éloigné, la vache avait roté sa gonfle, la fièvre de sa fille Amélie était tombée.

Le plus beau succès s'était produit le jour où il avait demandé en mariage celle qui s'appelait alors Louise Ajalbert. Depuis longtemps, il l'avait remarquée, les cheveux châtain roux, ramassés en boule, si abondants qu'elle semblait porter une citrouille sur la tête; les joues vermeilles; le nez un peu long, un peu large; ronde du buste et des hanches, en bonne laitière qu'elle promettait d'être. Il la pourchassait sur les chemins, jusque dans les églises. Obtenant d'elle parfois un salut des paupières ou un quart de sourire. Mais elle était aussi suivie par un nommé Gironde, cardeur à Pignou, riche, beau parleur, vêtu de velours à côtes de la tête aux pieds. Il ramassait la laine grège dans les hameaux et la rapportait écharpillée, prête pour la quenouille, ce qui lui donnait l'occasion d'entrer deux fois au moins dans les maisons. Déjà, il lui avait fait de petits cadeaux propitiatoires, un peigne, une brosse, un dé de cuivre.

Rouffiat voyait sa cause compromise. Jusqu'au jour où il aperçut Louisette en train de rincer sa lessive dans le Lagnon. Lui se tenait de l'autre côté, le ruisseau les séparait. Il eut l'audace de lui lancer le bonjour. Elle répondit du front, sans se déranger. Longtemps, il la regarda secouer dans l'eau ses draps, ses chemises, ses torchons encore fumants, fasciné par les gestes de ses bras blancs, les torsions de son buste et de son cou, ce mouvement de la main pour relever une mèche de cheveux, comme les alouettes le sont par les tourbillons du miroir. Il cria, dans leur langage commun :

– Avez-vous besoin d'une aide ?

Elle haussa les épaules : non, elle n'avait besoin de personne. Il remonta le courant une centaine de pas, jusqu'au pontet – deux simples troncs de pin jumelés –, traversa sur ses chaussettes, tenant ses sabots à la main par crainte de glisser. De loin, elle surveillait son manège. Quand il fut près d'elle, il s'aperçut qu'elle en était à ses dernières pièces, que la corbeille se trouvait pleine du linge rincé. Il tendit les mains, pour montrer sa bonne volonté :

– Laissez-moi, du moins, pousser votre brouette. Ça grimpe dur, jusqu'au Cayrol.

– Inutile. Merci. Je suis forte.

L'affaire se présentait mal. C'est alors qu'il eut l'idée de tourner son chapeau devant derrière. En un clin d'œil, tout parut s'arranger. D'abord, elle éclata de rire :

– Vous êtes drôle, comme ça !

Ensuite, il cueillit une fleur. Une grappe d'épilobe, dite « herbe de saint Antoine », le talus du sentier en était tout rose. Elle hésita, puis elle la prit, la piqua dans son chignon, cela lui fit un plumet. Mais elle empoigna quand même les brancards et se mit en route. Rouffiat cheminait à côté d'elle, embarrassé de ses membres, une paille aux dents. Louisette marchait d'un bon train dans la partie plate qui longeait le ruisseau. La roue couinait à chaque tour. Et Léonce :

– Vous entendez ce qu'elle dit ?

– Qui donc ?

– La roue de votre brouette : « C'est-y pas honteux! C'est-y pas honteux! C'est-y pas honteux! »

– Qu'est-ce qui est honteux ?

– Qu'un gars s'en aille les bras ballants et qu'une pauvre fille s'éreinte dans les brancards!

– Vous en savez trop.

Elle secoua la tête, refusant de comprendre. Toutefois, quand ils atteignirent la côte, elle s'arrêta pour reprendre haleine. Comme il insistait, elle voulut bien lui céder sa place. Juste quelques pas. La brouette continuait son couinement :

– A présent, qu'est-ce qu'elle dit ?

– « C'est pas trop tôt! C'est pas trop tôt! C'est pas trop tôt! »

Le chemin était long et roide, en effet, jusqu'au Cayrol. Et lui pas pressé d'arriver. Si bien qu'après un bout d'ascension, il fit à son tour une pause, prononçant la phrase du bouvier dans ces circonstances :

– Faut laisser aux vaches le temps de pisser.

Elle connaissait la formule et n'en sourit point. Quand il fit mine de ressaisir les mancherons, elle voulut les reprendre de son côté. Leurs mains querelleuses se rencontrèrent, il y eut de la bousculade. Alors, tandis qu'ils se trouvaient quasi emmêlés l'un dans l'autre, profitant d'une situation avantageuse, il emprisonna soudain la fille dans ses bras. D'abord, elle se débattit ; il serra plus fort, colla enfin sa bouche sur la sienne. Elle poussa un gloussement. Mais, peu à peu, il la sentit fondre, cesser toute résistance. Léonce n'avait jamais vu autour de lui cette procédure. Son père et sa mère ne s'embrassaient jamais en public. Il en avait appris l'existence à la caserne, où les soldats s'enseignent l'un l'autre. Et aussi par les cartes illustrées : on y voit deux amoureux rapprocher leurs lèvres. Ce fut leur premier baiser de carte postale. Ce jour-là, Gironde, le cardeur de Pignou, se trouva proprement refait, malgré sa richesse et ses cadeaux. C'est à son chapeau retourné que Rouffiat dut une pareille réussite.

Le reste ne fut plus qu'une suite de formalités : la demande, les accordailles, les noces. Son installation comme gendre dans la borie, dont il devint le *coare,* le maître de la ferme, en 1926, quand son beau-père lui en remit les clés. Façon de dire s'en alla sucer les pissenlits par la racine. Le Cayrol devint sa rouffiatière. De ce mariage naquirent un garçon et trois filles : Denis en 1900, Antoinette en 1906, Amélie en 1910, Augustine en 1921 après son retour de la guerre.

Néanmoins, le coup du chapeau retourné ne produisit pas toujours les effets escomptés. Il ne put rien lorsque Antoinette mourut en 1907 d'un mal de ventre que personne ne sut combattre, ni Tonia la guérisseuse, ni le curé, ni le médecin. Rien lorsque, en 1926, le feu s'alluma tout seul dans le foin sec et leur détruisit une grange avec sa fenière. Rien en 1940 quand Denis, le seul garçon, fut fait prisonnier par les Allemands, leur laissant en charge sa femme Céleste et son fils Adrien. Leur gendre Guignabert, cheminot à Neussargues, fut capturé de la même façon; sa femme Amélie se réfugia au foyer paternel. De sorte que le Cayrol nourrissait pour l'heure sept bouches : Léonce Rouffiat et sa Rouffiate; leurs deux filles Amélie Guignabert et Augustine, celle-ci âgée de vingt-deux ans et célibataire; Céleste, la bru et, son fils Adrien, élève à l'école d'Albepierre; Jeff enfin, l'ouvrier agricole.

Or voilà que tout ce monde ne suffit pas à Léonce. Le curé Verdier annonça dans son sermon une surprenante nouvelle :

– Mes bien chers frères et sœurs, vous cuisez vous-mêmes vos tourtes et mangez du pain blanc tous les jours. Vous produisez votre lait, votre beurre, votre fromage, votre volaille, vos œufs, vos pommes de terre. Vous élevez un ou plusieurs cochons. Bref, malgré ce que vous prend la Réquisition, vous ne manquez de rien. N'essayez pas de me dire le contraire, je ne vous croirais pas et vous devriez vous en expliquer en confession. Pendant ce temps, les gens des villes souffrent du froid et de la faim. Les enfants surtout – qui sont la France de demain – ont de la peine à grandir normalement. Les voilà rachitiques, souvent tuberculeux faute de nourriture. Après la guerre, comment notre pays se relèvera-t-il avec cette génération de malingres et de crapoussins ? Je vous le demande ! C'est pourquoi le Secours National, inspiré par la pensée de notre cher et glorieux Maréchal, a décidé de placer dans nos campagnes un certain nombre de petits citadins, provisoirement éloignés de leurs familles pour des raisons alimentaires, mais que la vôtre, j'en suis sûr, recevra à cœur ouvert. Ceux qui acceptent d'accueillir quelques mois un de ces malheureux petits recevront du Secours National une modeste allocation. Ils sont priés de donner leurs noms à la mairie. J'espère qu'ils seront nombreux. Tôt ou tard, Dieu les récompensera de leur générosité.

Chez les Rouffiat, on s'en entretint. L'accord se fit tout de suite :

– Nous devons prendre un de ces gamins, dit Céleste qui se sentait quasi veuve depuis trois ans. Ça nous portera bonheur, pour que Denis nous revienne bientôt et en bonne santé.

– Il ne coûtera guère à nourrir, et en plus on touchera l'allocation, souligna Augustine.

– Quand le curé demande, c'est le bon Dieu qui commande, confirma la Vieille.

La cause fut entendue. Un seul point restait à régler : fille ou garçon ?

– Oh, siouplaît ! Un garçon ! s'écria Adrien.

C'est-à-dire un compagnon de jeu.

– Toi, fit Léonce, tu parleras quand les poules pisseront.

Le gamin baissa la tête et attendit que les poules pissent. En fait, le grand-père préférait aussi un jeune mâle, dans les dix-douze ans, auquel il pourrait confier de menues besognes. Pour une raison parallèle, les femmes auraient mieux aimé une fillette.

– On verra ce qui nous sera présenté, conclut Louise Rouffiat.

Voilà pourquoi, ce samedi 12 juin 1943, jour de la Saint-Guy qui fait danser les filles, attelés à l'âne Batistou, le Vieux et la Vieille descendaient vers Murat. Sur le chemin en forte pente, le charreton tressautait, la mécanique couinait. Bientôt, en contrebas, parurent les toitures d'Albepierre, toutes de lauzes ou d'ardoises vêtues, d'où émergeait le long clocher carré. A main gauche, se dressait sur un éperon rocheux la croix du Voleur, ainsi nommée parce qu'elle avait son histoire.

Deux ans plus tôt, le jour de Pentecôte, à l'heure des vêpres, l'abbé Verdier avait trouvé béante la porte de la sacristie, le tronc des offrandes violenté et vidé de son contenu, la monnaie remplacée par des hosties consacrées, la serrure du tabernacle fracturée. Et disparue la custode, cette petite boîte de vermeil qui renferme le saint sacrement. Une bien malheureuse tradition de vol et de sacrilège s'acharnait depuis longtemps sur les accessoires religieux du canton. A Bredons, une Vierge en majesté avait été enlevée et perdue à jamais. A Murat, un vagabond avait dérobé un ciboire plein d'hosties et les avait mangées comme du pain, avec du fromage. En réparation, l'évêque de Saint-Flour avait institué à perpétuité, le 29 juin, une procession expiatoire.

En 1941, les gendarmes vinrent enquêter à Albepierre. Tout naturellement, leurs premiers soupçons se portèrent sur le chantier de Jeunesse numéro 40, Groupement I, établi à proximité, dans les bois de la Molède.

Un camp disciplinaire pour un ramassis de malfaiteurs, proxénètes, condamnés de droit commun, auxquels on avait joint des individus non moins dangereux : syndicalistes, socialistes, communistes, gaullistes, anarchistes. Ces individus occupaient leur temps à bûcheronner dans la forêt et à chaparder aux environs. On en vit, aux temps chauds, qui se montraient tout nus, mais couverts de tatouages de la tête aux pieds. C'est vous dire ! Ils se baignaient dans les ruisseaux et y capturaient des truites à la main. Parmi tous ces tatoués, cependant, quelques-uns ne devaient pas être des vauriens achevés, puisqu'ils avaient construit une chapelle avec une niche qui contenait une jolie Vierge et son Enfant. Plusieurs même épousèrent des Murataises ou des Arapeyrouses, qui n'eurent pas à s'en plaindre. Le voleur de custode fut bien découvert au chantier 40. Il avoua son sacrilège. On le tondit à double zéro et, faute d'autre prison, on l'enferma dans le four banal d'Albepierre, robuste petit édifice, tuilé d'épaisses lauzes, portant sur la porte sa date de naissance : *1796.* Cette cellule manquait rarement de locataire. On put même lire dans une revue bi-mensuelle ronéotypée au camp, *De là-haut,* cette annonce drolatique : *Jeune domicilié actuellement Four d'Albepierre recherche remplaçant sérieux. S'adresser avec toutes références désirables au chef du Groupement I qui transmettra. Pas sérieux s'abstenir.* On citait aussi le cas de jeunes emprisonnés qui s'étaient enfuis par la cheminée, comme des hirondelles.

Suivant l'exemple de Murat, Albepierre décida, pour se laver de la profanation, d'ériger une croix sur un point culminant, faite de six troncs d'épicéa hérissés de tous leurs nœuds, joints ensemble et ferraillés par le forgeron Rousset. Au croisement de ces six arbres, une simple barre de fer tenait la place du Christ. Le tout, dans sa rudesse et son énormité, assez patibulaire. Elle fut inaugurée par Mgr Lecœur.

La Rouffiate leva les yeux vers la croix du Voleur, se signa, ses lèvres ruminèrent une patenôtre.

Le bourg semblait déserté de ses habitants. Mais, passant non loin de l'école du haut, ils entendirent par les fenêtres ouvertes les enfants chanter *Maréchal, nous voilà.* Il était question que le chef de l'État français vînt en tournée dans la région; le Cantal devait être prêt à le recevoir. Au milieu de ces voix fraîches et convaincues, la Vieille crut reconnaître celle de son petit-fils Adrien, et en éprouva de l'émotion.

Ils longèrent le cimetière, entreprirent la dévalée vers le Martinet. A mi-parcours, ils atteignirent, à main gauche, la petite chapelle dressée par les demoiselles Cornet à Notre-Dame de Consolation. Louise tint à descendre de voiture, comme chaque fois qu'elle passait devant. Léonce tira les guides, Batistou s'arrêta. Au-dessus de la porte, une niche vide, aménagée pour recevoir une veilleuse, ne contenait qu'une plante sauvage, une pulsatille, dit « herbe au vent », qui avait poussé là par hasard. La Rouffiate eut la pensée de l'arracher; mais elle la laissa en paix, se disant que Dieu l'avait semée dans cette niche, qu'elle n'avait pas à défaire ce qu'Il avait fait. A l'intérieur, sur un petit autel, une Vierge bleue tenait dans ses bras son Enfant. Louise récita trois *Je vous salue* : l'un pour le retour de son fils et de son gendre; le deuxième pour la santé des siens; le troisième pour favoriser le choix du drôle ou de la drôlette qu'ils allaient prendre à Murat. A gauche de la porte, une petite fente verticale appelait les offrandes. Louise chercha dans son boursicot, hésita entre une pièce de cinq sous et une de dix, poussa la seconde dans la fente, l'entendit tomber dans la tirelire intérieure.

Ils arrivèrent en vue de Murat le Bleu. A l'inverse d'Albepierre, la ville était pleine d'agitation. La place du Balat, où venaient avant la guerre chaque vendredi les camelots et les paysans des alentours vendre leurs produits, était encombrée de charrettes, d'ânes, de mulets, de curieux des deux sexes. Devant l'hôtel de ville, autour d'un espace limité par des barrières, c'était pire. Des miliciens en costume bleu nuit, le mousqueton à l'épaule, l'air rogue, surveillaient tout ce monde. Ils montraient sur leur béret alpin un *8* décapité, qui était un *gamma* d'argent, lettre grecque figurant au zodiaque le Bélier, signe du printemps, du renouveau. Par conséquent, de la Révolution nationale. Les personnes marquées de ce signe, affirment les astrologues, sont dotées d'un caractère égal, d'un esprit équilibré, de tendances artistiques. C'étaient bien là les caractères dominants de la Milice. En fait, à Murat, personne ne reconnaissait ces porteurs d'uniforme, rarement enfants du pays.

Dans le rectangle délimité, une cinquantaine de gosses, garçons et filles, de six à quatorze ans, apeurés, se pressaient les uns contre les autres, tels des moutons, à la rage du soleil. Arrivés de Marseille par le train, après un long et épuisant voyage, comme on le sut par la suite, plusieurs changements, cent tunnels et beaucoup d'escarbilles, ils portaient au cou un collier de ficelle auquel était suspendu un carton d'identité; de plus, en bandoulière, une ou deux musettes remplies d'effets personnels. L'uniformité de ces musettes kaki laissait penser qu'elles étaient un cadeau du Secours National. Deux infirmières en voile marine encadraient ce troupeau, s'efforçant de consoler ceux qui pleuraient, distribuant dans des gobelets de métal un liquide qui avait un peu le goût du lait, sans en avoir la blancheur ni la consistance et qui était du *mergue*, appelé *gaspe* sur l'Aubrac. Gaspe ou mergue, blanc bonnet ou bonnet blanc. Ce résidu de la fabrication du fromage, riche en calcium et en vitamines, risquait moins de tourner à la chaleur que le lait entier. Les services du ravitaillement ne s'y intéressaient point et l'abandonnaient à l'engraissage des cochons; mais chaque été, les Aubraciens de Paris venaient avant la guerre s'en gorger et recevaient en conséquence le sobriquet de « gasparous ». Les petits Marseillais tendaient leurs quarts de fer étamé, disant : « Encore, s'il vous plaît ! » La gaspe sécha leurs larmes.

Les familles d'accueil se tenaient autour des barrières, étonnées d'une telle situation, muettes, les yeux écarquillés. Alors intervint un civil porteur du brassard *S.N.*, et la répartition commença. Tout se fit au jugé, selon les appréciations du civil. Il appela le premier nom de sa liste. Cela se trouva être, par mérite alphabétique, un certain Allary, de la Griffoule.

– Qu'est-ce que vous préférez, un gars ou une fille ?

– Un gars.

– Un grand ? Un petit ?

– Plutôt un grand.

Le S.N. hésita, parcourut des yeux sa troupe disparate.

– *Aqueste* ! dit le paysan, le doigt tendu.

– Il est à vous.

Le garçon désigné regarda autour de lui, assez faraud, comme s'il avait gagné le premier prix d'un concours. Puis il suivit Allary qui boitillait. Tous deux s'en allèrent.

Furent ensuite appelées les familles Andrieu, Bardolle, Bastid, Chanal, Dufour. Les mâles partaient les premiers, et de préférence les plus costauds. Avec perplexité, Rouffiat considérait le restant, le menu fretin. Après Dufour, vinrent Favre, Guibal, Lacroix. « Pas possible, pensait le Vieux qui n'avait de l'alphabet qu'une idée assez vague, on nous a oubliés. »

Parfois éclatait un drame : un enfant désigné refusait de suivre son nouveau maître, reculait, criait, fondait en larmes. Pour quelle raison ? Allez savoir ! Parce que le fermier auvergnat portait une barbe à faire peur. Ou simplement parce que le gamin n'acceptait pas cette saisine et prétendait retourner à Marseille. L'un d'eux s'échappa, il fallut le poursuivre, le rattraper. Les infirmières bleues les embrassaient, s'efforçaient de les amadouer. Ils finissaient par s'abandonner, suivaient en reniflant la famille d'accueil, tête basse, comme si elle les traînait vers l'abattoir.

Enfin, le S.N. cria : « Rouffiat Léonce ! » Le Vieux ne bougea point, pas sûr d'avoir bien entendu son nom.

– Rouffiat Léonce ! répéta l'autre avec impatience.

– C'est à toi, dit la Vieille.

– C'est à nous.

– Vas-y seul. Choisis toi-même. Je veux pas m'en mêler.

– C'était pas la peine, alors, de m'accompagner.

– J'ai la vue basse, tu le sais bien. J'ai peur de mal choisir.

Il est vrai qu'elle souffrait de myopie, tout le monde lui conseillait de porter des lunettes. Mais les conseilleurs ne sont pas les payeurs. Cet accessoire, à son avis, convenait mal aux travailleurs des champs. Elle avait l'habitude de voir le monde éloigné derrière une brume légère. Dans Murat, elle se cognait un peu aux passants. Mais de près, elle distinguait les plus menus détails, elle enfilait ses aiguilles, elle retrouvait les épingles dans les rainures des planchers, on l'appelait pour se débarrasser d'une épine ou d'une écharde.

Le Vieux s'avança donc seul. De la main, il vérifia que son chapeau était bien tourné à l'envers. Il ne restait plus que des filles, une douzaine, toutes plus brunes les unes que les autres. Il se sentit intimidé par ces douze regards chargés de crainte qui convergeaient sur lui. Laquelle prendre ?

– Choisissez vous-même, dit-il au S.N.

L'homme au brassard poussa vers lui la plus proche. Une maigrichonne dont la pâleur, devinée sous le hâle marseillais, virait au gris. Des riquets rouges nouaient ses cheveux luisants de sueur. Comme ses compagnons et compagnes, elle portait deux musettes dans le dos, et serrait de plus contre son cœur un petit ourson de peluche.

– Dis ton nom, commanda le S.N.

– Zéna.

– Elle veut dire Zénaïde.

– Zé... Zénobide ? fit Léonce. C'est une étrangère ?

– Non, non. Une Française, soyez tranquille. Zénaïde Pujol. Elle a neuf ans. Voici ses papiers.

Le Vieux prit la main libre de l'enfant, qu'il sentit trembler dans la sienne. Ne sachant trop que dire à cette petite inconnue, il se contenta de la tirer doucement vers le charreton où attendait la Vieille, à l'ombre d'un arbre. Quand elle y arriva, chargée de ses musettes, sous lesquelles elle semblait fléchir, Louise leva les bras au ciel :

– Mon Dieu ! Qu'elle est *trasse* !

Zéna ne comprit pas ce mot, mais soupçonna qu'il s'agissait d'une qualité peu avantageuse.

– T'as pas le choléra au moins ? dit Léonce.

Et la petite :

– Le choléra ? Qu'est-ce que c'est ?

– Ne lui pose pas de questions imbéciles, fit la Vieille. Est-ce que tu as soif, m'amie ? Est-ce que tu as faim ?

– J'ai bu du lait.

– De la gaspe, rectifia-t-il.

– J'ai bien un peu faim, osa-t-elle ajouter.

Elle prononça *fénn*. Louise la considéra avec surprise.

– Qu'est-ce que tu dis ?

– Je dis que j'ai *biénn* un peu *fénn*.

– Comment qu'elle cause ? demanda la Rouffiate, tournée vers Rouffiat.

– Elle cause comme à Marseille, pardi. Elle dit qu'elle a bien un peu faim. Des Marseillais, j'en ai rencontré pendant la guerre. C'était pas toujours facile de les comprendre. Au début, m'aurait fallu un interprète. D'autant plus qu'ils causaient à cent à l'heure. Et ça y allait, et ça y allait! Ensuite, je me suis habitué. Tu t'habitueras aussi.

– Et comme ça, elle a faim? Et moi qui ai rien apporté! Vieux, est-ce qu'on peut acheter quelque chose dans une pâtisserie? Une allumette? Un pain d'épices?

– Tu sais bien que les pâtisseries sont fermées, à présent. Les gâteaux sont interdits, ma pauvre Vieille!

– Bon. Alors, remontons vite au Cayrol, pour qu'on puisse donner à manger à cette poulette. Mais pécaïre, qu'elle est *trasse*!

Elle la débarrassa de ses musettes pour l'alléger, lui laissa son ourson.

– C'est Bofi, dit Zéna.

Quand elle fut installée, entre eux sur le siège, elle posa une question inattendue :

– Où on est, là?

Les Vieux se regardèrent, pas certains d'avoir compris.

– Tu demandes où c'est qu'on est?

Ainsi, chaque fois qu'elle ouvrait la bouche, ils durent longtemps la faire répéter.

– Tu es à Murat, en Auvergne.

– On est bien toujours en France?

– Foutre!

– Qu'est-ce que ça veut dire, foutre?

– Ça veut dire : plus que sûr.

Tandis que, lentement, l'âne Batistou se mettait en route, la Vieille présenta un peu à la petite ce pays où elle allait vivre plusieurs mois. D'abord, Murat. Murat le bien muré, aux belles murailles de pierre noire. Murat le hérissé par ses arêtes, ses clochers et clochetons, ses cheminées, ses lucarnes. Murat le bleu par ses toitures d'ardoise. La maison du sous-préfet, même s'il n'y résidait plus depuis longtemps. Le monument aux Morts. Le rocher de Bonnevie au sommet duquel une Vierge blanche veillait sur la ville et ses environs.

– Dans l'église, y en a aussi une noire. On l'appelle

Notre-Dame des Oliviers. On la promène au mois d'août en procession.

Une fois, Louise se baissa et embrassa la petite sur les cheveux, entre les deux riquets rouges. Zéna avait une odeur de violette, mêlée à une odeur de charbon. Sa mère l'avait parfumée avant qu'elle ne quittât la gare Saint-Charles, il lui en restait un peu; la fumée de la locomotive avait ajouté l'autre odeur. « Chaque personne a la sienne, pensa la Rouffiate. Nous, on doit plutôt sentir l'étable. »

Elle désigna encore la chapelle de Bredons, sur son énorme rocher, si près de l'à-pic qu'on eût dit qu'elle allait sauter. Et plus haut, toutes ces montagnes vertes.

– Comment elles s'appellent? demanda Zénaïde.

– Elles s'appellent Cantal, dit la Vieille.

– Y en a une, précisa le Vieux, qui s'appelle Plomb. Mais d'ici, on la voit pas encore. Nous la verrons du Cayrol.

Ils traversèrent l'Alagnon et entreprirent la côte qui grimpait vers Albepierre. Lorsqu'il repassa devant la chapeloune de Notre-Dame de Consolation, l'âne Batistou s'arrêta de lui-même. Louise se signa largement, prononçant à voix haute : « *Au nom du Père...* » Léonce esquissa devant sa figure une petite croix rapide. Coincée entre les deux, Zéna demeura immobile. La Vieille la considéra avec reproche :

– Est-ce que tu ne crois pas au bon Dieu?

– Mais si! Mais si!

– Et à la Sainte Vierge?

– Nous en avons une aussi à Marseille. La Bonne Mère. Plus belle que la vôtre. Elle est en or.

– Tout ça, c'est des portraits de la même personne : de la mère de Jésus. Est-ce que tu crois en elle?

– J'y crois de tout mon cœur.

– Eh bien alors! Fais ton signe de croix, saprediou!

2

Le Cayrol était juché, à 1 100 mètres d'altitude, sur une échine de montagne couverte de pâturages et de prairies. La plus haute borie de la commune. Des rochers sortaient de l'herbe comme des chicots de vieilles dents. De là, on dominait la profonde vallée où gargouillaient le Lagnon – à ne pas confondre avec l'Alagnon, son quasi-homonyme – et ses cascades. Plus haut, des forêts noires vers Prat-de-Bouc.

Comme ils approchaient de la ferme, des abois leur apprirent qu'ils étaient repérés. Tout de suite, la fillette s'inquiéta :

– Est-ce que vos chiens sont méchants ?

– Non, non. Ils jappent juste pour faire peur aux voleurs. Mais faudra qu'ils fassent ta connaissance. Ensuite, t'auras rien à craindre. Au contraire, en cas de besoin, c'est eux qui te défendront.

Soudain, après une rangée de frênes, la borie fut devant eux. Elle comprenait deux bâtiments, joints bout à bout comme les deux branches d'une équerre de menuisier. Le premier, long et bas, pour les animaux ; le second, court et haut à deux étages, pour les personnes. Le tout bâti de pierres noires liées à la chaux blanche et couvert de ces tuiles naturelles, disposées en écailles de carpe, qu'on appelle *lauzes* ; de sorte qu'on peut dire une maison « bien lauzée » ou « mal lauzée »

Au faîte du logis des hommes, une cheminée à plusieurs étages, surmontée d'une girouette représentant un cheval.

– Autrefois, dit la Vieille, mon père avait un étalon. Les fermiers des environs lui amenaient leurs juments.

– Pourquoi faire?

– Pour les marier, pardi!

La fillette reçut cette explication sans la comprendre.

En face de l'étable, une longue *bachache*, un bac-abreuvoir à deux niveaux, le supérieur déversant son trop-plein dans l'inférieur, alimenté par un tuyau de plomb d'où tombait un filet d'eau limpide.

Le charreton entra dans la cour qu'occupait en partie un tas de fumier. Dessus, comme sur un observatoire, Adrien, à peine revenu de l'école, très impatient de voir le compagnon de jeu et de travail que ses grands-parents devaient lui ramener. Alentour, les deux chiens se répandaient en aboiements de malvenue.

– *Sem arribà*, avertit le Vieux, pour habituer la drôlette au langage qu'elle devrait entendre chaque jour.

Ils étaient arrivés; mais elle hésitait encore à descendre, à cause des chiens. Rouffiat la prit par la main, elle se serra contre sa jambe. Les deux bêtes vinrent lui renifler les pieds, l'une après l'autre, tandis que Louise les rabrouait :

– *Attenchiéou, saprediéou! Attenchiéou de pa gafà aquestó droletó!*

Ainsi prévenus, ils se retenaient de la mordre, malgré leur envie, et restaient à distance, gémissant doucement, la truffe au ras du sol.

Enfin, les trois voyageurs furent par terre. Adrien demeurait sur son tas de fumier, comme pétrifié par ce qu'il voyait : au lieu d'un garçon, ses grands-parents lui amenaient une fille! Une pisseuse! Pouah! La déception se lisait sur sa figure. Notamment sur ce nez long et plat, qui s'allongeait encore, et qui lui avait valu à l'école d'être surnommé *Naz-de-Rito*, Nez-de-Cane.

Les autres femmes sortirent de la maison, en écartant une petite barrière, le *clédou*, qui empêchait l'entrée du menu cheptel, poules, chiens, gorets, tous animaux qui, en Auvergne, confondent volontiers la demeure des hommes avec la leur. Trois jeunes femmes donc : Céleste, Amélie, Augustine. Bien charpentées, bien fournies par-devant et par-derrière. « Les Auvergnates, se dit Zéna, ont de gros *pétadous.* » Léonce la poussa devant lui :

– Je vous présente Zénobide.

La petite osa lever les yeux et dire doucement :

– Mais non.

– Quoi non ?

– Je m'appelle Zénaïde.

– Excuse.

– Mais je préfère Zéna.

Les deux sœurs et leur belle-sœur la considéraient avec des yeux de chats-huants. Atterrées. Zéna baissa la tête, honteuse de se sentir ainsi examinée, comme si elle était toute nue. Sans comprendre le motif de tels regards. Elle serra plus fort contre son cœur son ourson de peluche. Mais, changeant d'attitude, l'aînée s'avança les bras ouverts et lui claqua trois baisers sur les joues :

– Je suis Céleste, la maman de ce garçon, Adrien.

Et, tournée vers lui, elle cria soudain :

– Savoir si tu vas descendre de ton foumarié pour venir lui dire bonjour ?

Les deux autres l'embrassèrent pareillement en disant leur nom. Adrien se tenait derrière elles, très gauche, avec son crâne tondu, son nez de cane, ses genoux rouges qui dépassaient de ses culottes, les pieds nus dans ses sabots. Il ouvrit la bouche pour protester :

– Vous aviez dit que vous prendriez un garçon.

– Y en avait plus. Fais-lui quand même un poutou.

Malgré sa répugnance, il s'approcha d'elle, qu'il

dépassait d'une demi-tête, déposa sur sa joue un baiser si léger qu'elle le sentit à peine. Quand elle voulut le rendre, il s'était déjà écarté.

– Mon Dieu ! s'écria enfin une des trois femmes, répétant exactement les paroles de la Vieille. Comme elle est trasse !

C'était là sans doute le motif de leur consternation. Zéna se sentit rougir de sa trasserie, dont elle commençait à deviner la signification. Elle voulut s'en défendre un peu :

– Quand j'étais petite, j'avais les joues rondes et roses. Et dedans, deux fossettes. Mon papa me trouvait jolie.

Au cou, elle portait encore son étiquette de carton. Amélie la lui enleva, lut à voix haute : *Zénaïde Pujol, née le 26 décembre 1934, fille de Marcel et d'Émilienne Pujol; domicile 14 rue du Poirier, Marseille.* Tout à coup, à l'évocation de son père et de sa mère, de sa ville, de la rue du Poirier où elle avait toujours vécu, Zéna se sentit orpheline. Elle couvrit son visage de sa main libre et éclata en sanglots. Les quatre femmes, jeunes et vieille, d'un seul élan, fondirent sur elle comme les mouches sur le sucre :

– Faut pas pleurer, pécaïroune ! Pourquoi tu pleures ?

– C'est la faute à toi. T' avais pas besoin de dire qu'elle est trasse !

– Mais non ! C'est toi qui lui as lu son étiquette !

– On t'aimera bien, tu verras, mon petit cœur !

– A présent, faites-la manger et boire. Et se reposer. Elle doit mourir de fatigue, pécaïroune !

La Vieille sortit son grand mouchoir à carreaux, le lui promena sur le visage, essuya ses larmes et son nez. Elle fut emmenée vers la maison des personnes.

Après son long voyage, la chaleur, l'étouffement, la marche de la gare à la mairie, le parcage torride, le chemin de croix d'Albepierre, Zéna crut sortir de l'Enfer pour entrer au Paradis. Celui-ci était formé d'une grande pièce ombreuse et fraîche qui recevait d'une fenêtre étroite juste ce qu'il fallait de jour pour qu'on vît ses propres pieds. Au milieu, une longue table entourée de bancs. Le sol, recouvert de larges dalles irrégulières sur lesquelles sonnaient les sabots ferrés, ressemblait à une voie romaine ; la cheminée à un arc de triomphe ; face à l'entrée, le lit-placard à un théâtre de marionnettes, rideaux fermés. Devant tant de choses inattendues, elle resta muette d'étonnement.

A Marseille, elle habitait une espèce de caserne de quatre étages et de douze couloirs. En compagnie de meubles achetés aux puces du Lazaret. Ici, ses yeux allaient d'un objet à l'autre, désireux de tout voir : les poutres noires du plafond ; la poêle suspendue, munie d'une queue interminable ; le trépied au-dessus des cendres et la crémaillère inoccupée ; au fond de l'âtre, la porte métallique du four à pain ; la lune jaune de l'horloge qui battait les secondes dans sa caisse ; les vêtements suspendus à des chevilles de bois ; le vaisselier aux portes sculptées de rosaces. Mille choses, mille choses ! Le calendrier des P.T.T. accroché au mur, année 1943, représentant le Maréchal avec sa figure tricolore, bleu des yeux, blanc des moustaches, rouge des pommettes ; le petit crucifix noir chargé d'un buis béni décoloré ; l'escalier qui montait à l'étage ; la porte de la souillarde ; l'épaisseur extraordinaire des murs et, dans l'un d'eux, le vide d'un placard rempli de pelotes, d'écheveaux et autres merceries. Sur tout cela régnait une odeur aigre-douce, de suri, de fermenté qui évoquait de bonnes grosses nourritures campagnardes.

Justement, Céleste apportait de la souillarde un grand saladier. Non point de lait comme Zéna crut d'abord, mais d'une gélatine blanche. Puis une motte de beurre sur une assiette rouge. Puis une tourte de pain entamée. Le Paradis, le Paradis !

– Tu aimes la caillée ?

– Je sais pas. Sans doute. J'en ai jamais mangé.

– Tu vas y goûter. Drien, tu en veux aussi pour tenir compagnie à notre petite Marseillaise?

Il poussa un grognement affirmatif; mais il continuait de bouder. Sa mère sortit des cuillères, mais point d'assiette. Tous ceux qui en voulurent prirent place sur les bancs, le saladier au milieu de ce groupe comme le soleil au centre du monde. Et chacun se mit à piocher dedans avec sa cuillère de fer, aux bords un peu coupants, parce qu'elle avait perdu son étamure. Comme les autres, Zénaïde enfonça la sienne. La caillée lui remplit la bouche de douceur et de fraîcheur. C'était vraiment la nourriture des anges. Spécialement sa surface, la partie la plus crémeuse. Drien s'aperçut tout de suite que la drôlette préférait ce dessus, et qu'elle labourait large. Il protesta vite et fort :

– Ho! ho! ho! Elle écrème la caillée!

Céleste lui expliqua que Zéna venait de la ville; qu'elle avait tout à apprendre des choses de la campagne; qu'il fallait lui en laisser le temps. A la petite, elle montra comment chacun devait creuser un puits devant soi, sans marauder chez les voisins, jusqu'à atteindre le fond où se rassemble la gaspe, qu'il faut boire honnêtement, bien que ce ne soit pas le meilleur, pour ne pas faire offense au lait. Zéna se le tint pour dit; dès lors, elle fut une irréprochable mangeuse de caillée.

Ensuite, le Vieux découpa des tranches de pain. Elle voulut savoir pourquoi il était si blanc, si plein de trous, tandis que celui de Marseille était presque noir, compact, gluant comme le mastic des vitriers.

– C'est que nous le faisons avec de la farine de froment que nous fournit le meunier du Martinet en échange du cochon que nous lui vendons. A cette altitude, nous produisons un peu de seigle, un peu de sarrasin, pas de froment. Mais par échange, on obtient tout ce qu'on veut.

– Excepté la santé, dit la Vieille.

Le pain blanc ne se mange pas seul. Céleste le recouvrit à pleine lame d'une couche de beurre. La petite n'en croyait ni ses yeux, ni son nez, ni ses oreilles. Et elle put en manger trois tartines!

– Pécaïroune! soupiraient les femmes, lui voyant une faim pareille.

– En veux-tu une quatrième? proposa Céleste.

– Non merci, je suis pleine à ras bords.

Ce « ras bords » les fit sourire. Excepté Adrien, qui corrigea :

– On dit pas « à ras bords ». On dit « ras que bords ». Tu causes mal le français.

Cette fille qui n'était pas même un garçon, qui écrémait la caillée, cette étrangère commençait fameusement à lui courir sur la patate.

On la conduisit jusqu'à sa chambre. Occupée par deux lits : le sien et celui d'Augustine. Ses musettes furent vidées de leur contenu. De leur antibranle, comme disait la Vieille : mouchoirs, linge de corps, chaussettes, un chat en terre cuite avec une fente entre les oreilles.

– C'est ma tirelire, avec mes économies.

Sans parler de l'ourson Bofi. Tout cela fut rangé dans une armoire qui sentait la mélisse.

– C'est pour chasser les mites, dit Céleste.

– S'il vous plaît, dit Zéna, où est le cagadou?

– Le cagadou?

– Les cabinets. Je voudrais faire pipi.

– Ici, y en a pas. On va dehors.

– Où ça, dehors?

– Chacun va où il veut. C'est pas la place qui manque. Dans le bois. Derrière les genêts. Derrière un rocher. Mais, si tu préfères, tu peux aller aussi dans l'étable. De préférence quand y a personne pour te déranger. Si tu te prépares à y entrer, tu tousses – *hum! hum!* – pour avertir celui ou celle qui peut s'y trouver.

Si quelqu'un répond « Occupé! », tu t'en retournes, et tu reviens plus tard.

– Et... et... ajouta la petite, toute rouge d'avoir à demander de telles précisions, avec quoi on s'essuie?

– Avec une poignée de foin. Dehors, avec une poignée d'herbe, ou de feuilles. Si tu te salis les mains, tu vas ensuite les laver dans la bachache. Je sais qu'en ville on se sert de papier. Mais ici, on n'en a pas. Nous ne lisons pas le journal.

Pour lui faire la démonstration, elle l'emmena dans la longue étable inoccupée, car les vaches étaient encore au pâturage, sous la garde de Jeff, l'ouvrier agricole. Seuls deux veaux dans un parc s'agitèrent à leur entrée, croyant arrivée l'heure de la tétée. A la file des mangeoires, Zéna compta trente chaînes pendantes.

– Vous avez trente vaches?

– Non. Une quinzaine seulement. Ça serait trop d'ouvrage. Nous manquons d'hommes. Mon beau-père est vieux, Adrien trop petit et Jeff ne peut être partout. Avant la guerre, en cette saison, les bêtes vivaient jour et nuit sur la montagne, à l'estive. A présent, il serait très imprudent de les abandonner. Sinon, tôt ou tard, tu es sûre un matin de constater qu'il en manque une. Enlevée par les maquis. Ou même assassinée sur place : égorgée au milieu du pré, dépecée, il reste seulement la tête, les pattes, la ventraille.

– *Boudi*! s'écria la drôlette en plaçant une main devant sa bouche.

– Alors, il vaut mieux les rentrer chaque soir.

– Et qui c'est, les maquis?

– Des hommes armés qui vivent dans les bois. Les environs en sont pleins. Ils continuent la guerre contre les Allemands, malgré les ordres du Maréchal. Ce qui embrouille les choses, c'est qu'il existe de vrais maquis et des faux. Ceux-ci ne sont rien d'autre que des brigands. Des ferlampiers. Ils profitent de la situation pour commettre des pillages et des crimes.

Un soir, ils sont entrés chez un paysan de la Sagnette pour lui prendre une vache. Comme il refusait de la donner sans payement, ils l'ont tué d'un coup de fusil.

– La vache ?

– Non, le paysan.

– Boudi !

Une rigole pavée traversait l'étable sur toute sa longueur, derrière la couche des vaches, faite d'un lit de fougère. Elle recueillait les urines et les bouses, rassemblées chaque matin par la fourche de Jeff. Céleste fit le simulacre du pipi ; montra comment il fallait poser un pied de chaque côté et s'accroupir sur ladite rigole. Tout partirait ensuite sur le tas de fumier, avant d'engraisser les prairies et les champs.

– Et maintenant, je te laisse tranquille, dit la mère.

Elle sortit. Zéna demeura seule au milieu de l'ombre, de la puanteur ammoniaquée, du bourdon innombrable des mouches. Elle regarda autour d'elle : rien ne pouvait la voir, excepté l'œil globuleux des veaux, derrière leurs claies.

Céleste l'attendait dans la cour. Au bout d'un long moment, ne la voyant pas ressortir, elle toussota – *hum ! hum !* – et rentra dans l'étable. Elle trouva la drôlette debout près de la rigole, sanglotante.

– Qu'est-ce qu'il y a, mon petit cœur ?

– Je peux pas... j'arrive pas... à faire pipi.. J'ai trop peur, ça me coince. J'ai vu passer un gros rat, avec une longue queue. Il m'a examinée. J'ai cru qu'il allait me mordre.

– Les rats n'attaquent pas les personnes qui bougent. Tu n'as rien à craindre. Veux-tu que je reste ici pour te garder, en te tournant le dos ?

– Je veux bien, s'il vous plaît.

Elle parvint cette fois à ses fins.

Elle portait toujours ses chaussures de voyage, qui étaient des bottines visiblement trop grandes pour elle. Dans ses bagages, Céleste n'avait trouvé qu'une paire de pantoufles cousues par sa mère.

– Garde tes souliers pour les dimanches. Il te faut autre chose pour la semaine.

– Je sais marcher pieds nus. A Marseille, ça m'arrivait assez souvent. Là-bas, beaucoup d'enfants n'ont pas de chaussures.

– Ça arrive en Auvergne quelquefois pareillement. Mais au Cayrol, pas question. D'autre part, ici, nos chemins sont pleins de pierres, d'épines, de clous. Je vais te fabriquer une paire de sabots, dit le Vieux. En attendant, prêtez-lui-en une paire d'Adrien.

– Pas les neufs! protesta celui-ci.

– Justement si, les neufs! Mais jusqu'à demain seulement, le temps que je lui en fasse d'autres. Va les chercher.

– Non! Non!

– Veux-tu le mien, de sabot, dans ton cul à toi? Adrien n'insista pas davantage. Au bout d'un bon moment, il revint tout péteux, ses sabots neufs à la main. Avec leur bandeau de cuir et leur bois violet, teint au jus d'airelle. Zéna les chaussa, les trouva un peu vastes. Cela se corrige : un peu de foin fit l'affaire. Le foin sert à beaucoup de choses. Quand ses orteils furent installés dans ce molleton comme dix fils de roi, elle se sentit si heureuse qu'elle sauta encore au cou de tous les présents pour les remercier. D'Adrien aussi, naturellement. Il se laissa faire, mais effaça de la main sur sa joue la trace du poutou qu'elle y avait mis, comme si c'eût été une bave de limace. Ensuite, elle trottina sur le dallage de la salle, heureuse d'entendre le plic-plac qu'y produisaient ses semelles de bois.

– Maintenant, dit le Vieux, je me mets tout de suite à l'ouvrage pour Zénobide, si elle veut bien m'accompagner.

Il avait pris le temps de changer d'habillement et circulait aussi, à présent, dans ses sabots de la semaine. Il conduisit la drôlette jusqu'à son *oubradou*, son atelier, tout au fond du premier étage. Une pièce remplie d'outils de toutes sortes suspendus à des râteliers. Au milieu, l'établi, avec l'étau à bois, l'étau à fer, les varlets, la boucle du paroir. Par terre, dans un coin, des bûches écorcées, bûches de vergne, celles qui font les sabots les plus légers, les plus jolis. Il en prit deux, les confronta aux pieds de Zénaïde :

– Elles iront.

Il les dégrossit l'une après l'autre au moyen d'une hachette courbe. Le fer entrait dans le bois rose avec facilité, comme dans une chair. Les éclats volaient autour de lui, suivis par les regards fascinés de la drôlette. Dans tout bloc de marbre se trouve une Vénus cachée. Dans toute bûche un sabot. Il suffit de l'en extraire.

– C'est moi qui chausse toute la famille. Mais je sais fabriquer bien d'autres choses : des écuelles, des cuillères, des bancs, des tables, des lits, des armoires, des jougs. A la campagne, vois-tu, faut connaître toutes les pratiques. Ton père, quel est son métier ?

– Il répare les bateaux. A l'Estaque.

– Foutre ! C'est un beau métier !

– Il découpe les tôles, il soude, il peint, il calfate.

– Et il va sur l'eau ?

– Quelquefois.

Léonce siffla d'admiration.

– Alors, il sait nager ? Moi, je sais pas. J'aime pas l'eau. Les Auvergnats n'aiment pas l'eau, c'est bien connu.

Pendant ces discours, ses mains, ses rudes mains bonnes à tout faire, allaient leur train sur l'établi. Retenant de la gauche le tronçon dégrossi, il manœuvrait de la droite la longue lame, brillante comme un sabre. L'ébauche offrait au tranchant tantôt sa semelle, tantôt ses flancs, son dos, sa pointe, son talon. Le paroir enlevait des rubans de bois qui rougissaient à l'air. Arrêté quelquefois par l'obstacle d'un nœud, l'homme penchait son buste et finissait par le franchir avec un *han!* de victoire.

– Faut donner un nombre impair de coups. Tu sais ce que c'est, les nombres impairs?

– Trois, cinq, sept, neuf...

– Ici, treize pour les grandes tailles, onze pour les petites. A douze, on manquerait l'ouvrage.

Elle compta avec lui : neuf, dix, onze. Pas un de plus. A ce point, en effet, la bûche semblait devenue sabot. Sauf qu'elle était pleine, qu'il fallait maintenant la creuser avec la gouge, la cuillère, le boutoir, la rouanne. Il nommait chaque outil au fur et à mesure. Depuis cinquante ans qu'il les employait, il avait eu le temps d'apprendre leur nom en français et en auvergnat : l'*aviroun*, la tarière; la *tagoneyro*, la talonnière; l'*armenetta*, l'herminette, etc. Zénaïde n'en retenait pas un seul, elle n'avait pas l'intention de devenir un jour sabotière; mais elle admirait leur adresse pour fureter dans les coins et les renfoncements. Comme il approchait du nez, il s'avertit lui-même de ne pas pousser trop loin s'il ne voulait pas ouvrir une lucarne.

Combien de temps Léonce besogna-t-il de la sorte? Deux heures ou cinq minutes? Elle n'aurait su le dire.

– Les hommes de métier, ceux qui travaillaient autrefois dans nos forêts, en fabriquaient pour le moins huit ou dix paires chaque jour, dit-il. Moi, naturellement, je vais beaucoup moins vite. Je suis pas un *spécialiste.*

Pour finir, il teignit les sabots au jus d'airelle, comme ceux d'Adrien.

– Tu pourras les prendre dès demain. Ils seront secs.

Sur un rayon, elle remarqua un étrange objet de la grosseur d'un moulin à café. Le corps en était cubique, avec une large clé en son milieu. Dessus, quatre ailes de bois, ouvertes, disposées en croix. Chacune constellée de petits verres colorés, débris de vitre, de miroir, de flacon, qui ressemblaient à des pierres précieuses.

– Qu'est-ce que c'est, Monsieur ?

– Monsieur ? Appelle-moi Léonce. Un miroir aux alouettes. Je l'ai fait moi-même, y a bien vingt ans, avec un mécanisme de vieux réveil.

Il tourna la clé de laiton, les quatre ailes horizontales se mirent à virer, d'abord lentement, puis très vite, produisant un scintillement multicolore et insoutenable.

– Les alouettes sont attirées. Ça les paralyse, comme qui dirait. C'est facile, alors, de les abattre.

– Avec quoi ?

– Avec un fusil, foutre !

– Peuchère !

– Mais en ce moment les fusils sont interdits. On recommencera quand les Boches seront partis.

Zéna se dit que tout n'est pas mauvais dans une guerre. Elle se réjouit de savoir les alouettes épargnées.

3

Ce même soir, à la bouche de la nuit, on entendit d'autres jappements et une musique de cloches ballantes. Aussitôt, les deux chiens occupés à grignoter leurs puces se relevèrent et firent écho.

– Voilà Jeff qui vient clore, annonça la Vieille.

L'instant d'après, les quinze vaches entraient dans la cour, derrière la Clermonte qui seule portait au cou une sonnaille et les conduisait comme un bedeau mène la procession. En serre-file, un gaillard long et maigre, coiffé d'un chapeau de coutil, vêtu d'une chemise bigarrée et d'une salopette de mécanicien. Retenu sur son épaule gauche, le *sanlhe* roulé en faisceau, la limousine de toile imperméable dont le vacher ne se sépare jamais, même par beau temps. Ainsi l'ordonne le proverbe : « Quand il fait beau, prends ton manteau. Quand il pleut, prends-le si tu veux. » A ses pieds, des sabots tout bois. Il ne dit ni bonjour ni bonsoir, mais leva le poing qui tenait son bâton, ce qui signifiait la même chose. Sa chienne, appelée Tobie comme le prophète, se précipita vers la petite Marseillaise en remuant la queue, ainsi que vers une ancienne connaissance.

– Faut pas compter sur Tobie pour nous défendre, dit Augustine. Elle branle la queue à n'importe qui.

– Elle a compris tout de suite, ajouta le Vieux, que Zénobide fait partie de notre famille.

– S'il vous plaît, pria l'enfant, lasse d'entendre estropier son nom, appelez-moi Zéna.

Jeff trouva devant lui cette fillette inconnue, aux cheveux crépus, au visage gris.

– C'est notre petite Marseillaise. Y avait plus de garçon.

Et lui, après l'avoir dévisagée :

– Elle a eu raison de venir. Elle est vraiment trasse.

Tout le monde la trouvait trasse.

Pendant ce temps, les vaches se dirigeaient vers la bachache, plongeaient le mufle dans les deux bacs, les vidaient à moitié de leur contenu. A chaque lampée, on entendait l'eau ruisseler dans leur panse. Après cette abreuvée, elles s'éloignèrent, les naseaux dégouttants, et entrèrent d'elles-mêmes dans l'étable. On perçut un long remuement de chaînes, et la voix de Jeff qui les interpellait patoisement :

– *Clermonto, miladiou! Me bos pa trucà?... Toulouso, tchutcha-te un pàu!... Pariso, falordo! Orro bestio!...*

Zéna ne comprenait rien à ces exclamations, excepté que les vaches portaient souvent des noms de villes. L'une d'elles s'appelait même *Marselho!* Si bien qu'il y eut désormais deux Marseillaises dans la borie. De la porte de l'étable, elle considérait l'alignement de ces quinze derrières, ces énormes culottes rouges, ces queues pendantes terminées en plumeaux, ces jarrets encroûtés de gringuenaudes. Les deux veaux furent lâchés; ils se précipitèrent vers les mamelles maternelles, et se mirent à téter avec une telle avidité que le lait leur dégoulinait des babines pendant qu'ils donnaient dans le pis des coups de tête furibonds pour en presser le contenu. Les mères supportaient avec patience ces brutalités.

Vint le moment de la traite. Une longue cérémonie. Jeff commença par distribuer dans la longue crèche un peu de foin afin que les animaux pussent s'y amuser les dents et l'esprit. Ensuite, il se lia à la ceinture un étrange tabouret unijambiste dont le pied ajoutait à son derrière une queue fort raide et fort droite. Sûr de ne pas oublier son siège, les deux mains libérées, il pouvait ainsi s'asseoir à côté de chaque bête sur sa propre queue, comme fait le kangourou.

Certaines, ayant la mauvaise habitude de trépigner, au risque de renverser le seau, ou de balancer la queue jusque dans la figure du trayeur, il prit la précaution d'encorder étroitement toutes les queues aux jarrets les plus proches. La traite put alors commencer. Il repoussait en arrière son chapeau, appuyait sa joue contre le flanc. Douce intimité de l'homme et de l'animal. Dans cette posture, il semblait l'ausculter. Jeff était irlandais. Même s'il parlait quelque peu l'auvergnat, il pensait d'abord en langue étrangère. Mais la vache et l'homme secrètent des pensées sans paroles. Ils s'entendaient à merveille. La traction de ses mains avait exactement la fermeté nécessaire et suivait à peu près le rythme du cœur, qu'il entendait cogner dans les profondeurs, derrière la respiration grondante. Le lait giclait au fond de la seille de fer galvanisé. Quand elle était pleine, il la vidait dans un bidon à couvercle, à travers un torchon de chanvre qui retenait les impuretés.

D'autres vaches refusent leur lait : celles qui ont depuis peu perdu leur veau. Envers elles, Jeff usait d'égards exquis. En langue auvergnate – elles n'en comprennent pas d'autre – il leur chantait une sorte de berceuse :

Laï, laï, brabe laï,
Bènhe, bènhe, bènhe.
Laï, laï, brabe laï,
Ben dhin moun selhou.

Lait, lait, joli lait,
Viens, viens, viens.
Lait, lait, joli lait,
Viens dans mon seau.

Ainsi flattée, la vache se laissait séduire, ouvrait ses sources nourricières, la seille se remplissait. Les bidons étaient ensuite plongés au frais dans la bachache. Le lendemain, le laitier de Murat viendrait les lever avec son camion à gazogène et délivrerait un papier précisant la quantité reçue. Leur contenu nourrirait bien les enfants de l'arrondissement; mais il n'en arriverait sans doute pas une goutte à Marseille, dont les petits devraient boire de l'eau sucrée ou bien sucer leur pouce.

Au Cayrol, naturellement, nul n'en manquait. Pas même les trois chats, Fifi, Fanfan et Fofo, qui accouraient au moment de la traite et réclamaient leur dû en miaulant. Un noir, un gris, un zébré. De temps en temps, Jeff détournait un tétin, envoyait dans leur direction un jet de lait qui traversait la pénombre comme une voie lactée. Il était certain de trouver au bout de sa trajectoire un chat dressé sur ses pattes de derrière, la gueule ouverte. Au-dessus de l'étable, juchées sur leur perchoir entre les poutres mangées de moisissures, les poules roupillaient à poings fermés; on voyait luire leurs paupières blanches.

– Veux-tu, proposa Céleste, boire un peu de lait bourru ?

La drôlette ouvrit les mains et les bras, pour signifier qu'elle ne savait pas si elle voulait, tant de choses ici lui étaient nouvelles, c'était aux grandes personnes de décider à sa place. La mère revint avec un bol à carrés noirs et blancs, gagné en prime au Casino, et le tendit à Jeff. Quand elle eut entre les mains cette bolée, recouverte de sa mousse pareille à la crème Chantilly, Zéna, qui n'avait jamais rien bu de tel, en approcha d'abord son nez. Elle s'aperçut qu'elle sentait la vache, se demanda si elle l'aimerait. Mais au Cayrol, cette odeur se trouvait partout répandue. « Les Auvergnats sentent la vache », se dit-elle. De gré ou de force, elle devrait s'y habituer. Elle-même sentirait sans doute la vache quand elle retournerait à Marseille, où tout sent la marée. Courageusement, elle y prit une gorgée de moineau, qu'elle garda sur la langue. Gagnée par sa douceur, elle en prit une seconde. Une troisième. Finit par voir le fond du bol. Poussa un gros soupir. La mère sourit :

– Tu as de jolies moustaches.

Elle s'essuya sur sa manche. Après la traite, Jeff se lava les mains dans le bac-abreuvoir.

Tout le monde se rassembla solennellement autour de la longue table. Le Vieux en occupait une extrémité, comme qui dirait la présidence. A sa droite, sa Rouffiate. A sa gauche, sa bru Céleste. Au milieu, Jeff l'Irlandais. A l'opposite, coude à coude, les deux sœurs Amélie et Augustine. Tout au bout, face à face, le drôlet et la drôlette. Adrien n'avait rien perdu de sa hargne à l'égard de Zéna. Tantôt il braquait sur elle comme des pistolets ses yeux ronds et gris-vert; tantôt il regardait ailleurs, lui laissant comprendre qu'il la tenait pour quantité négligeable. Elle supporta un moment ce manège; ensuite, pour se venger, elle lui tira la langue, mais en prenant la précaution de mettre sa main en écran près de sa bouche, comme elle faisait à l'école pour souffler la réponse à une voisine, sans être remarquée – croyait-elle – de l'institutrice.

Devant chaque convive attendaient une écuelle à oreilles et une fourchette. Vide encore de bouillon, mais déjà pleine de pain, couronné de tranches larges et blanches que d'abord elle ne reconnut pas. La question de Léonce lui fournit l'explication :

– Est-ce que tu aimes le fromage, au moins?

– Bien sûr. La *Vache-qui-Rit*, le camembert.

Et lui, avec un sourire qui soulevait ses moustaches :

– De ça, tu n'en trouveras pas chez nous. Mais tu auras du nôtre, à volonté. Ce soir, tu vois, soupe au fromage. Soupe à la fourchette.

– Tu verras, compléta Louise, ça remplit bien l'estomac.

Elle prononçait l'estoma*que.*

Dans l'âtre, les flammes d'un feu de bois léchaient le derrière noir d'un chaudron. Il s'en échappait une bonne odeur d'oignon et de poireau. Unissant leurs forces, Céleste et Amélie le saisirent par l'anse, l'installèrent au milieu de la table, découvert, fumant. Armée d'une louche, la mère remplit chaque écuelle. Quoique bru seulement, épouse de Denis, le fils aîné retenu en Allemagne, elle régnait sur la cuisine, décidait des nourritures et les distribuait. En contrepartie, cette autorité l'obligeait à se servir la dernière; quelquefois même, à manger debout au coin du feu pour surveiller d'un œil le fricot, pendant que les autres se gobergeaient, les pieds sous la table. Quand toutes les soupes furent trempées :

– A toi, Jeff, dit Léonce.

Et Jeff à qui revenait cet honneur parce qu'il avait la langue la mieux pendue, malgré son accent, de réciter :

– *Bénissez, Seigneur, ce repas que nous devons à votre aimable Providence, et faites qu'aucun de vos fils terrestres ne manque de ce pain qui vous représente. Amen.*

Zéna imitait chaque geste des autres, y compris les signes de croix, prouvant qu'elle était aussi bonne chrétienne. Elle vit alors les convives saisir leur fourchette et se mettre à pétrir ensemble les tranches de fromage et les taillons de pain. Les uns et les autres se ramollissaient, se mariaient intimement, produisaient un mélange onctueux et filant.

– On dirait du chouine-gomme ! s'écria-t-elle, inconsidérément.

Les Auvergnats se regardèrent avec surprise, sans bien comprendre, puis tournèrent les yeux vers l'Irlandais qui avait la réputation de tout savoir :

– Le chouine-gomme, expliqua-t-il, est une sorte de caoutchouc sucré que les Américains mastiquent pour se blanchir les dents.

Celles de Jeff étaient longues et jaunes, il lui en manquait deux sur le côté ; il ne devait pas mâcher ce caoutchouc.

– Ça me revient, dit le Vieux. J'en ai vu, en 18, qui chiquaient ça toute la journée. Nous, on chiquait du tabac.

Quand chacun eut bien touillé ensemble le fromage et le pain, la soupe fut assez consistante pour être puisée à la fourchette. Zéna trouva la sienne à son goût, mais refusa d'en prendre davantage, malgré le proverbe patois que lui servit la Vieille :

– Faut te nourrir, ma poulette. *Aigo belido salvo lo vido.*

– L'eau bouillie sauve la vie, traduisit Céleste. Pour nous, l'eau bouillie, c'est la soupe.

Il lui restait des fils de fromage égarés dans les replis de la bouche ; elle s'efforça de les débusquer avec le bout de sa langue et cela devint un jeu. Pendant qu'elle y était en train, elle reçut dans le tibia gauche un coup qui lui fit assez mal. Elle pensa crier, mais se retint, ne voulant pas faire naître une dispute dans cette famille qui l'accueillait de si grand cœur. A une exception près. Car, le voyant demi-affaissé sous la table pour gagner de l'allonge, elle comprit qu'elle devait ce coup au sabot d'Adrien. Elle se promit de le punir à l'occasion de cette traîtrise, se contentant pour l'heure de le fusiller des yeux à son tour. Mais, comme par hasard, il regardait ailleurs avec un air d'innocence.

Après la soupe à la fourchette, le Vieux découpa et distribua des tranches de pain, se servant d'un couteau de table qui se trouvait à côté de son écuelle. Or il lui arriva de s'en plaindre à sa bru :

– Qu'est-ce que c'est que ce trasse de couteau que tu m'as donné ? Cherche-m'en un autre.

– Il a besoin de la meule, confirma la Vieille Louise.

Ce fut pour Zéna la confirmation de ce qu'elle avait soupçonné : trasse de couteau, trasse de fille. Qu'avaient-ils en commun ? De ne pas valoir grand-chose. Elle était toute comparable à un couteau qui ne coupe plus. Dans les jours qui suivirent, elle entendit parler semblablement d'une poule trasse, toute déplumée ; d'un veau trasse, qui profitait mal ; et même, un soir, Céleste verser une larme en cachette et soupirer :

– Quelle trasse de vie ! Quelle trasse de vie que la mienne !

Zéna sut dès lors exactement ce qu'était sa trasserie : on ne tirerait pas d'elle quatre sous si on la menait à la foire.

Pour revenir à ce premier souper qu'ils prirent ensemble, la mère déposa ensuite sur la table une chose blanchâtre, veinée de rose, couverte d'une espèce de croûte quelque peu hirsute. Cela ressemblait à un pâté comme en faisait sa mère à Marseille avant la guerre. Le charcutier de la rue du Poirier vendait encore des produits de ce nom : mais au lieu de viande, ils ne contenaient qu'un hachis d'herbes, de carottes et de pommes de terre. Comme par hasard, Adrien avait les yeux tournés de son côté ; elle se pencha :

– Qu'est-ce que c'est ? chuchota-t-elle.

Outré d'une telle ignorance, il haussa les épaules et laissa tomber :

– C'est du lard, pardi !

Cette fille, pensait-il, était vraiment impossible. Elle ne connaissait rien de rien. A croire qu'elle n'était jamais sortie de son Marseille. Ce qui était bien faux. Souvent, sa mère et elle allaient à Aubagne voir la mamé Carmen, dans son hospice. D'autres fois, elles montaient aussi au camp de Sainte-Marthe pour mendier un peu de riz, de macaroni, de rata dans lequel les militaires avaient peut-être craché.

– Est-ce que tu aimes aussi le lard ? répéta le Vieux.

– Oui, oui. J'aime tout.

– En cette saison, nous le mangeons froid.

En vérité, elle se sentait disposée à tout aimer. Bien

entraînée, d'ailleurs. Là-bas, elle avait mangé du pain noir, des topinambours, des betteraves fourragères, crues et cuites, des feuilles de radis en purée, de la soupe d'orties, du mou de bœuf en civet, de la saucisse de choux. Comment n'aurait-elle pas aimé le lard froid, le vrai lard de vrai cochon auvergnat ? A titre d'essai, Céleste lui en présenta une largeur de doigt sur du pain.

– Goûte d'abord.

Toujours pas d'assiettes sur la table. « Les Auvergnats, se dit-elle, mangent sans assiettes. » Elle regarda comment faisaient les autres. Elle apprit à maintenir sa tranche du pouce gauche, à la découper de la main droite en tranchettes, à porter chacune à sa bouche sur un taillon de pain. Il ne restait qu'à apprécier ces saveurs inattendues, rustiques, naïves, aussi peu marseillaises que possible, mais moelleuses, réconfortantes, eucharistiques. Elle eut conscience, comme l'avait proféré Jeff, qu'elle les devait à l'aimable Providence du Seigneur. Personne rue du Poirier ne remerciait Dieu pour les topinambours ni les betteraves. Quand elle eut terminé :

– C'est bon ! dit-elle.

Il y eut un sourire général. Céleste, qui avait compris, lui servit une autre ration. Elle s'en suça les doigts.

De temps en temps, profitant d'une porte ouverte, un chien se faufilait dans la maison, remuant la queue, gémissant, allant d'un convive à l'autre pour implorer une bouchée, un croûton, une couenne. Jusqu'au moment où le maître criait :

– *Lou co, afora !* Dehors, les chiens !

Et si le branle-queue faisait mine de ne pas entendre, un coup de sabot le poussait vers la sortie. « Les Auvergnats, se dit la Marseillaise, nourrissent leurs chiens à coups de sabot dans le derrière. »

Vint le fromage tout seul. A l'état pur. Non pas du

célèbre cantal, fabriqué avec de grandes complications dans les burons trois étoiles de Grandval ou du Lioran : celui-là partait tout entier à la Réquisition ou au marché noir. Mais du fromage tout simple que les femmes du Cayrol faisaient elles-mêmes, avec le lait demi-écrémé, la présure et les faisselles de troisième catégorie : qui mûrissait sur des claies, au-dessus de leurs têtes, dans la salle. Un peu sec, un peu fade sans doute ; mais, pour le faire descendre, il suffisait de boire derrière un verre d'eau ou une bolée de gaspe. Ces deux sortes de boissons figuraient sur la table, dans des pichets. A côté d'une bouteille de vin rouge. Les tickets d'alimentation donnaient droit à quatre litres et demi par mois et par personne adulte. La maisonnée, composée de cinq déclarés, pouvait donc se fournir de vingt-deux litres mensuels. Jeff, étranger clandestin, comptait pour du beurre ; mais il vidait bien son verre quand le coare le lui servait. En somme, les deux hommes pouvaient s'enfiler un bon canon quand ils étaient à table, à condition d'en priver les femmes. Elles se rattrapaient sur le café, la chicorée, les tisanes. D'ailleurs, le vin ne leur était pas recommandé.

– Tu sais bien qu'il t'en faut pas ! s'écriait le Vieux lorsque sa Vieille osait en boire une gorgée. A moi, il m'en faut. Mais pas à toi !

Il absorbait le sien en trois parts : une au début du repas, une au milieu, une à la fin pour se rincer la bouche. Il se suçait les moustaches longuement afin de n'en pas perdre une goutte. Jeff traitait le sien d'autre façon. D'abord, il le buvait des yeux tout en mangeant son lard ou son fromage. Quand il avait rassemblé les miettes de pain sur la table et se les était envoyées au fond du gosier, il saisissait son verre dans la main droite, le humait au passage, l'élevait à hauteur de ses yeux. On n'eût pas été surpris qu'il prononçât :

– *Ceci est le sang du Christ qui sera répandu en rémission des péchés...*

Après un instant de cette adoration, il l'avalait tout d'une lampée, expliquant à ceux qui s'étonnaient de ce cul-sec :

– C'est pour mieux le sentir passer.

Pour en revenir au fromage, la drôlette mangea le sien en se forçant un peu. Puis elle déclara qu'elle n'avait plus faim ; ce qui suscita chez les femmes des hochements de tête incrédules : elles avaient oublié la caillée, les trois tartines, le lait bourru.

Plusieurs fois, on avait remarqué qu'elle se grattait. Tantôt le cou, tantôt sous l'aisselle, tantôt le dessus d'une main. Céleste finit par lui demander la raison de ce manège.

– J'ai la gale, dit simplement la petite.

Et tous, horrifiés :

– La gale !

Ce n'était guère mieux que le choléra. Elle précisa qu'il s'agissait, d'après les assistantes sociales, de la gale du pain ; que le pain de Marseille donnait cette horreur. Les Rouffiat respirèrent. S'il suffisait de manger du bon pain, cette gale-là serait vite exterminée.

– Mais j'ai une autre maladie, ajouta Zénaïde, fondant soudain en larmes de nouveau. Une maladie qui fait mourir. J'ai l'anémie.

L'anémie, on connaissait : le mal des Gasparous, des Auvergnats de Paris, de Lyon, de Saint-Étienne qui revenaient chaque été, depuis qu'avaient été inventés les congés payés, se refaire une santé au pays natal en buvant de la gaspe.

– L'anémie, c'est rien, la rassura Céleste en la serrant dans ses bras. Avec notre bon air, notre bonne eau, notre bon lait et tout ce qu'il y a de bon ici, tu guériras, tu redeviendras une fille solide.

Zéna se laissa consoler, moucha son nez, essuya ses yeux.

– J'ai un médicament : l'*Alvytil.*

– Vraiment ? Va vite le chercher.

Elle remonta l'escalier, on l'entendit fouiller dans son antibranle; elle redescendit enfin avec le flacon :

– Une cuillerée à café dans un peu d'eau. Avec beaucoup de sucre. C'est le sucre, surtout, qui soigne l'anémie.

– Pardon ?

Avec ce débit qu'elle avait de mitrailleuse à paroles, il fallait lui faire souvent répéter ses propos. Pour finir, la mère comprit bien l'importance du sucre.

– Malheureusement, du sucre, nous n'en avons pas beaucoup. On le garde pour les confitures. Et surtout, on en expédie à nos prisonniers, en Allemagne, dans un colis, chaque mois. C'est la Croix-Rouge qui s'en charge. Mais, à la place du sucre, je peux mettre du miel. Crois-tu que ça peut faire aussi bien ?

– Du miel ? Du vrai miel d'abeilles ? A Marseille, on nous a distribué une fois du miel de caroube. Ça a un goût de pantoufle.

– Nous avons des ruches, dit le Vieux, et de vraies abeilles.

On prépara le verre, l'eau, l'*Alvytil*. Céleste sortit un pot rempli d'une substance d'or, y puisa une cuillerée, remua la liqueur jusqu'à sa complète dissolution. La drôlette but ce médicament avec délice, disant qu'elle serait bientôt débarrassée de son anémie.

– Et moi ? fit tout à coup Adrien, qui avait regardé avec humeur ces longues manigances. J'ai pas droit au miel ?

– Toi ? Tu n'es pas anémique !

– Je peux le devenir, si elle me donne son mal.

– Tu as raison. Mieux vaut prévenir que guérir.

C'était la devise du timbre antituberculeux que vendaient les enfants des écoles. Sur une tranche de pain, Céleste lui servit une si grosse cuillerée de miel qu'elle combla tous les trous.

D'autres paroles furent échangées. Jeff raconta que

le caroubier est un arbre africain; il produit des gousses pareilles à des saucisses. A l'intérieur, une sorte de résine un peu sucrée, de couleur rose ou marron. Les Africains la donnent à leurs chameaux. Puis il y eut un silence. Le balancier affilé de l'horloge s'amusait à couper en deux chaque seconde, tic d'un côté, tac de l'autre; leurs débris tombaient au fond de la caisse. La drôlette commençait à s'assoupir.

– Il faut, fit-elle soudain, que je me lave les dents.

Tous se regardèrent.

– C'est encore une habitude venue d'Amérique, expliqua Jeff. A présent, même en France, dans les villes, on se lave les dents.

En même temps que l'*Alvytil*, elle avait descendu son nécessaire : un tube de pâte dentifrice et une brossette. Sous les yeux éberlués de la famille Rouffiat, elle étendit un centimètre de pâte sur les crins, introduisit cet outil dans sa bouche et entreprit de touiller là-dedans comme elle avait fait dans son écuelle et dans la soupe à la fourchette. Une mousse rose lui vint aux lèvres.

– Je dois cracher, dit-elle. Où est la pile?

– La pile? Quelle pile?

– L'évier.

– Y a un évier à côté, dans la souillarde, dit Céleste. Mais on ne crache pas dedans. Les eaux sont données aux cochons. Va cracher dehors.

Elle sortit. Elle cracha dans l'écoulement de la bachache, se rinça la bouche au filet d'eau, lava sa brosse au trop-plein du bac inférieur. Quand elle revint :

– A quoi ça sert, de se laver les dents? demanda la Vieille qui n'en avait plus que quatre ou cinq dans la bouche.

– A les tenir propres. Et à les garder longtemps.

– Sans doute que j'aurais dû laver les miennes.

– Il est pas trop tard, dit le Vieux. Essaye de te les laver. Peut-être que ça les fera repousser.

– Vous pouvez aussi, ajouta la drôlette, vous faire

poser de fausses dents. Ma mère en a, à Marseille. Ça s'appelle un dentier. Le soir, elle l'enlève, elle le met dans un verre d'eau.

– Vois, continua Louise, comme les choses sont mal faites en ce monde. Ta mère a des dents et pas de pain. Moi, j'ai du pain et pas de dents.

– T'as pas besoin de dents pour manger la caillée, dit Léonce.

Les jours sont si longs en cette période de l'année, aux environs de la Saint-Guy – et l'heure allemande les allongeait davantage – qu'on n'avait pas encore eu nécessité de lumière. Les visages, les mains, les assiettes du vaisselier luisaient dans la pénombre. Les écuelles, les fourchettes, les verres avaient disparu de la salle pour émigrer vers la souillarde. Dans le chaudron, où restait de l'eau bouillie, Amélie jeta des quignons de pain, des croûtes de fromage et autres reliefs; tout cela composa la pâtée des chiens; admis enfin à souper, ils se ruèrent sur leur auge et en avalèrent le contenu à grandes lampées furibondes. Non sans grogner contre le voisin parce qu'il en menait trop large. « Ils sont pareils à Drien, se dit la Marseillaise, quand je mange la caillée. »

L'ombre complète était enfin venue.

– Allume le veille-mort, commanda le Vieux à sa fille Augustine.

Elle posa sur la table une petite lampe à essence, craqua une allumette, l'approcha de la mèche. Une flamme courte et jaune y naquit. Elle gagna un peu d'éclat, de longueur lorsqu'elle se trouva enclose dans un verre qui avait la forme et la grosseur d'un oignon. Son vrai nom était le chaleil; mais Léonce disait le « veille-mort », parce qu'elle produisait plus d'ombre que de lumière. « Les Auvergnats, pensa Zénaïde, ne connaissent pas l'électricité. » A Marseille, du moins, on s'éclairait rien qu'en tournant un bouton; on avait un évier et l'eau dessus qui coulait d'un robinet; un cagadou sur le palier, à la disposition de quatre familles, sa porte d'ailleurs ne fermait pas bien, il fallait la tenir de l'intérieur.

Mais elle n'en avait pas fini avec les rites auvergnats. Céleste lui proposa une tasse d'infusion de mélisse, qui facilite la digestion et le sommeil. « Pourquoi pas ? » Toute la salle s'en trouva parfumée. Après elle, chacun se leva, sortit de son banc, fit le signe de croix. Et Jeff de réciter, comme précédemment, puisqu'il était pour ainsi dire le bedeau du Cayrol :

– *Je vous salue Marie, pleine de grâce...*

Il s'arrêta pile à... *vos entrailles est béni.* Aussi sec, l'ensemble des présents lui donna la réplique :

– ... *Sainte Marie, Mère de Dieu...*

Même ce galapiat d'Adrien remuait les lèvres. Zéna fit comme les autres, elle connaissait toutes les prières grâce à l'enseignement de sa mamé Carmen qui vivait à l'hospice, sur un fauteuil roulant, n'avait rien de bon que la tête et l'estomac, et passait ses journées dans les *Je vous salue.* Après le signe de croix final :

– Ceux qui ont envie d'aller dehors, ils peuvent, dit Léonce.

Elle comprit ce qu'il entendait par là. Elle franchit la porte et regarda la nuit. Sous la faible clarté qui bruinait des étoiles, elle distingua, très loin, le profil énorme des montagnes. En bas, quelques rares points rouges parsemaient l'obscurité, car le gouvernement recommandait aux familles d'étouffer les lumières si elles ne voulaient pas être bombardées : les fenêtres éclairées attiraient les avions. Plus près, elle discerna le tas de fumier, au milieu de la cour. Autour d'elle, d'autres personnes se dispersaient dans les ténèbres. Pour atteindre l'étable, elle devait traverser tout cet espace noir. Elle n'osait avancer, de peur de trébucher ou de se perdre. Elle attendit que tout le monde fût rentré. Lorsque enfin elle se sentit bien seule, à petits pas, elle put s'accroupir derrière le foumarié où nul ne la dérangea.

4

Augustine avait monté un autre veille-mort. A sa clarté jaunâtre, elle voulut aider la drôlette à se déshabiller.

– Non, non. Je sais le faire toute seule.

Au moment d'enfiler la chemise de nuit, quand elle découvrit ce tas d'os qu'était sa malheureuse personne :

– Mon Dieu ! Que tu es maigre ! s'écria l'Auvergnate.

– Oui, je suis trasse.

– Nous te remplumerons. Bonne nuit, mon petit cœur.

Augustine l'embrassa sur la joue gauche, tandis que sa main s'emplissait de la droite, comme si, par amitié, elle voulait s'emparer d'elle. Puis elle souffla sur la flamme. Zénaïde, cependant, n'était pas au bout de ses découvertes. Rue du Poirier, elle couchait dans un lit-cage qu'on repliait le matin pour gagner de la place ; il comportait un mince matelas de crin sur un grillage d'acier. Au Cayrol, son lit était une simple caisse de sapin, garnie de deux paillasses superposées, remplies de feuilles de hêtre qui bruissaient à chaque mouvement. Le poids du corps creusait tout de suite au milieu une vallée profonde, d'où l'on ne pouvait ressortir qu'en s'agrippant ferme aux planches des deux berges. Les draps de chanvre étaient raides comme l'injustice ; mais le traversin avait la douceur de la plume dont il était bourré. Tout cela sentait bon les choses anciennes, la promenade en forêt, la cire qui fait luire les meubles, le linge frais, la mélisse qui étouffe les mites, la courte fumée du chaleil. Serrant contre elle son ourson Bofi, elle s'enfonça dans la paillasse comme un chaton dans le giron de sa mère.

Il n'était pas nécessaire de prier, puisqu'elle avait participé dans la salle à la prière commune. Elle pensa à sa famille marseillaise qui devait bien s'ennuyer d'elle. A Émilienne, sa maman qui, par chance, avait pour s'occuper le cœur trois autres enfants à nourrir, plus grands que Zénaïde, donc plus voraces. A Noémie, sa sœur aînée, qui rêvait de devenir vedette de cinéma comme Mireille Balin, parce qu'elle avait de jolis yeux entourés de longs cils. A Sébastien, le plus grand des garçons, qui serait un jour vatemane, conducteur de tram, passionné qu'il était par la sonnette de la motrice, *drinn-drinn*. A Lucien, dit Lustucru, qui voulait être pâtissier – quand la farine et le sucre reviendraient – afin de manger son content de gâteaux. Elle pensa aussi à son père, Marcel Pujol, qui ne restait jamais bien longtemps à la maison; soit parce que son métier de radoubeur le retenait dans les bassins; soit parce qu'il cherchait ses plaisirs hors de la famille, on le disait un peu pistachier, c'est-à-dire coureur de filles. Zéna se représentait mal en quoi consistait cette sorte de sport. Elle pensa à sa chatte Merlette qui venait se coucher sur ses épaules quand elle écrivait ses devoirs, si bien qu'elles avaient l'air de les faire ensemble; elle l'accompagnait aussi dans la courette; en dehors des heures de classe, elles ne se quittaient guère, partageant les mêmes jeux, les mêmes repas, les mêmes chagrins. Comme deux sœurs jumelles.

Elle allait penser à sa mamé Carmen, à sa tante Roberte, à son oncle Mario, à ses cousins et cousines; mais le sommeil, qui est un cavalier rouge coiffé de grandes plumes vertes sur un cheval blanc aux sabots enveloppés d'étoupe, vint, la prit sur sa monture et l'emporta.

Elle se réveilla au milieu de la nuit parce qu'elle souffrait de la chaleur. Dans leur désir de bien la protéger de cette fraîcheur d'altitude, les femmes Rouffiat l'avaient couverte à l'excès. Elle perçut le souffle régulier d'Augustine. Par la fenêtre béante entra une sorte de huée : *hou-hou-hou-hououou*! Qu'est-ce que cela pouvait bien être ? Qui l'appelait à une heure pareille ?

Après une longue hésitation, elle décida de se lever, d'aller voir, laissant son ourson sur le traversin. Pas de descente de lit devant sa caisse, mais tout de suite, sous ses pieds nus, le bois rude du plancher. A travers la fenêtre étroite, dépourvue de volets, elle vit les étoiles, peu nombreuses, effacées par la lune pareille à un tailladin d'orange. Elle reconnut tout de même la poule poussinière suivie de ses poussins. Un silence prodigieux régnait entre le ciel et la terre. Comme elle n'en avait jamais ressenti de pareil. Seul, un infime grelottement en soulignait l'épaisseur, celui du filet d'eau tombant dans la bachache. Demain, les deux réservoirs seraient pleins ras-que-bords.

Et tout à coup, de nouveau, ce cri : *hou-hou-hou-hououou*! Il semblait provenir toujours de la même direction, moqueur, comme si quelqu'un voulait la narguer : je te vois et tu ne me vois pas!

Elle regagna sa couche, près de Bofi, et dormit bien le reste de la nuit.

A l'aube, elle n'entendit pas même les coqs chanter, qui l'assourdissaient le jour. Quand elle ouvrit les yeux tout grands, le soleil entrait dans la chambre comme chez lui. D'abord, elle se demanda où diable elle se trouvait. Puis la mémoire lui revint : le départ de Marseille, le train, les cent tunnels, la soif, la chaleur, les Auvergnats qui choisissaient leur enfant réfugié comme du bétail, l'accueil au Cayrol. Depuis qu'elle était dans cette maison, Dieu merci, elle n'avait à se plaindre de rien ni de personne. Excepté des coups de sabot sous la table. « Peut-être, se dit-elle, qu'il ne le fait pas exprès. » Elle ne savait pas même le nom de ses hôtes, elle l'avait entendu crier à Murat sans qu'il lui fût resté dans l'oreille. Sauf par les prénoms, Léonce, Louise, Jeff, Céleste, Amélie, Augustine, Adrien, Tobie, Fifi, Fofo, Fanfan, elle vivait chez des inconnus.

Elle regarda autour d'elle. Au-dessus, entre les poutres non équarries, faites de troncs d'arbre tout ronds, le plafond était formé de planches brunes, sans finesse ni malice. Aucune lampe, aucun abat-jour n'en pendait. Les murs montraient la même nudité, faits de pierres sombres et rugueuses. Elle suivit de l'index leurs jointures blanches qui formaient une sorte de puzzle. A l'un, deux portraits étaient accrochés, côte à côte : celui d'un dragon aux moustaches agressives, sous un casque à crinière, la main sur la poignée du sabre, comme s'il ne demandait qu'à s'en servir ; celui d'une jeune femme grave, joufflue, coiffée d'un chapeau à bourrelet, pareil à ceux qu'on met aux petits enfants pour les retenir de s'assommer. A l'autre, l'inévitable crucifix-bénitier, la branchette de buis jaunâtre. Une armoire à linge sans glace, ouvrage sans doute de Léonce. Deux chaises de paille. Une petite table avec un broc et une cuvette. Le lit d'Augustine, tout pareil au sien.

Des bruits montaient de la cour et de la salle : voix des vaches, des chiens, des coqs, des personnes. A cette heure-ci, Marseille était tout plein du grondement des camions, de la sirène des chantiers, de la corne des bateaux, de la sonnette des tramways. Marseille sentait la marée, le goudron, les gaz d'échappement. Elle se leva, mit le nez à la fenêtre. Elle vit et renifla Jeff occupé à tirer de l'étable des brouettées de bouse et de fougères qu'il entassait de la fourche sur le foumarié.

Non point en vrac et au hasard, mais selon une architecture réfléchie, afin d'en construire un monument. Amélie aperçut la fillette et cria :

– Tu es réveillée ?... Habille-toi, descends déjeuner.

Quand elle fut dans la salle, elle comprit qu'elle était la dernière levée ; que chacun était déjà parti vers sa besogne particulière. Il restait des braises dans la cheminée, une casserole pleine de lait fumant sur la table, près d'une cafetière, d'un bol, d'une motte de beurre, d'un pot de confiture, d'un chanteau de pain. Amélie l'embrassa, s'écriant :

– Oh ! la dormillouse ! Tu as presque fait le tour du cadran ! C'est que tu en avais, du sommeil en retard !

Zéna posa cette étrange question :

– Comment vous vous appelez ?

– Moi ? Amélie.

– Non. Vous tous. La famille.

– Nous sommes des Rouffiat. Mais à présent, étant mariée, je suis une Guignabert.

– C'est des drôles de noms. Rouffiat... Guignabert...

– Tu trouves qu'ils sont drôles ? C'est des noms d'ici.

– A Marseille, y en a également des drôles. La directrice de mon école s'appelait Mme Guglielminetti.

– Gu... C'est pas facile à dire.

– Et en plus, elle était méchante. Elle nous battait.

– Pécaïre ! A présent, dis-moi : tu vas bien manger, pour me faire plaisir ? D'accord ?

– J'essaierai.

– Qu'est-ce que tu prenais le matin, à Marseille ?

– Du café. Avec une goutte de lait.

– Le café est mauvais pour les enfants.

– C'était pas du vrai. On nous le vendait moulu. Dedans, y avait de tout, des glands, des marrons d'Inde, des crottes de rat, sauf du vrai café.

– Le nôtre est fait avec de l'orge qu'on grille dans une poêle. Il ne fait de mal à personne.

– Je l'aimerai sûrement.

Elle l'aima en effet. Elle en apprécia la saveur caramélisée, la fadeur relevée de miel, la jolie couleur qu'il donnait au lait. Elle mangea des tartines. La confiture était d'un violet sombre, riche de petits fruits pareils à des grains de chapelet.

– Ce sont des airelles. Elles poussent dans les bois. Bientôt, elles seront mûres. Nous irons les cueillir ensemble.

– Je connais. Elles servent à faire la teinture des sabots.

– Attention! Elles teignent aussi la langue.

Elle lui apporta le petit miroir dans lequel le Vieux se rasait. Zéna fut effrayée de se voir une langue noire comme un boudin.

– Quand tu auras mangé autre chose, il n'y paraîtra plus.

Alors, de nouveau, vint cette affaire terrible qui se répéterait trois ou quatre fois chaque jour.

– Faut que j'aille au cabinet.

– Eh bien! Va dans l'étable.

– Non. Jeff est en train de sortir les bouses.

– Alors, va plus loin. Dans la campagne.

Elle eut un geste qui montrait tout le paysage, tous les horizons. L'Auvergne entière pouvait lui servir de cagadou. La voilà donc qui s'éloigne. En direction du Plomb dont on voyait très loin, très haut, au-dessus de la forêt, émerger la bugne ronde, comme s'il avait reçu un coup de bâton sur le cassis. Elle marchait, se retournait : on risquait de l'apercevoir de la ferme. Elle montait encore. Elle montait toujours. Ses sabots glissaient sur l'herbe sèche. Elle se rappela la chèvre de M. Seguin. « Jésus! Faites que je ne trouve pas de loup! » Elle atteignit un champ de genêts, s'enfonça dans ce vert, dans ce jaune, dans cette senteur de réglisse. Quelques fleurs subsistaient; mais la plupart étaient devenues des gousses que le soleil déjà très chaud faisait exploser. Dans ce massif, plus personne ne pouvait la voir. Excepté Jésus et sa Bonne Mère, du haut du ciel. Mais devant eux, elle n'éprouvait pas de honte ; ils savaient qu'elle était faite comme toutes les créatures vivantes qui produisent des excréments. Même les mouches, même les colombes, images du Saint-Esprit. D'ailleurs, elle fut certaine que Jésus et sa Bonne Mère en ce moment détournaient les yeux.

Amélie s'étonna :

– Tu y as mis bien longtemps !

– Je suis montée un peu haut.

– Fallait pas. C'est pas prudent.

– Est-ce qu'il y a des loups ?

– Quelquefois, des loups à deux pattes. C'est les plus féroces.

Allons bon ! Voilà qu'il existait des loups à deux pattes ! Mais où donc devrait-elle aller pour être tranquille ?

– A présent, débarbouille-toi et habille-toi pour la messe. On est dimanche. La cloche sonne trois fois. Le premier coup veut dire : préparez-vous. Le second : mettez-vous en route. Au dernier, on doit être devant l'église. Pour descendre jusqu'à Albepierre, il nous faut une vingtaine de minutes.

– Avec l'âne ?

– Le charreton, c'est seulement pour mes parents, qui sont vieux. Nous qui sommes jeunes irons à pied.

On entendit en effet la première sonnerie. Chacun revêtit ses meilleures nippes. Jeff ne craignait pas de se montrer malgré sa situation clandestine. Toute la commune était informée de son existence. On savait qu'il appartenait à l'Irlande, une nation neutre et non pas ennemie. Une fois lavé, rasé, peigné, il apparut méconnaissable. Léonce coiffa son chapeau-monument historique, dans la bonne orientation. Zéna reprit ses vêtements de voyage ; ses bottines un peu vastes, une donation de sa sœur Noémie qui les avait portées avant elle et usées aux trois quarts ; Augustine lui noua ses riquets rouges dans les cheveux. Le plus élégant était Adrien : chaussettes blanches, costume bleu, cravate. On aurait juré un de ces mannequins de cire qu'on voyait à Murat dans le magasin de confections Conchon-Quinette ! Pour lui montrer qu'elle ne lui tenait pas rigueur de ses mauvaises manières, Zéna lui fit compliment :

– Comme tu es beau !

Il la dévisagea, pour voir si elle ne se moquait point ; puis il lui tourna le dos. L'âne Batistou avait aussi fait toilette, étrillé, peigné de la queue, orné à ses œillères de deux roses mousses.

Rouffiat et sa Rouffiate prirent donc place dans la voiture. Le reste de la troupe les précédait, joyeux, bruyant, désordonné. Les chiens prétendaient les suivre ; il fallut les chasser, les insulter, leur jeter des pierres, leur faire entendre qu'on n'avait aucun besoin de leur compagnie pas vraiment chrétienne. Eux, n'ayant rien d'autre pour se consoler, se mirent à se chamailler, à se mordre les uns les autres. Jeff, qui savait tout, ruminait cette parole de l'Ecclésiaste : *Celui qui se mêle des querelles d'autrui est pareil à l'homme qui intervient dans une bataille de chiens et en prend un par les oreilles.* C'était la raison pour laquelle, avant 39, il avait fui l'Irlande, où trop de haines opposaient catholiques et protestants, pour vivre à Paris ; la raison pour laquelle, en 40, il avait quitté Paris et choisi de vivre loin des querelles européennes dans ce coin de l'Auvergne, aussi oublié du monde qu'un écueil au milieu de l'océan. Les Rouffiat l'avaient accueilli volontiers, parce que leurs fils et gendre étaient prisonniers dans les stalags, et qu'il n'était pas exigeant sur la question des gages :

– Vous subviendrez à mes besoins, nourriture, logement, vêtements, chaussures. Point final.

– Rien d'autre ?

– Si j'ai besoin d'encre, de papier, de savon, vous me les achèterez.

– D'accord.

– On peut vivre sans argent quand on a son nécessaire.

Il vivait donc sans argent. Se passant de tabac, d'alcool, de sucreries, de femmes, de toutes ces superfluités qui sont les assaisonnements de la vie; faute desquels elle est aussi insipide que la salade sans huile ni vinaigre. Bref, il menait une existence de moine convers, privé de voix au chapitre, réduit aux besognes pesantes et malpropres. En attendant le retour de la paix.

Zéna serrait dans son poing le chapelet dont lui avait fait cadeau sa grand-mère d'Aubagne. Les piétons allaient d'un bon pas sur ce chemin abrupt et rocailleux. Il arriva même qu'Adrien, qui voulait faire l'acrobate, glissa soudain et tomba sur le derrière. Provoquant un éclat de rire général. Zéna, obligeante, prétendit lui épousseter la culotte; mais il s'écarta et s'écria, tout furieux :

– Pas besoin de toi! Ni de personne!

Vexé jusqu'aux oreilles. Exprès, il prit même un peu de retard pour être seul, les suivant à la traîne, boudant dans sa cravate, malgré les appels :

– Viens donc! Ne fais pas ta tête de lard!

– Je suis pas une tête de lard!

Ils arrivèrent à la croix du Voleur. La cloche sonna le second coup. On attendit le charreton. En caravane, ils entrèrent dans le bourg, longèrent le four-prison, attachèrent Batistou à la grille de l'ancien cimetière, franchirent la porte de l'église. Après la chaleur du voyage, ils eurent plaisir à s'enfoncer dans cette fraîcheur, odorante d'encens et de lys : deux gros bouquets blancs encadraient l'autel. Chacun trempa un doigt dans le bénitier de lave grise, planté au beau milieu. Les enfants furent placés devant; Adrien dut côtoyer Zéna par la force des choses.

L'abbé Verdier était jeune, grand, maigre, avec des yeux myopes derrière ses lunettes de fer. Il toussait souvent et crachait dans son mouchoir. On avait quelque peine à le comprendre. Excepté quand il disait, tourné vers le public, les mains ouvertes : *Dominus vobiscum.* Ce qui veut dire en latin, prétendaient les mauvais sujets d'Albepierre qui allaient à la messe par obligation d'habitude, sans croire ni Dieu ni diable, comme on est forcé de consommer à un festin de noces, alors qu'on n'a plus faim ni soif dès le second service, ce qui donc signifie, selon ces farlempiers, *Donnez-moi vos pistoles.* Après cette injonction, les mécréants cherchaient dans leur boursicot la plus petite pièce possible. Ils avaient même l'art de la laisser tomber avec force dans le plateau pour qu'elle fît un bruit trompeur. Céleste, qui n'était pas dans de telles dispositions, avait mis avant la troisième sonnerie cinq sous dans la main de Zéna et autant dans celle d'Adrien. Jeff, lui, malgré sa foi profonde, ne donnait rien par manque de pécunes.

En fait, le curé n'était pas aussi pauvre qu'il aurait dû avec ces sortes de paroissiens. Il faisait payer, selon le tarif épiscopal, les baptêmes, les mariages, les enterrements, les messes de quarantaine. Il avait son jardin plein de légumes ; on le voyait en tablier bleu le bêcher, le piocher, et ramasser sur les chemins les bouses abandonnées dont il remplissait une brouette pour fumer ses semis. On l'invitait aux repas de noces. Il recevait des cadeaux de droite et de gauche. Une ferme voisine le fournissait en lait gratuitement. Il savait enfin, après les confessions, imposer des pénitences alimentaires :

– Vous réciterez dix *Je vous salue* et vous m'apporterez une livre de lard maigre.

Ainsi, le confessionnal nourrissait le confesseur. Quand les ferlampiers voyaient une pénitente arriver avec un panier bien plein, ils supputaient qu'elle avait dû en commettre des vertes et des pas mûres. Avec des ricanements, des chuchotements peu dignes du lieu saint. Cela ne les empêchait pas de monter à la tribune en faisant beaucoup de bruit avec leurs gros sabots, de se lever, de s'asseoir, de se signer. Excepté ceux qui, appuyés à la main courante au premier rang, s'endormaient carrément sur leurs coudes.

Ce dimanche-là, Zénaïde se comporta en parfaite chrétienne, comme l'avait enseigné sa grand-mère d'Aubagne. Quoiqu'elle n'eût pas encore fréquenté le catéchisme, elle aimait la religion. La mamé cherchait même à la persuader de se faire religieuse quand elle serait grande :

– Tu mèneras la vie la plus heureuse qui soit. Chaque jour dans la compagnie du bon Dieu. Sans le souci de gagner ton pain. De supporter un mari. D'élever une famille. Tu passeras ton temps à prier et à chanter des cantiques. Et tu seras sûre d'aller au Paradis.

– Pourquoi pas ?

En attendant, elle regardait à l'entour toutes ces personnes agenouillées. Elle humait le parfum des lys et de l'encens. Elle admirait les trois vitraux qui entouraient le chœur, représentant saint Thimotée, la Sainte-Famille et Notre-Dame des Oliviers. Il en filtrait une lumière multicolore qui donnait à ce qu'elle atteignait des reflets roses, bleus ou verts comme la lanterne magique. Les maisons du bon Dieu offrent d'agréables spectacles.

Près d'elle, Adrien se comportait aussi honorablement. Depuis neuf mois, il suivait les cours de catéchisme et n'ignorait rien des rites de la messe. D'un coup de coude, il avertissait même sa voisine quand il fallait se lever, s'asseoir, baisser la tête, se marquer d'une petite croix le front, la bouche et le cœur.

Dans son sermon, le curé demanda aux présents de prier pour le Maréchal et pour la France. Puis il prononça *Dominus vobiscum* pour la troisième fois. C'était la bonne. Il y eut dans l'assistance un remuement. L'enfant de chœur fit circuler son plateau de cuivre. Adrien et Zénaïde y laissèrent tomber leur pièce percée de vingt-cinq centimes.

5

Le jour du Seigneur, les gens du Cayrol ne se permettaient aucun travail qui ne fût indispensable à la vie. Excepté, donc, la nourriture et le soin des animaux et des personnes. A peine revenues de la messe, ayant repris leurs vêtements de semaine, les femmes se remirent à marmitonner. A peler des pommes de terre, qu'elles appelaient des truffes. A laver la salade. A découper des lardons. Zéna proposa son aide.

– Repose-toi encore. Tu n'es pas complètement remise de tes fatigues. Va tenir compagnie à Drien.

– J'aime mieux vous regarder. Pour apprendre. Est-ce que je peux ?

– Naturellement, mon petit cœur. Ce sera aujourd'hui un dîner rapide.

– Votre horloge est très en retard : elle marque dix heures et demie. Et nous sommes sortis à midi de l'église.

Céleste se lança dans une explication très compliquée. Avant la guerre, les paysans ne suivaient pas les consignes du gouvernement, qui voulaient qu'il y eût une heure d'hiver et une heure d'été. Toute l'année, ils demeuraient à la première, qui était aussi celle du soleil. Les vaches, les poules, les cochons faisaient de même. Les coqs chantaient le commencement du jour, pas une heure avant. Dans les prés, une fleur, anémone ou coquerelle, s'appelait *chincour* en patois, cinq heures, parce qu'elle se fermait à ce moment précis, ce qui indiquait aux bergers sans montre qu'il était temps de rentrer leur troupeau. Ensuite, les Allemands nous avaient envahis. Se croyant les maîtres chez nous, ils avaient ordonné à nos horloges publiques, celles des gares, des écoles, des mairies, de marquer l'heure de Berlin, en avance de deux sur celle du soleil. De celle-là, les paysans voulaient encore moins que de l'ancienne heure d'été française. C'est ainsi que l'horloge du Cayrol faisait de la résistance : ignorant les consignes de Vichy, elle s'en tenait à l'heure d'autrefois, celle que suivaient les anémones, les coqs, les vaches, les cochons.

Céleste et Amélie épluchaient les pommes de terre grossièrement, produisant des peaux épaisses.

– C'est pas du gaspillage. Nos porcs avaleront les déchets.

– A Marseille, on ne pèle plus les pommes de terre. On les lave, on les gratte un peu, on mange tout.

Une fois blanchies, celles-ci furent simplement essuyées dans un torchon.

– Aujourd'hui, on va te servir quelque chose que tu ne connais pas, j'en suis certaine. Une truffade. Elle s'appelle comme ça parce qu'elle est faite principalement avec des truffes.

La poêle au très long manche fut descendue des poutres, installée dans la cheminée sur l'andelière : une couronne de fer horizontale retenue à la crémaillère par deux brides de métal, tandis que la queue s'appuyait au dossier d'une chaise.

Plusieurs cuillerées de saindoux et des lardons y furent déposés; ils se mirent aussitôt à fondre en grésillant. Céleste les étouffa sous un monceau de pommes de terre découpées en lamelles, rondes et blanches comme des écus. Il en fallait largement pour huit. Sous un vaste couvercle, à feu doux, tout cela se mit à rissoler, sans hâte, à remplir la salle de son parfum de dimanche. Graisse et truffes se réjouissaient ensemble du bonheur qu'elles allaient donner. Spécialement à la petite Marseillaise, qui était si trasse, pécaïre.

Pendant ce temps, Mélanie avait entrepris de réduire en tranchettes – pas en tranchounettes! – un bloc de tomme. De véritable tomme cantalienne, obtenue, toujours par échange, des buronniers du Lioran. Mais qu'est-ce au juste que la tomme cantalienne? Du caillé pressé, moulé, séché, durci; mais ni salé ni mûri. La tomme est au vrai fromage du Cantal ce que la toile est à la peinture d'un maître: le support nécessaire, mais insipide, d'un chef-d'œuvre. Les truffes, qui ont leur fierté et restent l'élément premier de la truffade, ne s'accommoderaient pas d'être associées au fromage accompli; mais elles veulent bien de son commencement. Elles furent donc, dans l'énorme poêle, recouvertes de cette substance morcelée, puis confondues avec elle à la spatule de bois qui les brisait sans les réduire en purée. Nouveau mijotage sous le couvercle. Enfin, saisie à deux mains par sa queue interminable, la poêle fut éloignée du feu, son contenu retourné dans un plat où il montra ressemblance avec un gâteau doré. Mélanie le saupoudra d'une persillade, le disposa au milieu de la table, sous la convergence émerveillée des regards. Dehors, arrêtés par le clédou, les chiens se tordaient et pleuraient de convoitise.

Zénaïde en reçut d'abord une portioncule. Quand elle y eut goûté, elle s'écria marseillaisement:

– Boudi! Quel amour!

Ce qui clairement voulait dire: j'en prendrais bien encore. Elle eut pleine satisfaction. Après la truffade, il y eut de la saucisse cuite au bouillon. Fromage encore, mais cette fois de chèvre, appelé cabecou. Tout poudré de pollens jaunâtres que la famille nommait les artisons.

– Des bêtes petites, petites, expliqua Céleste, qui

rendent le fromage meilleur. Elles ne te feront pas de mal, au contraire.

Les hommes en démontrèrent le bon usage : tu fais, avec une lame, tomber le plus gros au coin de ton assiette et tu manges le reste avec le cabecou. Mais elle ne voulut pas avaler ces animaux vivants; il fallut les lui gratter sans en laisser un seul. C'est à cette condition seulement qu'elle accepta de goûter au fromage de chèvre.

Avant le coucher, Jeff s'arma d'une lampe-tempête et se rendit à l'étable où la Lyonne se préparait à mettre bas.

– Je peux venir ? demanda la drôlette.

Après une hésitation, il accepta sa compagnie, se disant qu'il fallait bien qu'elle apprît tout de la vie et de la mort. Elle caressa le poil rude des salers, leur ventre parcouru de grosses veines, et même la racine de leurs immenses cornes. Bien que leur crèche fût vide, elles remuaient les mâchoires comme si elles avaient mangé de la soupe à la fourchette. Non point de haut en bas comme font les personnes, mais horizontalement, de gauche à droite, puis de droite à gauche. Bien alignées, bien droites, la croupe haute, elles répandaient leur odeur et leur chaleur puissantes. Jeff examina de près la Lyonne, lui souleva la queue, déclara que ce n'était pas pour cette nuit, qu'il pourrait dormir tranquille. On regagna la salle où la prière du soir fut récitée.

– Et maintenant, lança Augustine, au lit ! Les puces ont faim, les punaises ont soif.

A Marseille, Zéna avait toujours vécu en compagnie des puces, des punaises et même des cafards, qui sont les plus parfaitement domestiques des animaux. « Les Auvergnats en ont aussi », se dit-elle sans plaisir.

– Demain, ajouta Gustine, je t'emmène à l'école.

– A l'école ? Je croyais...

– Tu te croyais en vacances ? Non point. Il te reste six semaines de classe. Je t'accompagnerai pour te faire inscrire.

Précédées du veille-mort, elles montèrent ensemble l'escalier de bois. Dans une certaine marche, une ébréchure formait un creux.

– Vous avez vraiment des puces et des punaises? demanda la drôlette.

– Des puces, peut-être bien. Des punaises, non. Il n'en reste plus. Les puces les ont mangées.

Elle rit, si bien que Zéna ne sut pas ce qu'elle devait croire. Elles se déshabillèrent ensemble, à la fraîcheur de la nuit qui entrait par la fenêtre ouverte. Augustine y mit le nez, déclara qu'il ferait encore beau le lendemain, qu'il ne manquait pas une étoile. De nouveau, Zéna perçut le grelottement de l'eau qui tombait dans la bachache. Elle songea à sa mère, à ses frères et sœur, à sa grand-mère.

– *Hou-hou-hou-hououou*!

Une fois encore, cet appel qui l'avait réveillée la nuit précédente. Et elle, dans l'ombre, doucement :

– Augustine! Augustine!

– Heu...

– Qu'est-ce qui fait ça? *Hou-hou-hououou?*

– C'est rien. C'est le *chavan*. Le hibou. Il dort le jour, et la nuit, il réveille le monde. Il habite dans les sapins, près d'ici.

– Est-ce qu'il est méchant?

– Mais non. Oublie-le.

Zéna serra contre elle son ourson Bofi pour se rassurer.

Il fallut lui tirer les pieds, ce matin-là, pour qu'elle ouvrît les yeux. L'école commençait à neuf heures, horaire de Berlin. La descente jusqu'à Albepierre exigeait vingt minutes, la rencontre avec la directrice dix autres. Il fallait donc partir à huit heures trente, c'est-à-dire six heures trente pour les anémones.

Cérémonie du cabinet.

– Viens avec moi, dit le Vieux. T'auras plus besoin de grimper dans la montagne.

Ils partirent ensemble, lui portant sa faux sur l'épaule.

– Pourquoi la faux?

– Tu vas voir.

Ils descendirent au lieu de monter; arrivèrent au bord du Pradet, du Petit-Pré, qui produit l'herbe la plus haute du domaine. Suivant strictement la lisière, ils s'arrêtèrent sous un poirier au tronc rugueux :

– Il nous fournit des poires de curé.

– Qu'est-ce que c'est, les poires de curé?

– On les ramasse en octobre, on les laisse mûrir sur la paille, elles ne sont bonnes qu'en décembre. Je sais pas pourquoi on les dit de curé. Nous en descendons au nôtre. C'est peut-être pour ça.

Autour de l'arbre, il se mit à faucher, formant un cercle bien ras, qu'entourait un paravent herbeux.

– Ici, tu seras tranquille. Personne te verra. Quand tu auras rempli le rond, je t'en faucherai un autre. A tout à l'heure.

Il s'en retourna. La voici pourvue d'un cabinet particulier, dissimulé par le pâturin, la fétuque, l'avoine folle, la pimprenelle. Maintenant, elle cessera de dire : « Je vais au cagadou. » Mais : « Je vais sous le poirier. »

Le petit déjeuner, outre le lait, le beurre, la confiture, comportait ce matin-là une soupe que Louise lui conseilla vivement d'avaler :

– Tu dois bien te remplir l'estoma*que* si tu veux travailler comme il faut à l'école.

Elle crut d'abord qu'il s'agissait d'un potage au riz. Mais non :

– C'est de l'orge mondée. Ça veut dire qu'elle est blanchie au moulin.

Elle se mit donc en route bien lestée, se disant : « Avec l'orge, les Auvergnats font du café et aussi de la soupe. Mais dans une semaine je ne serai plus trasse. »

Ils furent trois à prendre la descente : Augustine, Adrien avec son cartable, elle-même avec sa musette du Secours National.

A l'entrée du bourg, deux autres gamins, qui venaient de la Molède, se joignirent à leur trio. Tout de suite, elle fut assaillie de questions :

– Qui tu es ? Comment tu t'appelles ? D'où tu viens ? Chez qui tu habites ? Quel âge tu as ?

Elle répondait un peu court. Si bien qu'ils se mirent à parler patois entre eux, croyant qu'elle n'y comprenait rien.

Albepierre était riche de deux écoles : celle du bas et celle du haut. Naguère, école de filles et école de garçons. Mais, depuis longtemps, les instituteurs avaient battu leurs cartes, mélangé les trèfles avec les cœurs. Par suite de cette mixité, les écoles étaient devenues celle des petits et celle des grands. Dans la première – qui comportait aussi à l'étage le bureau de la mairie – officiait une jeune Murataise, Mlle Astruc, qui descendait tous les soirs à bicyclette chez ses parents ; au fronton du bâtiment, une cloche appelait les écoliers retardataires ; elle rassemblait aussi les pompiers en cas d'incendie. Celle du haut comportait deux classes : l'une confiée à Mme Rigal, directrice temporaire en remplacement de son mari retenu en Allemagne ; l'autre à Mme Couderc. Leur différence d'âge fit en sorte que Zéna fut soumise à l'autorité de celle-ci, tandis qu'Adrien relevait de la classe supérieure.

Mme Couderc faisait un peu commerce de librairie-papeterie. Elle vendait au prix coûtant des ardoises de carton, des cahiers, des porte-plumes, des livres neufs ou usagés. Augustine prit ce qu'il fallait pour sa pupille, elle en eut pour 8 francs qu'elle paya contre facture. Puis elle embrassa la petite et repartit pour le Cayrol.

Trois douzaines de grimauds fréquentaient la classe. La moitié seulement authentiques Arapeyrous. Les autres venaient du Nord, de Belgique, de Lorraine, de Paris, de lieux mal définis. Il y avait même un Italien, Bruno Biagione. Né dans Albepierre, fils d'une Auvergnate et d'un plâtrier piémontais installé depuis vingt ans dans la région, il parlait le patois aussi bien que les autres. N'empêche que ses copains lui faisaient la gueule et le tenaient pour un ennemi de la France depuis que l'Italie nous avait déclaré la guerre. Spécialement quand il gagnait aux jeux de billes. Certains le traitaient de macaroni, ce qui le faisait rire :

– Du macaroni, t'aimerais bien en avoir tous les jours dans ton assiette !

Mme Couderc présenta ainsi la nouvelle :

– Elle s'appelle Pujol Zénaïde. Elle nous vient de Marseille où l'on meurt de faim en ce moment. Soyez gentils avec elle, car elle a besoin d'amis et d'affection.

La classe était partagée en deux divisions; Zéna fut placée au CM1.

– Pujol, voyons comment tu lis. Ouvre ton livre page 97.

L'institutrice avait l'habitude d'appeler ses élèves par leur nom de famille, quel que fût leur sexe. Pujol prit donc les *Belles lectures françaises*, rassemblées par Ferdinand Chadeyras, directeur d'École normale. Le texte s'intitulait « Il faut vaincre sa peur. » Elle en commença la lecture :

Un jour, j'avais votre âge, je me promenais avec un brave homme qui, venu d'Auvergne en vendant sur les chemins des cannes et des parapluies, s'arrêta dans notre village champenois pour s'y établir...

Dès les premiers mots, son accent marseillais surprit l'auditoire. Elle lisait bien, mais avec ce débit précipité qu'on a là-bas et qui rend le discours quasi incompréhensible aux oreilles nordiques.

– Moins vite, s'il te plaît, recommanda la maîtresse.

Elle s'y efforça. Mais il restait ces *inn*, ces *aing*, ces *ang* qui faisaient sourire. Et bientôt pouffer, à l'abri des mains ouvertes devant la bouche. Cependant, Zénaïde continua, imperturbée :

J'aimais sa compagnie parce qu'il racontait des histoires amusantes, avec le sonore roulement des r *à l'auvergnate, et une gesticulation vive... Pendant que nous causions, un chien parut, dont la mine était désobligeante. Le père Ritoux vit que j'en étais impressionné. « Tu as peur des chiens ? me dit-il. Je vais te montrer comment on s'en débarrasse. » Quand l'animal fut à quatre pas de nous, l'homme lui tourna le dos brusquement, se plia en deux et mit sa tête entre ses jambes écartées. Le chien, qui n'avait jamais vu un animal portant sa tête en cet endroit, s'enfuit en hurlant.*

Le texte était signé Ernest Lavisse. Quand la fillette s'arrêta, un éclat de rire secoua toute la classe. Mme Couderc elle-même y participa, modestement. De quoi riait-on si fort ? Du père Ritoux et de son astuce ? De ce langage qui chantait incroyablement dans la bouche de la lectrice ? La maîtresse ne chercha pas à démêler la question :

– Rions une bonne fois, dit-elle. Et que c'en soit fini. Je vous souhaite à tous, les ricaneurs, de lire aussi bien que Pujol.

La récréation rassemblait les deux classes dans la même cour. De loin, Zéna reconnut Adrien, lui fit un petit signe auquel il ne répondit pas. Mais un jeu très vite se répandit, inspiré par la lecture d'Ernest Lavisse. Faute de chiens, les élèves essayaient de se faire peur l'un à l'autre en plaçant leur tête entre leurs genoux. Une fille, parmi les plus grandes, s'approcha de Zénaïde :

– Alors, c'est toi qui habites chez *Naz-de-Rito* ?

– Chez qui ?

– Chez Adrien Rouffiat. T'as pas remarqué qu'il a un nez de cane ?... Regarde-le bien.

Elle comprit ainsi que chacun d'eux jouissait d'un sobriquet ou d'un diminutif : Jeannine Servant était *Ninan*; Fernande Gatignol *Grattacuol*; Joséphine Fayol *Fajole.* Et ainsi de suite. La mieux baptisée était sans doute Simone Rousset, devenue *Chou-Fleur*, parce que sa mère l'appelait tantôt mon chou et tantôt ma fleur. Elle-même reçut le sien très vite : *Bouillabaisse.* Il se répandit comme une traînée de poudre, sans qu'elle sût jamais qui elle devait en remercier. Quelqu'un, sans doute, qui connaissait les nourritures marseillaises.

– T'en fais pas, la consola Bruno Biagione. Moi, je suis macaroni et toi bouillabaisse. C'est la faim qui les fait parler.

Toujours à cause de Berlin, la classe finit à midi tapante, au lieu des 11 heures d'autrefois. Certains élèves mangeaient à l'école ce qu'ils avaient apporté : pain, omelette froide, fromage, saucisson. Adrien et Zéna, qui ne craignaient pas de marcher, devaient remonter les deux kilomètres qui les séparaient du Cayrol; y prendre leur *desparti* comme disait la Vieille; être revenu pour 14 heures. Pas question donc de flâner en route. Le drôle allait devant, au pas de chasseur, et de temps en temps se retournait :

– Alors, Bouillabaisse ! Tu avances ou tu recules ?

– J'arrive, Nez-de-Cane, j'arrive !

A midi, ce jour-là, ils eurent de la soupe confite. Faite de pain et de bouillon, mais longtemps mitonnée sur la braise, au coin du feu, les trempes y gagnaient un moelleux incomparable, qui fondait sur la langue. Vinrent ensuite une omelette aux pommes de terre et des « encornés », nom rouffiatois de petits échaudés cornus, cuits dans l'eau bouillante, puis séchés au four. On en remplissait une boîte de fer où ils se conservaient des semaines; on recourait à eux faute d'autre dessert. Mais ils étaient durs comme des cailloux : il fallait avoir de bonnes dents pour y mordre. La meilleure méthode était de les ramollir de salive sur leur pourtour; de les grignoter ensuite progressivement, comme font les souris.

La redescente, par bonheur, prenait moins de temps que la montée. Zéna atteignit l'école juste comme elle venait de finir le dernier encorné qu'elle avait gardé dans sa bouche.

Le mardi et le mercredi se déroulèrent de la même façon. En fin de journée, il n'était que 3 heures à l'horloge du Cayrol. Il leur restait quatre heures de lumière.

– Fais visiter la borie à Zénobide, commanda le Vieux à son petit-fils.

Il n'avait pas encore bien appris son nom et s'obstinait à l'appeler n'importe comment. Faut dire qu'il était un peu dur d'oreille, qu'il recevait mal les mots et les répétait quelquefois d'étrange façon. Surtout quand il sortait de son patois. Parlant de personnes misérables, on l'entendit dire un jour :

– Ils sont dans l'Ardèche complète.

Et comme on voulait le corriger :

– Je sais ce que je dis. Plusieurs fois, j'ai rencontré des gens de l'Ardèche : c'étaient tous des guenilleux.

Un autre soir, il faillit faire mourir de rire toute sa famille. Alors qu'elle aurait plutôt dû pleurer. Il évoquait le souvenir d'anciens compagnons de chasse avec qui, jadis, au nez et à la barbe des gendarmes de Murat, il en avait fait de toutes les couleurs :

– C'était à la bouche de la nuit. Nous étions en train de lever des collets. Tout par un coup, voilà deux bigarrés devant nous. Chacun se sauve de son côté. Et le brigadier de crier : « Arrête, Rouffiat ! Je t'ai reconnu ! » Moi, je m'étais enfoncé sous un buisson, ils pouvaient plus me voir. Je prenais patience. Mais en voici un qui s'approche. Je me dis : Léonce, t'es cuit. Pas du tout. Qu'est-ce qu'il fait ? Il déboutonne sa canonnière et se met à pisser sur ce buisson. Moi qui étais dessous, je reçois tout en pleine figure! Je peux vous dire une chose : la pisse de gendarme est aussi brûlante que le pot-au-feu! Ensuite, il est parti, je suis sorti tout dégoûtant, je suis allé me laver dans l'Alagnon.

Léonce avait laissé la famille se tordre tout son soûl. Puis, changeant de ton, il était devenu soudain triste :

– Ces choses se sont faites y a une passée. Peut-être bien cinquante ans. Maintenant, tous ces amis sont dans la terre. Et les gendarmes aussi.

La gaieté s'était éteinte. Après un silence, pour être bien compris, il ajouta :

– Depuis belle burette.

Les trois jeunes femmes, Céleste, Mélanie, Augustine avaient poussé un cri, s'étaient couvert la figure de leurs mains. Et maintenant, elles étouffaient de rire. Dans son coin, la Vieille, aussi sourde que son homme, hésitait à prendre sa part d'hilarité.

– Qu'est-ce qu'y a? Qu'est-ce qui vous attrape? Qu'est-ce que j'ai dit?

– C'est à cause... du dernier mot. Tu as dit : depuis belle burette.

– Ben oui, ils sont partis depuis belle burette.

– Il faut dire : belle lurette. Pas belle burette.

– Belle quoi?

– Lurette.

– Lurette? Ça n'a pas de sens. Une burette, je sais ce que c'est. Les burettes du curé. Mais une lurette, vous en avez vu? Dites-moi comment c'est fabriqué, une lurette!

Voilà pourquoi le Vieux continuait d'appeler Zénobide la petite Marseillaise. Elle renonça à le corriger. Il s'embrouillait aussi dans le masculin et le féminin. Disant *un* tuile, *un* pomme, *un* horloge; mais *une* ongle, *une* lièvre, *une* serpente. On le comprenait quand même.

– Fais-lui visiter notre borie, commanda-t-il à Adrien. Amène-la bien partout.

Quoique de mauvais gré, le garçon se fit son guide. En commençant par le jardin potager, plein de légumes qu'il lui nommait : radis, salades, haricots, choux, navets, rhubarbe. Jusqu'aux énormes potirons, mal dissimulés sous des feuilles larges comme des pans de chemise, qui exposaient sans pudeur leurs fesses rouges. Les fraises de bordure étaient encore vertes et inconsommables. Pareillement, les cerises tardives à cette altitude.

De là, ils furent dans la grange où elle vit les tombereaux, le tarare, les faucilles et les fléaux suspendus. Si elle demandait à quoi ça sert, il répondait, haussant les épaules devant son ignorance :

– A vanner le grain, pardi... A moissonner, pardi... A battre le blé, pardi...

Comme si la chose avait dû crever les yeux.

Négligeant l'étable qu'elle connaissait déjà, ils contournèrent le bâtiment des animaux et gravirent la montade qui permettait d'accéder à la fenière. Dès l'entrée, la drôlette fut suffoquée par l'odeur du foin, même s'il ne remplissait plus qu'un quart de l'espace, puisqu'il s'agissait encore de l'ancienne récolte. Cela sentait le poivre, le tabac, le romarin, comme l'herboristerie de M. Battaglione à Marseille. Suffoquée aussi par ses dimensions : aussi vaste, lui sembla-t-il, que la cathédrale de la Major. Sous une magnifique charpente, ornée de nids d'hirondelles. Dans le plancher, Adrien lui montra le tombe-foin, une trappe qui permettait d'alimenter, en dessous, les crèches des vaches. Au bout de la fenière, la remise à paille et l'aire sur laquelle, pendant la saison froide, les hommes battaient les gerbes.

Sous la pente de la montade, la soue des cochons. Vide le jour, ils avaient toute liberté de s'ébattre dans l'herbe qui poussait derrière le bâtiment. En compagnie de leurs gorets. A côté, les cages des lapins, sous un auvent.

De là, ils revinrent à la maison des personnes. Derrière la salle principale, où l'on cuisinait, mangeait et dormait, ils passèrent dans le salon qui n'était ouvert qu'aux grandes circonstances.

– Tu jettes un coup d'œil et je referme.

Elle eut le temps de voir qu'il contenait les plus grands trésors de la famille : fauteuils tout de bois avec coussins, table à rallonges, napperons, vaisselles émaillées, couronnes de fleurs d'oranger artificielles sous une cloche de verre, glace criblée de chiures de mouches, cartes postales épinglées, trophées de 14-18 accrochés aux murs, baïonnettes, casque, ceinturon, croix de guerre, médaille militaire. Un tableau représentait la tour Eiffel en cours de construction.

A l'étage au-dessus, les chambres. Celle de Jeff, la plus petite, la plus surprenante, avec ses rayons chargés de livres, une table couverte de feuilles de papier.

– Qu'est-ce qu'il écrit ? chuchota-t-elle, comme s'ils entraient dans une église.

– De la poésie. Des récitations.

Écrire des récitations, quelle étrange activité ! *Mon père ce héros au sourire si doux, Compère le Renard se mit un jour en frais, Le laboureur m'a dit en songe.* Jusqu'à cet instant, les récitations de l'école et les prières de l'église lui avaient semblé de la même farine. A apprendre par cœur sans trop les comprendre. Inventées par des auteurs lointains, Victor Hugo, La Fontaine, Jésus-Christ. Qui peut-être même n'avaient jamais existé. Peut-être aussi qu'elles s'étaient faites toutes seules comme le bruit des feuilles, comme le chant de l'eau. Or voici qu'elle découvrait qu'une personne vivante, Jeff l'Irlandais, qui le jour curait l'étable des vaches, pouvait la nuit écrire des récitations !

– Des récitations qu'on apprendra dans les écoles ?

– Sûrement.

L'objet le plus étrange de cette étrange pièce était un étui noir pendu à un clou par une bretelle. Adrien expliqua qu'il contenait une paire de jumelles; que Jeff s'en servait parfois le jour dans la campagne pour regarder les montagnes lointaines, et la nuit, la lune et les étoiles.

Ils ressortirent sur la pointe des pieds.

Plus haut encore, les combles, sous les solives d'où pendouillaient des dentelles en toiles d'araignée. Des caisses, des malles.

– Qu'est-ce qu'il y a dedans?

– Des secrets. Défense d'ouvrir.

Néanmoins, il souleva un couvercle. Dessous, des papiers. Rien que de vieux papiers. Les archives de la famille. Le couvercle retomba.

Un parapluie grand ouvert sur le plancher. On l'avait posé là parce qu'il était trempé de pluie. Et il séchait depuis dix ans peut-être, à en juger par la couche de poussière qui l'enfarinait. Des colliers, des harnais rappelaient l'époque où la ferme employait des chevaux. Notamment des étalons, pareils à celui de la girouette. Le Vieux appelait Nénesse cet animal en fer découpé qui indiquait d'où venaient les vents, et il parlait de lui en ces termes:

– Nénesse regarde le Midi... Nénesse regarde le Plomb... Nénesse regarde Bonnevie...

Il en tirait des prévisions.

Les deux visiteurs trouvèrent aussi un saloir rempli de haricots pourris. De vieilles lanternes. Un rouet à filer le chanvre. Des outils cassés. Des bouteilles défoncées. « Les Auvergnats ne jettent rien », se dit la drôlette. Un képi suspendu à un clou portant deux majuscules: *F.A.* Fernand Ajalbert. Adrien le décrocha, le mit sur son crâne, il lui tomba jusqu'aux oreilles. Une cornemuse raccornie dont personne ne jouait plus depuis belle burette.

6

Le jeudi, jour sans école, Augustine la conduisit à l'église et la fit inscrire aux cours de catéchisme. Ils se donnaient dans le salon du presbytère. Une grande pièce nue, meublée seulement d'une chaise et de deux lignes de bancs, l'une pour les neuf garçons, l'autre pour les huit filles. Face à face. Aux murs, un crucifix, le portrait du Saint-Père en exercice, Pie XII, et un alignement de soutanes, de chasubles, de manteaux ecclésiastiques. L'effectif : des Auvergnats et des réfugiés. Parmi ceux-ci, deux enfants juifs; mais on ne le sut qu'après la guerre, quand il n'y eut plus de risque à le révéler. Ils ne se montraient pas les moins zélés, les moins assidus aux leçons et à la messe; ils firent même leur première communion comme les autres.

L'abbé Verdier était aussi un singulier personnage. Venu tard à la prêtrise, il avait exercé d'abord le métier d'électricien. Si l'électricité n'était pas encore montée au Cayrol, déjà elle éclairait Albepierre, dont les habitants faisaient appel à lui quand le courant tombait en panne. Il y avait trouvé une église encombrée de bondieuseries à quatre sous, accumulées quarante ans durant par son prédécesseur, le curé Vidal. L'ayant débarrassée de ce bric-à-brac, il avait commencé à crépir de ses mains les murs intérieurs, en bon artisan qu'il n'avait jamais cessé d'être. Plus que d'autres chrétiens, sans doute, proche de son collègue le charpentier de Nazareth.

Il interrogea Zénaïde, constata avec satisfaction qu'elle connaissait les prières principales.

– Peut-être, révéla-t-elle, que je serai religieuse. C'est ma grand-mère d'Aubagne qui me l'a dit.

– Quelle merveilleuse idée! Je t'y aiderai, mon enfant, de toutes mes forces.

Adrien Rouffiat faisait partie du même groupe, avec deux ans d'avance. Sa communion solennelle était prévue pour le printemps suivant, tandis que Zéna devrait attendre 1946.

– D'ici là, tu nous auras quittés pour retourner à Marseille. La paix sera revenue, prédit-il.

Adrien possédait déjà le livre de catéchisme, sur lequel ils devraient étudier tous les deux, fraternellement. L'abbé allait et venait entre les bancs, tout en débitant ses instructions. Elles consistaient ordinairement à faire réciter à voix haute et en commun les réponses aux questions posées dans le livre en italique, et qu'ils devaient savoir par cœur :

– *Qu'est-ce que la prière?*

– La prière est une élévation de l'âme vers Dieu pour lui rendre nos hommages et lui demander ses grâces...

Ceux qui avaient mal appris la leçon faisaient semblant de parler en remuant les lèvres, produisant un vague bourdon qui se fondait dans le chœur des récitants. L'abbé se satisfaisait de ce marmottement confus. Mais parfois survenait un scandale – tel ou tel mauvais esprit profitant de cette billebaude pour changer des mots – aussitôt dénoncé :

– Oh mon Père! Alphonse a dit : pour lui rendre nos fromages!

– Pas vrai, mon Père! J'ai dit : pour lui rendre nos images.

Cela induisait le catéchiste à interroger parfois ses ouailles individuellement. Mais sa pédagogie préférée consistait à mettre la musique au service de la foi. Ainsi font les anges joueurs de trompette. Tous les cantiques latins et français étaient pratiqués dans le salon : *Ave Maris Stella, O salutaris hostia, Je suis chrétien voilà ma gloire, Le voici l'agneau si doux, Vive Jésus vive sa croix*... Et même des cantiques en patois : *Nostre Senher es vengù del céou, Iéou voli creyre Vostro parolo*...

Zéna aussi apprit ces strophes auvergnates. Dès le jour de son arrivée, elle s'était d'ailleurs aperçue qu'elle comprenait un peu le parler d'Albepierre, souvent proche du provençal. Quand le Vieux montrait ses *bragues*, elle voyait ses culottes. Si on lui recommandait de ne pas trop *bouliguer*, elle entendait s'agiter. Elle savait que *lo bugado* est la lessive, *lo ratepenade* la chauve-souris, *l'escoube* le balai ; que *dengun*, ce n'est personne ; que *s'escoundre*, c'est se cacher ; que *lo gàuto* est une joue, mais *la gauta del cuol* sont les joues de derrière. Ainsi prise entre le latin, le français, l'auvergnat, le marseillais, elle se croyait par moments revenue sur le Vieux Port où l'on entend tous les langages de la terre.

L'ennui, avec l'abbé Verdier, c'est que, lorsqu'il avait forcé sa voix, il se mettait à tousser. « Peuchère ! » pensait Zéna. « Pécaïre ! » pensaient ses compagnes.

Ils furent de retour au Cayrol à midi et demie, heure de Berlin. Le *desparti* commença par la soupe. En fait, elle paraissait trois fois par jour sur la table, matin, midi et soir. Ce midi-là, elle était aux raves, mi-pain, mi-légumes. Bien épaisse, selon la règle. Tous les Rouffiat parurent s'en régaler. Jeff pareillement. Zéna eut quelque peine à l'avaler toute ; elle y parvint à la longue, sous les regards apitoyés de la famille. Quand ce fut fait, elle se sentit repue, sans autre place dans l'estomaque. Elle remarqua que les autres convives avaient gardé un peu de bouillon au fond de leur écuelle. Alors, donnant l'exemple, le Vieux prit la bouteille par le goulot et s'ajouta une giclée de vin. L'Irlandais fit de même. Et aussi la Vieille. Et Céleste, modestement. Adrien eut droit à une larmichette. Chacun s'enfila ce breuvage violet avec un respect quasi religieux.

– Nous appelons ça « faire chabrot ». Veux-tu essayer ?

On lui donna encore un peu de bouillon, qu'elle colora et avala en se forçant.

– Tu n'aimes pas ?

– C'est à cause du vin. J'ai pas l'habitude...

– Allons, allons! dit Léonce. Fais chabrot comme nous, nom de foutre! Ça te fera pousser des moustaches!

Des moustaches? Comme sa grand-mère d'Aubagne ? L'horreur! A cette seule idée de devenir moustachue à cause du chabrot, son menton se mit à trembler, elle sembla tout près des larmes. Cet orage menaçant lui valut d'autres consolations, d'autres tendresses, d'autres pécaïrounes. On gronda le Vieux qui disait n'importe quoi.

Tout paraissait rentré dans l'ordre, l'omelette fumait dans la poêle, lorsque soudain éclata un autre drame. On vit Adrien qui, jusque-là, avait assisté aux manigances de la soupe aux raves et des moustaches, repousser son assiette, mettre les deux coudes sur la table et la tête entre les bras, tout secoué à son tour par de vrais sanglots. En même temps, il trépignait des deux sabots sous la table, menait un tapage qui prouvait que son chagrin était additionné d'une belle colère. Après un moment de stupeur, sa mère vint à lui, le prit dans ses bras, le baisa sur sa tête rase, lui parla doucement à l'oreille pour essayer de le comprendre :

– Qu'est-ce qu'il y a? Qu'est-ce qu'il y a, mon Adrien ?

Comme il était difficile de s'expliquer devant tant de monde, elle le saisit par les aisselles, l'obligea de se lever, l'entraîna dans le salon voisin. Quand ils y furent, elle s'assit sur une chaise, le prit sur ses genoux malgré son poids de grand garçon de onze ans passés.

– Dis-moi ce qu'il y a.

Mais comment expliquer ces choses ? Il enfonça son visage dans le creux de son épaule comme lorsqu'il était tout petit, encore secoué de hoquets. C'était à elle de deviner.

– Attends, attends... Est-ce que, par hasard, tu serais jaloux de cette petite réfugiée ?

Il ne fit ni oui, ni non. Ce qui la confirma dans sa supposition.

– Est-ce que tu trouves que je m'occupe trop d'elle ?... Que je la câline trop quand elle pleure ?... Que je suis moins câlineuse envers toi ?... C'est donc ça ! Oh, mon grand nigaud ! Oh, mon grand benêt ! Penses-tu que je t'aime moins parce que je me suis mise à l'aimer un peu, elle, cette malheureuse petite, qui est si trasse, qui a perdu sa maison, sa famille ? Est-ce que tu n'as pas les tiennes autour de toi, excepté le papa retenu en Allemagne, mais qui reviendra bientôt ?... C'est vrai, je l'appelle mon petit cœur. Mais toi aussi, tu es mon petit cœur. Est-ce que j'ai besoin de te le dire à chaque instant ? Est-ce que tu ne le sens pas ?... Tandis qu'elle, pécaïroune, qui le lui dirait ? Qui l'embrasserait si nous ne le faisions pas ?

Un moment après, elle le ramena dans la salle un peu confus. Il prit sa place en face de Zéna et mangea son omelette, cependant que tous les yeux regardaient ailleurs et que chacun, autour de lui, en se forçant un peu, parlait de choses joyeuses.

Jeff se leva et dit :

– Je vais jiter.

Cela signifiait qu'il menait paître le troupeau. Il emportait une musette avec des croûtons, et ses jumelles en bandoulière, dans leur étui noir. Le Vieux lui recommanda d'emmener les deux enfants, pour bien leur apprendre la profession de vacher. Naturellement, Tobie, qui déjà dansait d'impatience autour d'eux, fit partie de l'équipe. Les voici tous partis en direction de la Prade-Nàute, du Pré-Haut, traité cette année-là moins en prairie qu'en pâturage. Derrière la Clermonte et sa cloche sous le cou.

– Avec un chien bien dressé, expliqua l'Irlandais, garder les vaches, c'est facile. Elles savent jusqu'où elles ont le droit de brouter. Si l'une d'elles passe la limite, tu l'appelles d'abord par son nom pour qu'elle se détourne. Si elle n'obéit pas, tu envoies Tobie qui, elle, a vite fait de la ramener. Et tu récompenses la chienne avec un croûton.

Le premier savoir du vacher est le nom de ses bêtes. Toutes ne portaient pas un nom de ville. Il y avait aussi Flourade, Barrade, Dragonne, Cocarde, Comtesse. Bien. Distinguer ces quinze sœurs rouges, hirsutes, bouseuses, magnifiquement cornues, exigeait du coup d'œil. Il fallait chez chacune trouver un signe particulier : une queue plus courte, une tache claire sur le genou, un léger creux dans l'échine. C'est une connaissance qu'Adrien possédait déjà de manière infaillible. Tobie également : jamais elle ne se trompait lorsqu'elle partait aboyer au mufle de celle dont on lui criait le nom. « Est-ce que j'y arriverai ? » se demandait la drôlette.

– Autre chose, dit Jeff. Si tu commandes Tobie, souviens-toi qu'elle ne comprend ni le français, ni l'anglais, ni le latin. Seulement le patois. Faut donc, Zénaïde, que tu apprennes à lui parler dans sa langue. D'ailleurs, ça n'est pas bien compliqué : *Passo dabon!* Passe devant. *Passo darrié!* Passe derrière. *Pico-lo!* Pique-la! *Inquère!* Encore! *Baï lo quère!* Va la chercher! *Viro-lo!* Tourne-la! *Co baï, n'y o prou!* Ça va, y en a assez! Avec ces commandements, tu obtiendras d'elle tout ce que tu voudras.

Il lui en fit faire l'expérience, profitant d'un instant où la Dragonne s'écartait, et jouant le rôle du souffleur, comme au théâtre :

– Crie après moi : La Dragonne! *Baï lo quère!*

Et elle, de sa voix la plus aiguë :

– La Dragonne! *Baï lo quère!*

Tobie, d'abord surprise, consulta l'homme des yeux, observa la drôlette, puis fila comme une flèche en direction de la dépistée, lui aboya aux naseaux malgré les coups de corne qu'elle s'efforçait de lui donner en retour, la convainquit de renoncer à sa maraude. Quand la chienne revint, mission accomplie, Jeff lui jeta la croûte qu'elle avait gagnée.

Il arrivait toutefois – rarement – qu'emportée par son plaisir, dans sa rage de gardienne, elle insistât un peu trop, qu'elle s'acharnât à japper et à mordre, ce qui avait des effets contraires à ce que voulait le vacher : la Dragonne, bousculée, houspillée, se prenait à fuir, se jetait sur ses compagnes, ce qui produisait des embrouillaminis. Tobie dérangeait l'ordre établi au lieu de le rétablir. Il fallait alors la réprimander au moyen d'injures consacrées :

– Tobie! *Bènhe ichì! O puto! O falordasso! O co de sopo!*

Inutile de traduire. Parfois même, il fallait courir sus à elle, le bâton à la main.

– La police aussi commet des erreurs et des excès, expliqua Jeff. C'est pourquoi il faut que le gouvernement la surveille et la corrige.

Ainsi, tout en gardant les vaches, il enseignait aux enfants la politique.

Des heures passèrent dans cet espace immense dont le vert frais devenait presque noir du côté de Raveyrol, de ces zones couvertes de forêts où habitait une espèce d'hommes à demi sauvages qu'on appelait « les montagners ». Jeff sortit ses jumelles de leur étui, inspecta d'abord le paysage pour vérifier qu'il n'y manquait rien; puis il les prêta alternativement à ses deux jeunes compagnons. Au-delà des bois, ils découvrirent les beaux sommets du Cantal : le Plomb, le puy du Rocher, le puy Brunet; Adrien et Zénaïde levaient la tête comme, une fois l'an, dans les écoles, les élèves du dernier rang, pour être sur la photo. A l'horizon opposé, ils distinguèrent comme s'ils les touchaient du doigt la croix du Voleur, le clocher d'Albepierre. Plus loin, Murat le Bleu et sa minuscule Vierge blanche.

– Je suis monté la voir de près, dit Jeff. En réalité, avec son socle, elle mesure bien vingt mètres de haut. C'est comme les étoiles qui nous semblent toutes petites. En fait, elles sont un million de fois plus grosses que le soleil.

Ainsi, il leur enseignait l'astronomie.

De temps en temps, au lieu de remarquer ces choses grandes et magnifiques, les deux enfants attardaient leurs jumelles sur des babioles :

– Oh! je vois un mouton sur un rocher!... Oh! je vois des tatoués de jeunesse qui se baignent dans le Lagnon!... Oh! je vois une taupe qui sort de son trou!...

Ils observaient les nuages, le vol des oiseaux, avec l'impression de naviguer eux-mêmes au milieu du ciel. Ayant demandé à Jeff où se trouvait Marseille, Zéna braqua les jumelles dans cette direction; mais elle ne distingua rien d'autre que les bois des Fraux et les seigles gris de la Planèze.

De temps en temps, le vacher reprenait l'instrument pour examiner les bêtes pourtant assez proches. Le soleil était déjà bas, l'air commençait de fraîchir. Les anémones dites « de cinq heures » avaient depuis longtemps replié leurs corolles. Jeff regardait spécialement la Lyonne, en retard de quinze jours pour faire le veau qu'elle avait promis. Elle était montée au Pré-Haut avec ses sœurs; mais, au lieu de paître, « elle lisait le journal », immobile au milieu de l'herbe, tirant la langue, raclant du sabot. Depuis plusieurs jours, dans l'étable, il lui servait des buvées, de l'eau tiède épaissie de farine. Ce soir-là, appuyé sur son bâton dans la posture du bon berger, il l'observait à travers ses lunettes grossissantes. Tout à coup, il s'écrie :

– Ça y est! Elle fait les eaux!

Et s'adressant aux deux petits :

– Courez! Mettez-vous devant elle. Caressez-lui le front. Dites-lui des paroles gentilles.

Ils obéissent. La Lyonne sort toujours la langue, en poussant d'énormes soupirs. Jeff s'affaire derrière elle, il tire à pleines mains quelque chose de rouge, d'informe, de gluant, d'immonde. Jeff souffre d'une grave infirmité : chaque fois qu'il produit un effort, il pète. Ce qui n'est pas poli. Et guère convenable pour quelqu'un qui écrit des récitations. Il pète donc en aidant le veau à sortir. Il le dépose par terre. Le nouveau-né se tord, essaye de se mettre debout, tremblote sur ses pattes grêles, retombe. « Comme il est trasse! » pense Zéna. Sa mère tourne la tête, meugle doucement. Elle s'avance vers lui, le lèche à grands coups de langue. Lui reste pelotonné dans le gazon, branlant la tête, poussant de faibles vagissements. Il essaye encore de se lever, mais il retombe de nouveau.

– Il pourra jamais marcher jusqu'au Cayrol! s'écrie la drôlette.

– Je le porterai, dit l'homme.

Un moment après, une autre pensée lui traversa l'esprit :

– Faut le baptiser. Lui donner un nom. C'est un garçon. Tu es sa marraine. Qu'est-ce que tu proposes?

Elle se gratte la tête, n'ayant jamais baptisé qui que ce fût. Elle lance, Dieu sait pourquoi : Albert. Mais non, c'est un nom de personne, pas de veau. Adrien, mieux informé, suggère Nénesse, comme l'étalon du grand-père Ajalbert. Mais non, ça, c'est un nom de cheval. Se rappelant l'hospice de sa mamé, elle prononce : Aubagne.

– Aubagne ? Qu'est-ce que ça veut dire ?

– C'est le nom de l'endroit où vit ma grand-mère Carmen. Vous aimez bien les noms de villes.

– D'accord pour Aubagne.

Lorsqu'il fut l'heure d'aller clore, les deux petits coururent devant le troupeau afin d'annoncer les premiers la grande nouvelle :

– La Lyonne a fait le veau ! Il s'appelle Aubagne ! Je suis sa marraine !

Tout le Cayrol applaudit, les Vieux, la mère, les tantes, les chats, les chiens. Ah ! ce fut un beau baptême ! Quand les vaches eurent été enchaînées dans l'étable, Jeff déposa l'enfant-veau dans la mangeoire de la Lyonne, sur un lit de foin. Aussitôt, elle reprit son débarbouillage.

Le lendemain matin, il fut extrait de ce nid, placé sous le ventre de sa mère. Il n'eut pas besoin d'explication ni de mode d'emploi : tout seul, il trouva le pis gonflé de lait. Dès lors, il sut se tenir debout.

Ainsi, les deux drôles apprenaient le commencement de la vie, avant d'en connaître la fin.

7

Tous les soirs, au moment de la traite, Zéna vidait à présent son bol de lait bourru. Elle avalait comme les autres trois soupes par jour. Elle s'était mise à aimer le fromage, la saucisse et le saucisson. Un peu moins le lard. Céleste le lui proposait de la façon suivante :

– Aujourd'hui, tu en veux une tranche, une tranchette ou une tranchounette ?

Elle s'était contentée d'abord de la tranchounette. Puis elle en vint à la tranchette. Et petit à petit à la tranche véritable. Après deux semaines de ce traitement, elle ne se grattait plus, la gale du pain n'était qu'un souvenir. Son visage commençait à se remplir. On s'aperçut qu'il avait un joli contour : celui d'une dragée.

Chaque soir, elle n'oubliait pas de se laver les dents, près de la bachache; ce qui était toujours pour les autres un spectacle curieux.

Un jour, la mère lui suggéra :

– Tu devrais écrire à tes parents. Ils attendent sûrement des nouvelles de toi avec impatience.

– Je n'ai pas de papier. Et vous non plus!

– Nous n'avons pas de papier journal; mais, pour écrire, nous prenons des feuilles dans un cahier. Pour ne pas en gaspiller une, fais d'abord un brouillon sur ton ardoise.

Elle sortit son ardoise de carton, écrivit : *Chers parents, chers frères, chère sœur.* Puis son crayon demeura en suspens, se demandant ce qu'il devait ajouter. Elle s'adressa à Céleste :

– Qu'est-ce qu'il faut que je dise ?

– Mets ce que tu voudras. Ce que tu as dans le cœur.

Zéna farfouilla dans son cœur, n'y trouva rien de net, seulement une confusion d'inquiétudes, de chagrins, de joies, d'espérances. Elle fit la moue.

– Dis d'abord, suggéra la mère, que tu es bien arrivée. Dis si tu es contente ou non d'être parmi nous.

– Je suis contente, sauf qu'Adrien m'envoie des coups de sabot sous la table.

– Comment ? Adrien ? Des coups de sabot ?

Quelle étourdie ! Elle voulait garder cette histoire pour elle seule ; et voici qu'elle était sortie avant qu'elle ait pu la retenir par la queue ! Céleste, chagrinée, secouait la tête. Elle répéta :

– Mets ce que tu voudras.

La petite écrivit : *Je suis bien arrivée. Je suis très contente d'être au Cayrol, dans la famille Rouffiat. Je mange bien, je dors bien, je me lave les dents, je garde les vaches avec Jeff le domestique, et Adrien qui a deux ans de plus que moi. Nous allons à l'école et au catéchisme d'Albepierre. Hier un petit veau nous est né, je suis sa marraine, je l'ai baptisé Aubagne. Je pense à vous très souvent. Je vous envoie mille baisers. Zénaïde Pujol.*

Après quoi, l'ardoise fut pleine.

– C'est très bien, dit Céleste. Maintenant, recopie-la au propre. Demain, tu la mettras dans la boîte aux lettres en allant à l'école. Tu achèteras un timbre au bureau de tabac.

Elle sortit un encrier, un porte-plume, préleva une feuille dans le cahier réservé à la correspondance. Pour économiser les enveloppes qui étaient rares, elle en retourna une vieille de la *Mutuelle du Mans*, qui assurait leur maison contre l'incendie.

– Quand aurai-je la réponse ?

– Dans huit ou dix jours, sans doute.

Dès lors, on guetta chaque matin le passage éventuel du facteur Chavaroche. Avant la guerre, il ne montait au Cayrol que quatre ou cinq fois dans l'année. A pied. La côte était trop rude pour qu'il pût user d'une bicyclette. Mais c'était un solide marcheur. En hiver, il arrivait la moustache toute givrée. Depuis que Denis et Guignabert étaient prisonniers, il venait bien plus souvent.

Outre Adrien, un faux ennemi, Zénaïde en avait un vrai au Cayrol. Il s'agissait du piot. Du dindon. On se proposait de le sacrifier le jour où les deux prisonniers reviendraient d'Allemagne. Il attendait depuis trois ans cette occasion et en profitait pour devenir énorme. Il passait son temps à arpenter la cour avec un air de grande importance, à promener sa tête rougeaude et sa fraise sanguinolente, à déployer sa roue. On ne sait pourquoi il avait pris Zéna en grippe et fonçait sur elle, gonflant ses ailes, le bec en avant, sitôt qu'elle passait à sa portée. Elle s'enfuyait en poussant de petits cris. Grâce à Dieu, quand elle était proche, la chienne Tobie accourait à son secours sans être appelée, et volait dans les plumes du dindon. Si bien que c'est elle, ensuite, qu'il fallait retenir, elle l'aurait étranglé. Le piot n'avait donc, en sa présence, pas intérêt à ramener sa fraise.

Dès leur première rencontre, Tobie avait manifesté à la petite Marseillaise une vive affection, qui ne se traduisait pas uniquement par des remuements de queue. Elle suivait Zénaïde comme son ombre. Si elle la trouvait assise, elle venait déposer comme une offrande sa tête sur ses genoux. La drôlette lui caressant le front, la chienne gémissait de bonheur, lui léchait les mains et la figure, lui baisait les pieds. Elle la défendait contre toutes les agressions. Même contre ce qui ne l'attaquait pas : des feuilles emportées par le vent, un papillon, une abeille. Elle aboyait contre les hirondelles, contre le facteur. A tel point que, réputée naguère pour son innocuité, elle en était devenue agressive elle-même. Ensemble, elles pratiquaient ces petits jeux de maître à chien qui amusent autant l'un que l'autre : bâtons jetés et rapportés, poursuites, corps à corps, parties de cache-cache. Lorsque Zénaïde n'en pouvait plus et tombait à croupetons, Tobie s'installait devant elle sur son derrière et riait de la voir à ce point essoufflée. Le rire n'est pas le propre de l'homme. Pour affirmer cela, il faut n'avoir jamais vu un chien en allégresse : il rit de toutes ses dents, il rit jusqu'aux oreilles, il rit des yeux et de la langue. Il lui manque seulement le *ha-ha-ha*.

A Zéna et Adrien, il arrivait aussi, maintenant, de rire ensemble. Signe que leurs relations s'amélioraient. Mais elles avaient encore des progrès à faire : les leurs n'étaient point des rires de bonne compagnie, mais des rires de malice.

Un jour, Mélanie Guignabert les emmena rincer du linge dans le Lagnon. Ainsi avaient procédé sa mère Louise, sa grand-mère et toutes les femmes du Cayrol depuis que la ferme avait été construite en 1740, comme l'attestait cette date gravée dans le linteau de la porte, avec les initiales du bâtisseur : *P. A.*, Paul ou Pierre Ajalbert.

Pendant que Mélanie secouait sa lessive dans le courant et la battait sur sa planche, les deux petits quittèrent leurs sabots et se trempèrent les pieds pour se rafraîchir. Devant eux, une dame, c'est-à-dire une libellule, se tenait en l'air en observation au-dessus de l'eau, immobile, grâce au frémissement invisible de ses ailes de guipure. Adrien se leva, s'avança vers elle sans brusquerie et la happa dans sa main. Tous deux, penchés sur elle, examinaient ses gros yeux, sa longue queue cylindrique.

– Je lui mets une paille, annonça-t-il.

– Une paille ? Où ça ?

– Tu vas voir.

Il choisit un brin d'herbe sèche et la lui enfonça dans le pétadou. La dame relâchée l'emporta derrière elle comme une oriflamme et c'était merveille de les voir voler, attachées l'une à l'autre. Zénaïde s'inquiéta :

– Est-ce que tu crois qu'elle lui fait mal ?

– Sûrement pas.

Au bout d'un moment, la libellule perdit son prolongement, et Zéna son inquiétude.

Ils cherchèrent d'autres jeux. Bien que la chose fût interdite par les lois de l'État français, Adrien, petit-fils de braconnier, se proposa d'attraper des truites à la main. Immergé jusqu'aux genoux, les bras nus, il soulevait les pierres. De temps en temps, il croyait bien saisir une des noires habitantes de ces eaux, mais au dernier instant, elle lui filait entre les doigts. Il poussait une exclamation de dépit. Il en poussa même une très grossière, non permise chez les Rouffiat. Tante Mélanie, à cheval sur les principes du savoir-vivre, était une femme autoritaire et rude, qui ne désignait jamais son mari absent par son prénom, Louis, mais disait Guignabert : « Si Guignabert était là... Quand Guignabert rentrera d'Allemagne... » Elle s'approcha de son neveu, les poings sur les hanches :

– Qu'est-ce que j'entends ? Qu'est-ce que tu viens de dire ?

– J'ai rien dit.

– Menteur ! Belle figure de menteur ! Tu as dit merde !

– Pas du tout. J'ai dit mergue. Petit-lait.

– Mergue ? Pourquoi pas gaspe ? Je ne suis pas sourde ! Tu as dit merde !

– Non. J'ai dit mergue. Petit-lait.

– Et pourquoi donc tu as dit petit-lait?

– Comme ça. Le mot m'est passé par la tête Mergue, gaspe, mergue, gaspe.

– Tu te fiches de moi!

– J'ai pas dit autre chose que petit-lait.

– Vergogne!

Elle tenait encore à la main son battoir. Elle le leva très haut, comme pour l'assommer. En réalité, elle faisait semblant. Mais lui, dans l'écart instinctif qu'il eut pour l'éviter, glissa sur une pierre, trébucha, tomba dans l'eau jusqu'aux joues de derrière. Il en sortit dégoulinant. Zéna, qui avait assisté à ce grabuge, riait près de la brouette. Furieux de cette hilarité, il lui montra le poing, s'élança vers elle. Elle prit la fuite, tandis que la tante criait derrière eux:

– Revenez! Revenez!

Mais ils n'entendaient rien, bondissaient parmi les pierres, sautaient les racines des vergnes. Plus haut, ils furent en terrain découvert. La drôlette en sabots n'avait aucune chance d'échapper à son poursuivant aux pieds nus. Il y eut entre eux une courte lutte. Il était aussi le plus fort et le plus lourd. Soudain, il la plaqua sur l'herbe, s'assit à califourchon sur ses genoux, avec son derrière mouillé, lui maintint les bras ouverts et comme crucifiés. Elle ne riait plus, mais gémissait:

– Arrête! Arrête!

Elle voyait à contre-jour, penchée sur elle, sa tête rase, tout en ombre. Il ne lâchait point prise, jouissant de sa position. Au lieu d'arrêter, il grogna:

– Dis *sèbe*! Dis *sèbe*!

Elle connaissait cette expression à la fois cantalienne et provençale. En d'autres lieux, on crie: Pouce! « Je demande grâce. Je te reconnais pour mon vainqueur et mon maître. » Elle serra les lèvres, refusant cette soumission. Il n'insista pas, mais demeura assis sur elle, l'écrasant de tout son poids. Tout à coup, il ouvrit la bouche, écarta ses lèvres, découvrit ses dents qu'il avait blanches et fortes, poussa une sorte de rugissement. Et elle, terrorisée :

– *Qué*! Tu n'es pas... tu n'es pas un vrai loup?

Une supposition aussi ridicule le désarma. Il eut envie de dire : « Si, si, j'en suis un et je vais te manger! » Il éclata seulement de rire, lâcha ses bras, sans déplacer ses fesses mouillées. La frayeur resta un moment sur le visage de la drôlette, dont elle élargissait les yeux noirs. Enfin, elle reconnut Adrien qui était jaloux d'elle et croyait qu'on ne l'aimait plus. Elle eut le tort, dans sa position de vaincue, de le narguer, de gonfler les joues, de lui tirer la langue. Il ne pouvait accepter cela : il se mit à lui faire des chatouilles, sous les bras, le long du corps, sur le ventre. Et elle de rire un peu, de rire beaucoup, de rire aux larmes, de se tordre, de supplier :

– Assez! Assez! S'il te plaît! Tu vas me faire mourir!

Il finit par s'écarter, se releva, tandis qu'elle en faisait autant, se tapotant les cheveux, les vêtements, avouant enfin, toute confuse :

– C'est malin! C'est malin! Tu m'as fait... faire pipi dans ma culotte! Ne le dis pas à Mélanie, surtout!

Ils redescendirent vers le Lagnon, aussi humides l'un que l'autre.

Zénaïde avait aussi l'occasion de pleurer. Sitôt qu'elle était seule, ses pensées retournaient à Marseille. Cela lui arrivait tous les soirs dans son lit, sur sa paillasse de hêtre, avant de s'endormir. Les gens du Cayrol s'étaient aperçus de cette mélancolie soudaine qui la saisissait aussi quelquefois en plein jour; ils tâchaient qu'elle ne manquât point de compagnie. Une après-dînée de forte chaleur, alors que tout le monde faisait la sieste, qui sur un banc, la tête appuyée au mur, qui dans le foin, qui dans la paille, Zéna se trouvait assise sous le tilleul qui couvrait une partie de la cour. Un très vieil arbre au feuillage immense, mais au tronc fendu et demi-creux. Jeff avait révélé qu'y logeait une famille d'écureuils; il les observait avec sa lorgnette. Ce jour-là, Zéna n'était pas vraiment seule puisque la chatte Fanfan avait pris place sur ses genoux; elle la caressait d'une main distraite.

Or Céleste, qui ne participait pas au prangeyrou, vint à passer. Elle remarqua que de grosses larmes coulaient sur les joues de la drôlette. « Pécaïroune! Elle pense à ses parents. A cette lettre de réponse qui ne vient pas. » Elle s'approcha pour la consoler, lui posa une main sur les cheveux.

– A qui penses-tu, mon petit cœur?

– A ma chatte Merlette.

– A ta chatte seulement?

– Oui. Parce qu'elle doit se languir de moi, peuchère. Comme je me languis d'elle.

La Vieille Louise, malgré ses saprediou, était d'un tempérament très dévot. Zéna en eut un autre exemple un certain soir qu'éclata sur la région un orage quasiment sec, mais porteur de tonnerres épouvantables. Jeff et les vaches étaient allés jiter au Planol, les deux drôles se trouvaient en classe. Ils revinrent juste, tout essoufflés, comme les premières gouttes commençaient de pleuvoir.

– J'espère, dit Léonce, que les bêtes vont bientôt rentrer.

Tout le monde, moins l'Irlandais, était réuni dans la salle, observant le ciel aussi noir que le cul du diable, et surveillant l'entrée de la cour. Des éclairs éblouissants enflammaient le ciel, on fermait les yeux pour ne pas les voir. Suivaient des fracas comme si le monde s'écroulait, le sol même en était ébranlé. Les trois chats, Fifi, Fanfan et Fofo, s'étaient réfugiés sous le lit-placard.

– Je me demande, dit encore le Vieux avec inquiétude, ce que Jeff attend pour venir clore.

Toujours aucune eau, excepté ces rares gouttes qui étoilaient la poussière. Alors, on eut recours à la protection de Jésus. La Vieille décrocha du crucifix de la salle le brin de buis et le fit brûler dans la cheminée ; il produisit une courte flamme et un peu de fumée, qui monta par le conduit implorer le Seigneur. Quand tout fut consumé, elle se mit à genoux sur sa chaise, se signa, récita une oraison reprise en écho par les présents :

Sainte Barbe, sainte Fleur!
Belle croix de mon sauveur!
Partout où cette prière on dira,
Jamais le feu ne tombera.

Le tout fut répété une dizaine de fois. Comme une litanie.

Enfin l'on entendit sonner la cloche de la Clermonte. Elle, puis ses compagnes franchirent l'entrée et se dirigèrent vers l'étable. Soupirs de soulagement. A présent, les cataractes du ciel pouvaient s'ouvrir. Merci à sainte Barbe, à sainte Fleur, à la sainte Croix. Jeff parut le dernier, revêtu de sa limousine, poussant les animaux de la voix et du bâton, avec l'aide de Tobie. On attendit tranquillement qu'il les eût enchaînés à leurs crèches. Quand il revint :

– Un malheur ! s'écria-t-il tout de suite. Un grand malheur ! La Flourade : frappée par la foudre. Elle est restée là-haut, au Planol.

Les autres aussi parurent un moment foudroyés. Louise, qui n'avait rien compris, se fit répéter.

– Est-ce qu'elle est morte ?... Tu en es sûr ?

– Sûr comme de Dieu. Tout son poil est roussi.

– Le poil, ça repousse.

– Je l'ai bien tâtée. Le cœur ne bat plus.

Stupéfaction. Consternation.

– On ne peut pas la laisser au Planol. Faut aller la chercher, maintenant que l'orage s'éloigne.

Mais comment la transporter ? Difficile de la charger sur un tombereau ! Une bête qui pesait bien douze quintaux d'Auvergne ! La tirer par les pattes et par la queue le long de la pente ? Pauvre Flourade ! Elle ne méritait pas une telle fin. On en discuta. On chercha une solution.

– Mais, mais, mais... fit le Vieux. Ça n'est pas une bête crevée !

– Je vous jure que si ! cria Jeff.

– Je veux dire : pas crevée de maladie. De la toux, de la fièvre, du choléra ou autre chose. Elle est seulement morte d'accident. Assommée par la foudre aussi bien que par le merlin du boucher. Non ? Il serait grand dommage de laisser perdre toute cette viande qui n'a aucun mal. Alors que tant de personnes agonisent de la faim. On la débitera. On avertira le monde des alentours. Les gens seront bien contents d'avoir de bons biftecks sans tickets. Mais faut faire vite ; avec cette chaleur, ça se conserve pas.

– Ça ne nous dit pas comment on la descendra du Planol.

– La première chose : là-haut, on la saigne, pour que la viande soit pas noire. Ensuite, on la découpe en quartiers, en morceaux de toutes tailles que nous chargeons sans peine. On enterre ce qui se mange pas.

Ce Vieux-là les savait toutes. Son ancien tempérament de braconnier lui remontait à la tête. Il rassembla scies, haches, couteaux, pelles, pioches, pendant que Jeff attelait deux vaches à un tombereau, qu'il garnissait d'une couche de paille. Les voilà tous deux en route vers le Planol. Pendant ce temps, les femmes disposaient cette pièce tournée à la bise (la plus froide de la maison, appelée « le charnier », où l'on gardait le cochon dans le sel, les saucissons, les jambons et le lard suspendus), éclairée par une étroite fenêtre grillagée, toujours ouverte, par où entrait un courant d'air rafraîchissant. Elles installèrent des planches sur des trépieds, préparèrent la balance romaine. Augustine et Mélanie furent ensuite envoyées dans les hameaux environnants, jusqu'à la Molède et Albepierre, pour répandre la bonne nouvelle :

– Une vache tuée par la foudre sera débitée au Cayrol sans tickets, à des prix défiant toute concurrence. Apportez des serviettes, des sacs, des paniers. Faites-le savoir autour de vous. La vente aura lieu toute la nuit prochaine et se terminera demain matin à l'aube.

En temps de paix, on aurait fait annoncer la chose par Estieu et son tambour. Hors les deux hommes, personne n'assista au grand découpage qui se fit là-haut jusqu'à la nuit noire. La terre but le sang clandestin. La bête fut proprement écorchée. Ils enterrèrent la tête, la peau, les jarrets, la ventraille. Ils piétinèrent le sol remué comme font les assassins quand ils ont enfoui leur victime. La Flourade à la robe fleurie n'existait plus : sur la paille du tombereau gisaient des monceaux de viande à griller, à rôtir, à bouillir, à dauber, voire à saler.

La clientèle ne tarda guère. Dans l'ombre de la nuit, s'éclairant de lanternes, pareille à une file de fourmis déménageuse, elle vint d'Albepierre, de la Bastide, de la Molède, de Chambeuil, du Ché, de Bredons, de Laveissenet et même de Murat. A pied, à bicyclette. Il y eut affluence dans la cour du Cayrol. Quand ils étaient introduits dans la maison, ces gens s'exprimaient comme des conspirateurs, à voix basse, clignant de l'œil, écartant les doigts d'une main pour indiquer le poids désiré : un kilo, deux kilos, cinq kilos. Il n'y avait pas de limite. Jeff et Léonce procédaient à la découpe. Amélie pesait les morceaux avec la romaine, enfonçant le crochet à même la bidoche. Augustine encaissait les paiements, selon deux prix : l'un pour la viande seule, l'autre pour la viande avec os. Pas de marchandage. Pardi ! Chez le boucher, il leur en aurait coûté le triple, sans parler des tickets.

Naturellement, quelques personnes furent reconnues : deux institutrices, le fossoyeur, une sage-femme, des ouvriers de la silice, des employés de la S.N.C.F. D'autres restèrent anonymes. Deux femmes intriguèrent : elles s'étaient couvert le visage d'une voilette, comme les élégantes de 1910. Céleste, Amélie et Augustine confrontèrent leurs impressions : ce ne pouvaient être que des épouses de gendarmes.

Personne ne dormit dans la ferme cette nuit-là, excepté les deux enfants. A l'aube, toute la marchandise se trouva débitée. Les Rouffiat gardèrent un rognon pour l'abbé Verdier et quelques morceaux pour eux-mêmes. Pendant quinze jours on mangea chez eux de la vache, que les bouchers appellent bœuf, en pot-au-feu, en ragoût, en hachis, en bougnettes, en poufs, en *coufidou*, en *mourtagnol.*

Ainsi s'acheva cette journée orageuse. Les Rouffiat tirèrent de la bête foudroyée beaucoup plus d'argent que s'ils l'avaient donnée vivante à la Réquisition. Sainte Barbe et sainte Fleur leur rendirent un beau service en détournant sur la Flourade le feu du ciel qui aurait pu frapper la borie.

– On ne prie jamais assez, conclut la Rouffiate.

Enfin la lettre de Marseille arriva. Remplie de nouvelles heureuses. Sans doute lui épargnait-on les mauvaises. Remplie aussi de bons conseils. On engageait Zénaïde à se montrer obéissante, bien élevée et hygiénique. A bien travailler à l'école. A faire honneur au nom des Pujol. On l'embrassait affectueusement et on saluait avec reconnaissance la famille auvergnate qui l'avait reçue. Elle promettait à une date non précisée une visite d'Émilienne.

8

Il s'appelait Grapal, c'est-à-dire Crapaud, ce vagabond qui osa, dans la nuit du 28 au 29 juin 1735, violer l'ancienne église Saint-Martin, aujourd'hui disparue. Profaner le tabernacle, emporter le ciboire avec son contenu d'hosties consacrées. Je l'ai dit. Une semaine plus tard, on l'arrêta à Mandailles. Il reconnut les avoir mangées avec du fromage. Non par impiété, prétendit-il, mais parce qu'il avait faim. En expiation de ce sacrilège, Mgr d'Estaing, évêque de Saint-Flour, ordonna qu'une procession eût lieu tous les ans le 29 juin, jour de la Saint-Pierre.

Les enfants étaient spécialement friands de cette fête parce qu'elle attirait des forains, des manèges, des bateleurs. Malgré la situation de guerre, elle se répéta en 1943 alors que la France – raison de plus! – était la proie des crapauds verts ou noirs, des voleurs de bétail, d'usines, de statues et surtout des voleurs d'hommes. Les habitants des villages circonvoisins affluèrent en foule pour se joindre aux Muratais. Ceux du Cayrol descendirent dans leurs meilleures nippes. On remarqua la Rouffiate sous sa coiffe sanfloraine aux deux ailes relevées, surmontée du petit chapeau rond, entouré d'un ruban de velours cloqué, échancré par derrière pour faire place au chignon.

– Une fête comme ça, tu l'as jamais vue à Marseille! promit-elle à Zénaïde.

La place du Balat aurait, comme on dit, dû être noire de monde; en fait, elle était multicolore, avec ces toilettes estivales, ces chapeaux de paille, ces képis de gendarmes, ces bérets de la Milice. Peu ou pas de manèges, en revanche. Des balançoires. Une tombola avec la crécelle de sa roue. Une marchande d'horoscopes. Un orgue de Barbarie. Un équilibriste qui se promenait sur un fil tendu à trois mètres du sol. Pas de guimauves, pas de nougats, pas de barbe-à-papa. Une Saint-Pierre peu sucrée. Restaient les boniments des camelots, les musiques, les confettis. Les parures dont la ville s'était couverte. Les reposoirs aux carrefours, édifices en dentelles et fleurs de papier. Les façades tendues de draps blancs, de guirlandes, de roses. Les rues que devait emprunter la procession n'étaient qu'une jonchée d'herbes, de fougères, de feuilles d'iris, car elle serait conduite par trois hommes déchaux, porteurs et gardiens du Saint-Sacrement profané en 1735. Là-dessus, l'incendie du soleil dans un ciel sans nuage.

Avant le départ de la procession, la tribu des Rouffiat erra sur la grand-place, examinant les baraques avec la vague espérance d'une tentation qui ne vint pas. En même temps qu'une cérémonie expiatoire, la Saint-Pierre était une foire aux pains d'épices. Sans pains d'épices, cette année-là. Les marchands vendaient des glaces à l'eau, des boissons gazeuses, des fruits frais ou séchés.

– Y a pas même de vire-vire! s'exclama la drôlette.

Elle voulait dire: pas de chevaux de bois. En revanche, elle se passionna pour un fil-de-fériste vêtu d'un collant jaune et muni d'un balancier. Il évoluait là-haut avec une telle aisance, une telle grâce qu'elle crut voir un ange d'or en train de pêcher des âmes. Il fallut l'arracher à ce spectacle, car l'autre commençait.

Partis de la rue du Barry, les processionnaires suivaient le dais sous lequel le curé de Notre-Dame des Oliviers brandissait l'ostensoir, encadré du diacre et du sous-diacre. Tous les trois pieds nus et la corde au cou. Arrêt à chaque reposoir. Cantique d'imploration et de contrition :

Parce Domine, parce popula tuo...
Épargne, Seigneur, épargne ton peuple.
Ne t'irrite pas éternellement contre nous.
Nous t'en supplions, Seigneur très indulgent...

Quand le cortège atteignit la place du Balat, les camelots interrompirent leurs appels et leurs concerts. L'orgue de Barbarie continua seul de moudre sa rengaine :

Sous les ponts de Paris,
Tagada, tagada,
Lorsque descend la nuit,
Tagada, tagada...

De sorte que les deux musiques se combattaient et se confondaient.

– Arrête ton jazz! crièrent quelques dévots.

Mais le barbare leur fit un geste montrant qu'il se souciait autant de saint Pierre que de saint Gudule, et imprima quelques tours de plus à sa manivelle. Le curé fit comprendre à ses fidèles de ne pas se laisser emporter par la bile, mais simplement de donner de la voix pour couvrir le limonaire. Ils poursuivirent donc leur marche en direction de la rue du Faubourg-Notre-Dame. Les pieds nus des trois hommes foulaient parfois des pierre aiguës, non protégées. Ou des pavés brûlants. Ou des tiges coupantes qui leur blessaient les orteils. Ils trouvaient un peu de répit dans certains secteurs tapissés de sciure. Mais ailleurs, ils devaient fouler le bitume que l'ardeur du soleil avait ramolli.

– *Té, vé!* s'écria la drôlette. Ils se sont empégués!

Elle voulait dire collés dans cette poix comme les

mouches au papier tue-mouches. Ils eurent grand-peine à se dépéguer. Enfin, ils atteignirent l'église Notre-Dame des Oliviers, la fraîcheur des dalles nues, la bénédiction de la Vierge noire vêtue de vert. Toute la foule entonna le *Stabat Mater.*

Les Rouffiat remontèrent au Cayrol, contents de leur *roumagne.* De leur pèlerinage, même s'il ne les avait pas conduits à Rome, comme le prétendait ce vocable. A peine arrivée, Zéna demanda au Vieux qu'il lui prêtât un fil.

– Quel genre de fil ?

– Assez gros pour me porter. Je veux marcher dessus, comme l'ange de Murat.

Léonce sortit une corde à foin, lui conseilla de la poser d'abord par terre avant de la suspendre. Elle commença ses exercices, les bras ouverts en guise de balancier. Elle fit ainsi de nombreux allers et retours, sans se décourager, même lorsqu'ils finissaient dans les bouses. Elle tenait tellement à ressembler à cet ange d'or.

– Demain, promit le Vieux, on tendra la corde au-dessus du sol. D'abord à dix centimètres. Ensuite un peu plus haut.

De son côté, Louise lui demanda si elle était contente de sa journée et de cette fête.

– Non, je ne suis pas très contente.

– Pourquoi donc ?

– Je serai contente seulement quand je saurai marcher en l'air sur un fil.

– Oui, oui, confirma Léonce. Elle veut faire comme l'acrobate de Murat... Cette drôlette a des idées barioques.

Le lendemain, par bonheur, elle n'y pensait plus.

Mais il lui en vint une autre quelques jours après. A défaut de se faire ange, il ne lui déplaisait point de devenir religieuse comme le souhaitait sa mamé Carmen. Pour en arriver là, elle devait d'abord bien apprendre les leçons de catéchisme. L'ennui, c'était qu'elle n'avait qu'un livre en commun avec Adrien. Cela provoquait entre eux des chamailles, chacun estimant que l'autre le gardait trop. Et parfois des leçons escamotées. Zéna s'emberlucoquait dans les problèmes de la grâce :

– *Qu'est-ce que la grâce actuelle ?*

– La grâce actuelle est un secours passager par lequel Dieu, éclairant notre esprit et fortifiant notre volonté, nous excite et nous aide à éviter le mal et à faire le bien.

– *Comment les sacrements sont-ils des signes ?*

– Les sacrements sont des signes parce qu'ils indiquent la grâce invisible qu'ils produisent.

– *Quels effets produisent les sacrements ?*

– Les sacrements donnent ou augmentent la grâce sanctifiante.

Que de grâces ! Que de grâces ! Un jeudi qu'elle craignait d'être interrogée individuellement par le curé en présence des seize autres catéchumènes et qu'elle se sentait la tête vide, elle trouva une parade très barioque. Elle fit bien ; car, renonçant ce jour-là aux réponses collectives, il entreprit de questionner ses élèves un par un.

Zéna s'était assise au bout du banc, dans le coin le plus ombreux de la pièce. Profitant d'un instant où le prêtre regardait ailleurs, elle se leva sans bruit, se glissa derrière le rideau des soutanes et chasubles suspendues. Lui, très myope, ne s'aperçut de rien. Le plus fort est qu'elle ne fut pas dénoncée par ses voisins-voisines. Sans doute virent-ils dans ce procédé une intéressante échappatoire dont ils pourraient à leur tour profiter, une fois ou l'autre. Ce qui se produisit en effet. Cela devint un jeu, une partie de cache-cache qui agrémenta les leçons un peu austères de catéchisme.

Le 31 juillet, dernier jour de l'année scolaire 1943, amena une autre fête. L'institutrice, Mme Couderc, disposait d'une parcelle de jardin riche de framboisiers, de fraisiers, de groseilliers, de cassis. Et d'un cerisier produisant ces fruits tardifs dits bigarreaux, qui ont une joue blanche et une joue rouge comme un enfant souffleté. Pendant une heure, la der des ders, elle y conduisit ses élèves :

– Mangez tous les fruits que vous voudrez, en prenant soin de ne casser aucune branche.

Les voilà comme une nuée de passereaux qui s'abattent sur tout ce qui brille, sur tout ce qui vermillonne, sur tout ce qui jette du jus, avec la même gourmandise que notre marâtre Ève au jardin d'Éden. Même les fraises pâlichonnes, même les framboises verdelettes, même les cerises anémiques leur sont un délice. Et ils se mitraillent avec les noyaux serrés entre deux doigts. Quelle charmante façon de terminer l'année scolaire !

Puis Mme Couderc les embrassa l'un après l'autre. Trois fois, selon la tradition auvergnate, au nom du Père, du Fils et du Saint-Esprit. Ou de façon plus laïque : Liberté, Égalité, Fraternité :

– A l'an prochain ! Et si nous ne sommes pas plus, que nous ne soyons pas moins !

Certains, certaines en avaient les larmes aux yeux. Chacun reprit ensuite cartable ou musette et regagna son domicile. Zéna retrouva Drien devant le four communal. Ainsi qu'un autre de la Molède, nommé Gandilh. Sa lèvre supérieure, fendue de naissance, laissait voir plusieurs dents ; et, en effet, il ne manquait pas de mordre en toute occasion. Il émit soudain cette question bizarre :

– Comment vous faites, au Cayrol, pour poser culotte ?

Après un moment de surprise, Adrien répondit :

– Ben... on va dans l'étable, derrière les vaches.

– Moi, dit Zéna, rougissante, je vais dehors, dans le Pradet, sous le poirier.

– Vous êtes vraiment des arriérés, fit Gandilh avec arrogance.

– Pourquoi donc qu'on est des arriérés?

– A la Molède, mon père a construit un placard dans la grange, avec une porte. Dedans, y a un fauteuil, un trou et un couvercle. Ce qui fait que comme ça, chez nous, à la Molède, on chie dans la maison! Et assis encore! Ça s'appelle un *vécé.*

Zénaïde fut choquée qu'il eût employé des mots si dégoûtants devant une dame. Mais de ces Gandilh, il fallait s'attendre à tout. C'étaient des particuliers qui se croyaient de grands seigneurs ou de grands bandits au-dessus des lois, des commandements, des règles de bienséance. On racontait qu'un dimanche, à l'église d'Albepierre, à l'époque du curé Vidal, celui-ci avait prononcé un sermon fort raide contre ses paroissiens :

– Mes très chers frères arapeyrous, j'en entends de toutes les couleurs dans mon confessionnal. Sans parler de celles que je n'entends pas! Vous commettez tous les péchés qui existent! Savez-vous ce qui vous attend, hommes et femmes d'Albepierre, dans l'autre monde? L'enfer! Avec tous ses supplices : le feu, la glace, l'eau bouillante, le fouet, les coups de fourche...

Alors on entendit dans la tribune le vieux Gandilh – le grand-père du bec-de-lièvre – grommeler en patois :

– *Ièou m'en fouti de tot acó : soi pa d'Arapeyro, soi de lo Moulèdo!* Moi, je m'en fous de tout ça : je suis pas d'Albepierre, je suis de la Molède!

Commencées les grandes vacances, Zénaïde put reprendre plus largement son apprentissage de vachère. En compagnie de Jeff, d'Adrien et de Tobie. Elle s'intéressait spécialement à la croissance d'Aubagne, son veau-filleul, qui ne quittait guère sa mère, la Lyonne. Toujours prêt à se fourrer sous elle pour chercher le pis. Jamais repu. Pour l'en dégoûter, Jeff enduisait les tétins de bouse fraîche. Il avait à présent le poil luisant et doux. Sa marraine essayait de le caresser; mais il reculait, craintif; il fallait le prendre par surprise pour atteindre son mufle humide, ses oreilles, les deux bugnes que faisait sur son front la naissance des cornes.

– Quand il sera grand, il remplacera la pauvre Flourade.

– Non, dit Jeff. C'est un mâle. On le vendra dès qu'il aura trois ou quatre mois.

– A qui?

– Au boucher de Murat. Pour en nourrir les gens des villes. Ou peut-être pour nourrir les Allemands.

– Je ne veux pas qu'on le tue! Je ne veux pas qu'on le tue! cria-t-elle. C'est mon filleul!

– Faudra en parler à Léonce. Peut-être qu'il le gardera.

Lorsque, par exception, Aubagne s'éloignait pour gambader, la Lyonne meuglait pour le rappeler : « Où es-tu, Aubagne de mon cœur ? » Il répondait au loin de sa voix frêle : « Ici, mame. Ne t'inquiète pas. » Ceux qui ont l'oreille fine comprennent la voix des animaux et des choses, ce qui leur permet de composer des récitations et des fables.

– Dis, Jeff, demanda la drôlette, est-ce vrai que tu écris des récitations?

– Des récitations?

– Des poésies.

– C'est vrai. Depuis des années. J'en ai fait des livres, autrefois. Après la guerre, je les publierai sans doute, en Irlande ou à Paris.

– Est-ce que tu ne pourrais pas nous en réciter?

– Elles sont en anglais. Vous n'y comprendriez rien.

– Pourquoi tu n'en écris pas en français?

– Je n'ose pas. Je ne connais pas assez parfaitement cette langue.

– Oh! Jeff, s'il te plaît! Dis-nous quand même une de tes poésies! Je devinerai. Je comprendrai un peu.

Il sourit. Puis il ferma les yeux, lui accorda ce qu'elle réclamait. Elle n'entendait rien en effet à ces paroles étrangères; mais elle recevait en elle leur musique comme elle aurait reçu un chant d'oiseau. Comprend-on ce que crie le rossignol avant le jour ? Le chat-huant la nuit ? L'alouette qui grisolle ? Le pigeon qui roucoule ? Est-ce qu'ils ont besoin qu'on traduise ? Ne comprenait-elle pas la Lyonne et Aubagne dans leurs mugissements ?

Adrien, lui, poussa un soupir, trouvant que ça devenait un peu longuet, tout ce charabia.

Enfin, Jeff s'arrêta. Il y eut un long silence.

– C'était joli, dit la petite. Tu parlais de quoi ?

– De la vie et de la mort.

– Je ne veux pas qu'on fasse mourir Aubagne. Rappelle-toi.

– J'essaierai qu'on le garde. Mais les bêtes sont condamnées à nourrir l'homme de leur lait, de leur graisse, de leur chair.

Ensemble, ils examinaient les plantes et les animaux. Ainsi, il leur enseignait la botanique, la zoologie. Il en vint à poser cette question :

– Croyez-vous que ces êtres se soient faits tout seuls ?

Et eux, encore imbibés des discours de l'abbé Verdier :

– Non. Ils sont l'œuvre de Dieu, notre Créateur.

Il secoua la tête, insatisfait :

– Vous me répétez les paroles du catéchisme. Mais êtes-vous sûrs vraiment que Dieu existe ? Il y a des personnes... très instruites..., des écrivains, des savants, des penseurs, qui affirment qu'il n'existe pas. Que la terre et ses habitants se sont faits tout seuls. Par un effet du hasard. Vous êtes assez grands, il me semble, pour comprendre cette grande question : est-ce que le hasard a pu faire un enfant, une fleur, une fourmi ? Mais d'abord, qu'est-ce que le hasard ?

Les deux petits se regardèrent, incapables de répondre. Ils connaissaient bien le mot : par hasard... un malheureux hasard... choisir au hasard... Mais de là à le définir ! Il se répondit donc à lui-même :

– Le hasard est ce qui arrive sans la volonté de personne. Et le hasard, en effet, produit bien des choses bonnes ou mauvaises : il fait gagner à la loterie...

– Mon oncle Mario a gagné 100 francs à la Loterie nationale, dit Zéna.

– Une poule traverse la rue. Juste à ce moment, une voiture passe et l'écrabouille. C'est le hasard.

– A Fraisse, dit Adrien pour ne pas être en reste, un rocher s'est détaché de la montagne et a écrasé une maison.

– Le hasard. Suivez bien mon raisonnement. (Il cueillit des brins de bruyère, leur en mit un entre les doigts.) Examinez-le de très près. Voyez ses feuilles finement découpées, accrochées deux par deux le long de la tige. Non pas en désordre, mais de manière à en faire le tour. Voyez chacune de ces feuilles composée elle-même de folioles qui vont se rapetissant de la base vers le sommet. Voyez surtout – merveille des merveilles ! – les fleurs en grappes mauves composées de fleurettes. Chacune de ces fleurettes s'ouvre : elle est formée de quatre petites mains appelées « pétales » qui entourent des organes plus petits encore et plus précieux, les étamines. D'elles sortiront les graines qui pourront faite naître d'autres plants de bruyère. A présent, dites-moi si le hasard, qui fait tomber les rochers sur les maisons, est capable de construire une plante aussi minutieuse, aussi compliquée, aussi jolie ?

Il leur mit sous les yeux des potentilles; leur fit remarquer que les cinq pétales avaient exactement la forme d'un cœur. Pareil à celui qu'on voit sur les jeux de cartes. Question :

– Si le hasard avait fabriqué cette fleur, dans quelle intention aurait-il dessiné des cœurs aussi parfaits ? Les peintres ne tracent pas sans raison telle ligne sur leur tableau, ne posent pas telle tache de couleur sans raison. Tandis que le hasard est un peintre aveugle, un peintre fou, plus acharné à détruire qu'à construire.

Une autre fois, ce fut une mauve, dite plus communément « herbe aux fromages », parce qu'elle produit des gousses qui ont tout à fait la forme d'un gaperon. Aplaties par le fond, pointues par la cime, formées de cinq languettes triangulaires dont les sommets se joignent. Si on les écarte, on trouve à l'intérieur une petite couronne qui pourrait être une tourte. Si bien que la mauve te fournit le pain avec l'accompagnement.

Et encore, une centaurée : son corps écailleux ressemble à une *pignole*, une pomme de pin, d'où sortent des panaches violets qui s'ouvrent ou se ferment selon le temps.

Et les parfums! De même qu'un commis-voyageur propose ses eaux de Cologne, il leur faisait humer le gaillet qui sent le miel ; la reine des prés aussi exquise que la fleur d'oranger ; le sureau à la fois doux et amer ; le thym qui ne sent que le thym, dont les abeilles sont folles. Pour conclure :

– Dieu est un grand artiste.

Ainsi, Jeff leur démontrait l'existence de Dieu par les fleurs.

Quand ils furent rentrés, Zéna eut une autre exigence :

– Dis, Jeff, tu nous montres tes récitations écrites ?

– Mais puisque vous ne saurez pas les lire!

– Ça ne fait rien. S'il te plaît, Jeff.

Elle caressa sa longue main noueuse. Comment résister ? Les deux petits l'accompagnèrent dans sa chambre. Il leur découvrit, enfermés dans des chemises vertes comme dans un herbier, des bouts de papier de toutes couleurs, de toutes dimensions, qui avaient été des affiches, des bulletins de vote, des enveloppes, des boîtes de sucre.

– J'écris sur du papier de récupération.

Là-dessus, au verso, il avait tracé des lignes innombrables, des courtes, des longues, des très longues.

– Y a pas de majuscules au commencement ! s'étonna-t-elle. Les récitations, c'est plein de majuscules.

– Tu as raison. Autrefois, il en était ainsi. De nos jours, voici une grande nouveauté : nous écrivons de la poésie sans majuscules.

Elle se demanda si la poésie sans majuscules pouvait être d'aussi bonne qualité que la poésie avec.

9

Chaque mois, il fallait expédier deux colis en Allemagne. De cinq kilos. On ne pouvait y mettre que des denrées non périssables : sucre, chocolat, saucisson, conserves, biscuits, chaussettes, chemise, caleçons, papier à lettres, livres, fil à coudre. Souvent, les familles se privaient du nécessaire pour en faire profiter leurs prisonniers. A dire vrai, au Cayrol, la privation n'était pas grande : on peut vivre sans sucre et sans chocolat quand on a du miel et du fromage à volonté. La Vieille passait ses journées à tricoter pour eux ; comme la laine manquait, elle devait d'abord détricoter de vieilles camisoles, de vieux bas, et faire le métier de Pénélope. On enfermait le tout dans un carton épais, qui était ensuite enveloppé de toile ou de jute. Par-dessus, on cousait encore une étiquette blanche avec le nom et l'adresse du destinataire : *Gef. Denis Rouffiat, Stalag 12 B Deutschland...* Les colis étaient transportés à Murat et confiés à la Croix-Rouge qui se chargeait de les acheminer. Une fois arrivés en Allemagne, ils étaient ouverts par les gardiens des camps. Ceux-ci vérifiaient qu'ils ne contenaient rien d'interdit, lame, boussole, carte, qui pût faciliter une évasion ; ils prélevaient quelquefois au passage tel produit pour leur usage personnel, abandonnaient le reste aux prisonniers qui s'en partageaient le contenu, fraternellement.

Les deux paquets furent composés selon les règles habituelles. On ajouta à chacun une petite lettre écrite par Augustine, la meilleure plume de la maison. Elle y faisait mention, avec force compliments, de l'arrivée dans la famille d'une petite Marseillaise. Zéna dessina son propre portrait, avec ses cheveux frisés, ses jambes maigres, ses bottines, écrivit dessous : *C'est moi, Zénaïde Pujol*, et le joignit à l'envoi.

– Demain dimanche, dit la Vieille, on descend à Murat porter les paquets à la mairie. Nous en profiterons pour aller à la messe à Notre-Dame des Oliviers.

Ainsi fut fait. Chacun en grande toilette, comme le jour de la Saint-Pierre. Jeff seul préféra rester à la ferme : il n'aimait pas, sans fort motif, descendre à la ville où l'on rencontrait à présent trop d'uniformes de toute espèce.

Les nouvelles du monde arrivaient mal au Cayrol, sans journal ni radio. On en apprenait quelque chose par le facteur Chavaroche, par les affiches apposées dans Albepierre, par les sermons du curé et les propos de café. On savait que les Américains avaient débarqué en Afrique et qu'ils feraient bientôt de même en France pour chasser l'Occupant. Avec l'aide des Anglais, des Français de l'extérieur et des F.F.I., soldats clandestins de l'intérieur. Certains de ceux-ci vivaient dans les bois de Grandval, au-dessus du col de la Chèvre. En attendant la Libération, l'espérance du moment était placée dans la Relève, un accord entre Vichy et Berlin qui devait permettre le retour des prisonniers en échange de travailleurs civils volontaires. Comme ceux-ci n'y suffisaient pas, un Service du Travail Obligatoire avait été institué. Des placards en faisaient la propagande. Seulement, beaucoup de jeunes désignés par le S.T.O. refusaient de partir, malgré les menaces des gendarmes : « Nous prendrons ton père à ta place, ou ton frère cadet. » Ils se cachaient dans les forêts, se joignaient aux maquis. Les Rouffiat n'ignoraient rien de tout cela.

Devant l'hôtel de ville, des hommes en bleu nuit et béret alpin conversaient. Le Vieux se pencha vers les deux enfants et chuchota :

– Ces gars-là, faut s'en méfier comme de la peste. Ils font partie de la Mélisse.

Zéna les considéra avec étonnement, se demanda quel rapport ils pouvaient avoir avec la tisane qu'ils buvaient chaque veillée et ne trouva pas la réponse. A l'intérieur de la mairie, plus grande et plus belle que celle d'Albepierre, ils remirent leurs colis à des dames marquées d'une croix rouge.

– Je vous les recommande, dit Louise.

– Soyez tranquilles, ils arriveront.

C'était une recommandation sans garantie. Il n'était pas mauvais d'en ajouter une à Notre-Dame des Oliviers. Par la rue du Bon-Secours, ils montèrent vers son église. Elle y résidait, Vierge négresse comme elle se montre si souvent en Auvergne, à gauche de l'autel, dans une immense robe brodée d'argent.

– C'est elle, dit la Vieille en se signant.

– Y a pas d'oliviers.

– On met de l'huile d'olive dans sa lampe.

A cette lampe, elle alluma un cierge de quarante sous. Agenouillée sur le tapis, elle lui recommanda les colis envoyés à son fils et à son gendre et l'implora pour qu'ils reviennent au plus vite. Zéna regardait de tous ses yeux les gestes de Louise. Et aussi la petite Vierge et son Enfant. « Boudi! pensait-elle, sans y mettre de malice. Boudi! Ils sont noirs comme des crottes de chèvre! »

Ils suivirent la messe au milieu d'une foule nombreuse, parmi laquelle plusieurs membres de la « Mélisse ». On se demandait s'ils étaient venus pour prier ou pour surveiller le monde, car leurs yeux furetaient sans cesse dans l'assemblée. Au cours de son sermon, le célébrant engagea les jeunes Muratais désignés pour le S.T.O. à bien partir pour l'Allemagne, afin de permettre le retour de « nos chers prisonniers ». Il trouva même dans les saintes Écritures un texte dont il appuya son exhortation : *Malheur à celui qui est seul et qui tombe sans avoir un second pour le relever* [1].

– Ainsi, affirma-t-il, Dieu lui-même est favorable à la relève.

La Vieille en fut bien aise lorsque Céleste lui eut répété et expliqué ces paroles.

Avec la Rouffiate, qu'elle appelait mamé Louise, Zéna avait parfois de longues conversations. Entre femmes. La grand-mère s'était mis en tête de lui apprendre à tricoter, avec les quatre aiguilles qui lui servaient à faire des chaussettes pour ses prisonniers. Les prisonniers avaient un besoin infini de chaussettes. C'est par les pieds qu'arrivent les maladies les plus mortelles : la « pulmonite », l'« anculose », la « pindicite », le choléra, le « filosséra », l'« embouligue », la neurasthénie. Les autres sont également mortelles, mais un peu moins. La petite s'appliquait donc à suivre son enseignement. Vingt-cinq mailles à l'endroit sur chaque aiguille, cinq à l'envers... En même temps, quoique un peu sourde mais ça ne l'empêchait pas de causer – Louise se laissait aller à des confidences, heureuse de trouver une oreille attentive, car elle n'avait jamais eu autour d'elle que des gens trop occupés pour prendre garde à ses bavardages. Si bien qu'elle en était réduite le plus souvent à parler toute seule, ou bien à s'adresser aux meubles, aux chaises, à la crémaillère, à la marmite...

Si la petite lui posait une question, elle répondait souvent : « Attends que je calcule. » Que je réfléchisse. Il fallait s'habituer à son vocabulaire. Elle aimait s'établir au coin de la cheminée, même à la saison chaude, par une longue habitude. (Elle était très attachée à ses

1. *Écclésiaste*, IV, 10.

habitudes : il lui fallait toujours la même écuelle, la même cuillère, le même couteau.) Elle y prenait de temps en temps ses repas, qui se réduisaient à un bol de soupe, à du fromage ou du lard sur une tranche de pain. Après le desparti de midi, elle y faisait une sieste, le menton sur la poitrine, en produisant de doux ronflements. Comme il lui était resté quelques miettes sur le devantier, un poulet sautait parfois sur ses genoux et les picorait audacieusement, sans la tirer de son prangeyrou. Ce qui provoquait autour d'elle des rires contenus.

– Mamé Louise, disait Zéna, tu me rappelles ma mamé Carmen qui demeure à l'hospice d'Aubagne et qui doit bien se languir de moi, peuchère.

– Faut lui écrire.

– Oui je lui écrirai. Un de ces jours.

– Moi, je sais ni lire ni écrire. Je suis née en 1876. En ce temps-là, les filles de la montagne n'allaient pas à l'école. On avait trop besoin d'elles pour garder les vaches, les chèvres, les cochons. Ou s'occuper de leurs petits frères. C'est ce qui m'est arrivé. Je me suis mariée à l'âge de vingt et un ans. Et j'ai eu quatre enfants à mon tour : un garçon, Denis, deux filles, Amélie et Gustine. Mais j'ai perdu la seconde, Antoinette, à peine âgée de quelques mois. Je suis une illettrée. Et pourtant, il y a un écrivain dans ma famille. Il vit à Paris ou ailleurs, il écrit des livres, il s'appelle Jean Ajalbert.

– Un écrivain ? Boudi ! Un écrivain comme Jeff ?

– Jeff ? Jeff est un écrivain ?

– Il écrit des récitations.

– On m'avait pas dit ça ! Faut toujours qu'on me cache des choses, saprediou !

Zéna se mordit la langue. Trop tard. La Vieille secoua la tête, mécontente. La petite Marseillaise eut l'habileté de revenir au cousin :

– Jean Ajalbert aussi il écrit des récitations ?

– Il écrit des livres. A Paris, on l'estime beaucoup. A Murat de même.

Elle en vint à parler du reste de sa famille. De sa grand-mère à elle, qui vivait au temps des anciens rois, ne parlait pas un mot de français, mais chantait de jolies chansons auvergnates en filant la laine. De son grand-père maternel, Solignat, fustier de profession, c'est-à-dire menuisier, qui avait fait le tour de France et racontait ce qu'on lui avait fait manger, suivant les coutumes de la région :

– Des galettes de maïs, du pain d'orge, du riz à la tomate. La plus étonnante chose, on la lui donna dans un pays qui s'appelle l'Aveyron. Et c'était de la soupe à la vipère.

– A la vipère ? Boudiiii !

– Tu prends une vipère, tu lui coupes la tête, tu la tailles en petits morceaux, tu la fais cuire au bouillon avec des légumes.

– Et ça n'empoisonne pas ?

– Au contraire. C'est fortifiant. La vipère est une sale bête si on se laisse piquer. Autrement, elle rend de grands services. Elle mange les rats, les campagnols, les mulots. Les chasseurs de vipères les apportent au « fromacien », qui les paye un bon prix. Si les bergers trouvent une peau de vipère dans un pré... Sais-tu qu'elles se déshabillent deux fois l'an, qu'elles changent de peau comme toi de chemise ?... S'ils trouvent une de ces dépouilles, ils la mettent à leur chapeau, en guise de ruban, pour se protéger de la foudre.

– On devrait en mettre aussi aux cornes des vaches. La Flourade, peuchère !

C'est ainsi qu'on avait dans la maison des précautionnements très étranges. Louise remarqua que la drôlette portait à l'intérieur du pouce gauche une verrue grosse comme un petit pois.

– Je peux te la faire passer. Sans te faire mal.

Zéna y consentit. Il fallut une couenne de lard. On

en frotta longuement la verrue. La patiente transporta ensuite la couenne imbibée du venin de la verrue, *les yeux fermés*, jusqu'à un mur de la ferme. Elle choisit au toucher un trou dans ce mur, l'y enfonça, revint, les yeux toujours clos.

– A présent, tu dois laisser cette couenne se dessécher dans le mur *sans jamais aller la voir*. Quand elle sera complètement sèche, la verrue sera partie.

– Et comment je me rendrai compte si elle est ou non tout à fait sèche ?

– T'auras pas à te rendre compte. Limite-toi à regarder la verrue. Bien sûr, il y faudra plusieurs semaines.

Elle parla aussi de son mari. Elle l'avait connu avant le commencement du siècle. Il était en compétition avec un de Pignou nommé Gironde ; elle avait bien fait de choisir Léonce, vu que l'autre avait été tué à la guerre de 14, pécaïre ! Mais voilà qu'à présent leur fils Denis et leur gendre Guignabert étaient prisonniers en Allemagne à cause d'une autre guerre. On n'en finirait donc jamais de se battre contre l'Allemagne ?

– Les Allemands sont aussi à Marseille, dit Zéna. Ils ont démoli la moitié de la ville. Et ils volent notre nourriture. Ils nous font mourir de faim.

– Vergogne !

Elle parla de ses deux filles, Amélie et Gustine.

– Elles sont sœurs et ne se ressemblent pas. Amélie est une chèvre. Gustine une brebis.

– Qu'est-ce que ça veut dire ?

– L'aînée ne sait pas obéir ; elle sait seulement commander. La plus jeune est tout le contraire, douce, soumise. Si elle se marie un jour, elle se laissera manger la laine sur l'échine.

– Et Adrien ?

– Lui, c'est un chien fou. Il a l'air très méchant ; mais tu verras, quand tu le connaîtras mieux, qu'on fait ce qu'on veut de lui au prix d'une caresse.

– Et moi, mamé Louise, qu'est-ce que je suis ?

– Toi, tu es une chevrette. Avec dans la tête tout plein d'idées barioques.

Un matin qu'elle s'était, à cause de la chaleur, réveillée beaucoup trop tôt, Zénaïde sortit de son lit et se mit à la fenêtre. Tout dormait encore dans la borie. Le soleil commençait juste de faire coucou derrière la Planèze avec son crâne flamboyant. Le filet d'eau grelottait dans le bac-abreuvoir. Elle regarda la cour. Et ce qu'elle vit lui parut si incroyable qu'elle se frotta les yeux. Ce ne furent d'abord que de petites boules rousses, tressaillantes, près d'une plus grosse, sur la margelle de la bachache. A force de les examiner, elle reconnut un écureuil et deux écureuillots en train de s'abreuver. Lorsqu'ils eurent bu leur content, ils sautèrent sur le sol, trottinèrent vers le tilleul, suivis de leurs queues, et furent en un instant dans le creux où ils avaient élu domicile, à la hauteur d'un premier étage.

Elle se prit d'un grand amour pour ces bestioles. Jeff lui prêta ses jumelles pour qu'elle pût mieux les observer. Comme elle parlait de la maman, il corrigea :

– Il s'agit d'un père.

– A quoi tu le reconnais?

– Aux longs poils qu'il a dans les oreilles.

Et il montra les siennes qui étaient de même abondamment poilues. Sachant que les écureuils se nourrissent de noisettes, elle alla en cueillir dans les coudraies qui bordaient les chemins, malgré les protestations de l'Irlandais :

– C'est trop tôt. Les noisettes ne sont pas mûres, elles ne contiennent en ce moment que de la caillée. Faut attendre fin septembre qu'elles se dégonnellent. Qu'elles se laissent dépouiller volontiers de leurs jupes vertes.

La petite en remplissait quand même les poches de

son tablier, les disposait le soir au bord du bac pour que ses protégés les trouvent en venant boire. Tout heureuse si, le matin, elles avaient disparu. Toute triste si elle les voyait flotter, dédaignées, dans la bachache.

10

Un jour, tandis que Zéna, Drien et Tobie surveillaient leurs vaches sous le buron de Raveyrol, ils voisinèrent avec un autre troupeau gardé par deux filles et un gars, frère et sœurs dans leurs âges. Ils s'appelaient Tonin, Juliette et Margaridou Tesseidre, et appartenaient à la borie des Vergne. La chaleur accablait Tobie, qui tirait la langue, affalée dans le poil-de-bouc. Zéna sentait ses vêtements lui coller à la peau.

Plus haut, une source suintait dans une serve de bonnes dimensions, peuplée de grenouilles, de têtards, de salamandres. A tour de rôle, les vaches allaient y plonger le mufle, le ramenant vert de cresson sauvage.

– On serait mieux, fit Tonin Tesseidre, à se tremper dans le Lagnon.

Mais le Lagnon coulait en bas, dans la vallée, inaccessible.

– Chiche qu'on se baigne! s'écria Drien.

Les autres le regardèrent comme s'il avait perdu l'esprit. Il expliqua sa pensée : nettoyer la serve, la débarrasser de ses herbes, mettre en fuite les grenouilles. Bref, la transformer en baignoire, pareille à celle de Jérôme Constant, le fils du colonel aviateur. Ils pourraient même tenir dedans tous les cinq.

– Extra! s'écrièrent les autres.

Aussitôt, les garçons commencèrent la besogne. Le

buste nu, ne gardant que leur culotte, ils se mirent à brasser les eaux de la serve, à les écumer, à les filtrer, à les purifier. Les batraciens qui l'occupaient fuyaient en grand désordre. Afin d'en vérifier la profondeur, on alla chercher une branche dans la forêt voisine. On constata qu'elle s'enfonçait au plus de 80 centimètres, et que personne ne risquait de se noyer. De toutes ces manœuvres, il résulta un bouillon si épais qu'on eût pu en tremper une soupe à la fourchette. Cela ne donnait pas beaucoup d'appétit pour s'y plonger.

Adrien comprit qu'il devait l'évacuer, le remplacer par de l'eau claire. Avec la même branche, il creusa un canal d'écoulement en aval de la serve. Sitôt qu'il fut atteint, le jus se répandit dans le pâturage. Ensuite, Adrien reboucha cette bonde avec des mottes, et l'on attendit que la source fît le nécessaire. Il lui fallut bien deux heures, qu'ils occupèrent à jouer avec leurs orteils. A souffler dans des brins d'herbe coincés entre deux pouces, ce qui produisait de la musique. A tresser des joncs pour en faire des paniers et des cages à sauterelles.

Enfin, la serve fut remplie. Il appartenait à Drien de l'inaugurer. Tournant le dos à ses copains-copines, il sortit de ses sabots, laissa tomber sa culotte et entra dans l'eau, nu comme un ver. La fraîcheur lui coupa le souffle.

– *Ouap! Ouap!* aboya-t-il.

Puis il s'enfonça progressivement, jusqu'aux genoux, jusqu'au ventre, jusqu'aux épaules, jusqu'au menton.

– Vous pouvez pas croire... cria-t-il, ne sachant pas bien exprimer son plaisir.

Tonin l'imita geste pour geste. Il avait les fesses jaunes et rondes comme des melons. A son tour, il fut dans la serve et cria :

– *Ouap! Ouap!*

C'était une invite aux trois filles; mais elles ne bougeaient pas.

– Qu'est-ce que vous attendez? lança-t-il à ses sœurs.

Elles laissèrent tomber leurs nippes et rejoignirent les deux garçons en poussant des couinements. Zénaïde restait la dernière. Hésitante.

– Alors?

Elle osa enfin se déshabiller, sous leurs regards convergents. Quand elle fut en culotte, elle ordonna :

– Bouchez-vous les yeux!

– Tu rigoles! On s'en fout de voir tes joues de derrière!

– Alors, si vous vous en foutez, bouchez-vous les yeux.

Ils firent semblant, d'une main ouverte. Mais ils s'en foutaient réellement, elle n'avait rien qui les intéressât dans toute sa personne plus riche d'os que de viande. Un peu maniérée, comme fille des villes, elle trempa d'abord un pied dans l'eau, fit « Ah! », puis se mouilla les jambes avec les mains, avant de se décider à sauter pour de bon dans le bain.

Ils furent alors cinq innocents à barboter, à éternuer, à s'envoyer des claques mouillées, à s'éclabousser les uns les autres dans cette baignoire de terre et de limon, d'où jaillissait encore de temps en temps une grenouille opiniâtre. Parfois, des racines s'enroulaient à leurs orteils comme des nœuds coulants; ils trébuchaient, s'agenouillaient dans la flotte qui leur passait pardessus les cheveux, en ressortaient suffocants, riants, ruisselants. Au milieu du ciel, le soleil rayonnant participait à la fête.

– Et Tobie? s'écria la Marseillaise.

Pourquoi la chienne serait-elle restée à l'écart? On l'appela, elle eut quelque peine à sortir de son abattement. Quand elle fut au bord de la serve, elle n'en crut ni ses yeux ni ses oreilles, ces jeux aquatiques ne pouvaient la concerner, elle n'était pas un poisson. Il fallut la tirer par le collier, lui tenir la tête hors de l'eau, car elle n'avait pas assez de place pour nager. Ah! ce fut une belle bataille navale! Jusqu'au moment où elle leur échappa, ressortit de la serve et s'ébroua longuement en projetant des postillons d'arc-en-ciel.

Soudainement, les choses changèrent de visage. D'abord, on entendit des voix d'hommes. Adrien, le plus grand de l'équipe, en vit trois qui montaient en bordure du pacage où les vaches, abandonnées, « lisaient le journal ». Un noir, un blanc, un bleu. Tobie signala leur approche. Quand ils furent plus près, on les reconnut : le curé d'Albepierre, l'abbé Verdier, qui avait ouvert son parapluie en guise d'ombrelle; son maire, le Dr Rabbe, en panama; Estieu, le garde-champêtre. Se dirigeant vers Prat-de-Bouc où ils avaient à faire, ils coupaient au plus court à travers les pâtures. Qu'allaient-ils dire, qu'allaient-ils faire devant ces cinq nudistes? Sans doute, le garde tolérait-il les bains sans maillot des tatoués de Jeunesse dans le Lagnon, parce qu'en face d'eux, il ne faisait pas le poids, désarmé par l'armistice. N'allait-il pas s'offrir une revanche sur l'échine de ces cinq vermisseaux?

– Faut pas qu'ils s'aperçoivent que nous sommes à poil, dit Adrien à voix basse. Remuez la boue au fond de la serve.

Quand les trois fonctionnaires de l'Ordre, de la Morale et de la Loi furent à leur hauteur, ils ne virent que cinq têtes flotter sur l'onde opaque.

– Alors la jeunesse... dit l'un sous son parapluie.

– ... on fait trempette... dit l'autre sous son panama.

– ... au lieu de surveiller les vaches? dit le troisième sous son béret.

– Y a Tobie qui s'en occupe.

– J'espère, ajouta Estieu, que vous avez enfilé un caleçon de bain!

– Pardi!... Bien sûr!... Oui, oui... Oui, M'sieur.

Le garde aurait pu dire : « Sortez de là que je vérifie! » Il ne s'en donna pas la peine. Ils purent prolonger le bain jusqu'à l'heure des anémones.

A cette altitude, la fenaison durait quinze jours et mobilisait tous les bras disponibles. Chaque matin, au petit jour, Léonce et Jeff aiguisaient les lames de la faucheuse afin de les rendre coupantes comme des rasoirs. Le Vieux les frottait à la meule dont l'Irlandais tournait la manivelle. Une boîte de conserve percée laissait tomber dessus un goutte-à-goutte d'eau sale. L'opération durait ainsi une demi-heure. Ensuite, il fallait revisser les petites pièces sur les grandes. Deux vaches étaient attelées à la machine, chacune protégée des mouches par une voilette de ficelle qui lui tombait sur le front. Car les mouches étaient la plaie de la saison chaude, nourries par les tas de fumier et autres immondices. On en gardait la salle par un store flottant : fabriqué avec des bobineaux enfilés, il faisait, quand on passait au travers, un bruit de rosaire remué. On accrochait aussi des rouleaux tue-mouches, assez hauts pour que personne ne s'y empéguât les cheveux. On les massacrait sur la table avec une tapette au long manche. On les empoisonnait à la poudre de Pyrèthre. On les noyait dans une carafe spéciale. Malgré ce génocide, hommes et animaux en étaient harcelés. Car, dit-on, chaque fois qu'on tue une mouche, cent autres viennent à son enterrement.

Les plus cruelles étaient les mouches à vaches. Mouches grises, mouches assassines, mouches forcenées qui, non seulement leur suçaient le sang, mais leur introduisaient sous la peau des larves qui produisaient des bugnes. Quelquefois, un taon les piquait sous la queue. Croyant fuir la douleur, elles galopaient en tous sens, éperdues. Ce qui s'appelle vraiment prendre la mouche. Jeff les protégeait un peu en les badigeonnant de crésyl avec une plume là où ne pouvait atteindre l'éventoir de leur queue : sur le mufle, sur le poitrail, sur l'échine. Mais il se protégeait aussi. Pour ce, il avait fiché sous le ruban de son chapeau, verticalement, une dizaine de ces mêmes plumes bien imprégnées du même crésyl. Cela lui conférait une espèce de couronne barbare, comme en portent les rois des tribus africaines.

Les moucherons n'étaient pas en reste, même s'ils produisaient moins de ravages, se contentant d'envelopper les mammifères de leurs nuées. Ils provenaient des forêts avoisinantes et des parcelles humides. Armée d'une longue branche de genêt vert, Zéna était chargée d'éloigner ces pestes.

Assis sur le siège de fer, sous sa couronne adamaouite, Jeff réglait les mouvements de la faucheuse, tirée par l'attelage que menait l'aiguillon d'Augustine. L'homme et la jeune fille s'accordaient bien dans le travail car elle était une brebis, toujours prête à l'obéissance. La barre de coupe tondait au plus court, l'herbe tombait à plat. La faux ne servait que pour les « passages » et les coins difficiles. Sous lc soleil incandescent, le foin vert séchait une journée, était le lendemain retourné au rateau de bois, puis disposé en alignements qui portaient le nom de « rueysses ». Alors, le char avançait entre deux rueysses, le foin sec était chargé en vrac, au bout des fourches. Tout en haut, Céleste le recevait, le répartissait, l'égalisait. Il fallait à la fin le percher, au moyen d'une longue tige de peuplier qu'un homme, dessous, encordait au treuil. Céleste dévalait de son juchoir en se retenant à la corde. Un peu retroussée quelquefois par cette glissade, elle arrivait en bas rouge jusqu'aux cheveux, de chaleur ou de confusion.

On transportait la récolte dans l'immense fenière à laquelle les chars accédaient par la montade, au-dessus de la soue des cochons. Jeff poussait par-derrière, en trompettant quelques bons coups du postérieur. C'était la seule côte que les vaches devaient gravir puisque les prés de fauche se trouvaient tous au-dessus du Cayrol.

Le foin était amoncelé en couches successives qui finissaient par toucher la charpente. Afin de le tasser, les femmes et les enfants y dansaient la gigue, se roulaient dessus, que c'en était un plaisir. Avec des cris, des bousculades, des éclats de rire, on se serait cru à une fête de fous. Zéna et Drien s'en donnaient à cœur joie. Mais ces manœuvres, dans la poussière et les pollens qui s'évaporaient de l'herbe sèche, donnaient soif. Les hommes buvaient du vin, les autres de l'eau ou de la gaspe. Tout le monde le soir était mort de fatigue, les enfants s'endormaient pendant la prière.

Le dimanche, les travaux s'arrêtaient. Même si l'orage menaçait de tremper la récolte, déjà presque sèche. « Celui qui la mouille, disaient les paysans, saura bien la sécher. » Il plut justement ce jour-là. Le voyage à la messe de onze heures serait humide. En attendant le départ, Zéna, désœuvrée, se promena dans la cour de la ferme, cherchant à découvrir des choses encore inconnues. Les poules, persécutées par leurs puces, grattaient le sol en croyant se gratter elles-mêmes, la terre volait tous azimuts; il en résultait un creux dans lequel elles s'enfonçaient et se trémoussaient pour calmer leurs démangeaisons.

Adrien vint par-derrière, sur la pointe des pieds, afin de surprendre la Marseillaise. Quand elle fut à sa portée, il lui glissa ses deux mains sous les aisselles, car il la savait chatouilleuse. Elle se débattit, lui échappa :

– Oh! espèce de carcan! Espèce de...

Elle s'arrêta, parce qu'on était dimanche, s'apercevant que, le jour du Seigneur, elle se sentait pleine de gros mots à l'égard de ce fada, de ce *gounflaïre*, de ce marque-mal, etc. Joli vocabulaire pour une future religieuse! Elle préféra la fuite, le laissant planté comme une merluche au milieu de la cour.

Elle monta se cacher dans la fenière, s'enfonça dans

le foin tant qu'elle put, comme faisaient dans la terre les poules importunées, se réservant à peine une cheminée pour la respiration. Elle entendait Adrien lancé à sa recherche :

– Zéna, reviens! Ça va être l'heure de la messe! Je t'en veux pas! Je te pardonne!

Avec un magnifique culot! « Voilà les hommes, se dit-elle. Ils vous embêtent et ensuite ils vous accusent de les avoir embêtés! »

Il vint aussi dans la fenière, l'appelant toujours. Elle se gardait de répondre. Il promena ses yeux partout, sans la découvrir. Puis il ressortit. Elle demeura pelotonnée dans le foin. Protégée de tout et de tous. Le parfum poivré qui en montait la fit éternuer. « Heureusement qu'il est parti! » Elle entendit le clocher d'Albepierre sonner le premier coup.

Un moment, elle chemina à quatre pattes. Tout à coup, *plouf*! Bonne Mère! Elle avait oublié la trappe du tombe-foin! Elle se trouva deux mètres dessous, le derrière douloureux, dans la crèche de la Parise! Nez à nez avec la vache! Celle-ci parut aussi surprise qu'elle de cette rencontre. Toutes deux se regardèrent, éberluées. Ensuite, non sans peine, Zéna se remit sur pied et sortit de l'étable en se frottant les joues postérieures. Comme elle arrivait à la porte, elle trouva Léonce.

– Hé bé!

– Qu'est-ce qui t'arrive?

– J'étais dans la fenière et je suis passée par le tombe-foin. Jusque dans la crèche de la Parise. Je me suis fait un peu mal.

– Où ça?

– Là.

– Peuh! *Bàu mai toumbà sobre lou cuol que sobre lou naz.* Vaut mieux tomber sur le cul que sur le nez. Et maintenant, prépare-toi pour la messe.

– C'est drôle, dit la Vieille Louise, qui avait déjà installé sa coiffe à pans et son chapeau rond. On n'entend pas sonner le second coup. Mais moi, je suis un peu sourde. Et vous autres ?

Non, ils ne l'avaient pas entendu non plus. L'horloge indiquait pourtant huit heures et demie. C'est-à-dire dix et demie à Berlin. Comment expliquer cela ?

Mais la messe peut bien se passer de sonnerie. On se mit en route, qui à pied, qui en charreton, comme à l'accoutumée. Or, quand on fut au milieu d'Albepierre, on dut bien se rendre compte qu'il s'était passé quelque chose : au lieu d'entrer, la foule se tenait autour de l'église et sous le porche, entourant la sacristine en larmes, qui gémissait :

– ... C'est sa mère qui m'a avertie... Elle venait de le découvrir... Oh ! Sainte-Vierge !... Tout couvert de sang... Il avait vomi son cœur et ses poumons...

Il fallut bien comprendre enfin, si incroyable que ce fût : l'abbé Verdier, un dimanche matin, alors qu'il se préparait pour la messe, venait de mourir subitement. Bientôt, ce fut un concert de sanglots, d'exclamations, d'interrogations. Comment Dieu avait-il pu permettre une chose pareille ? Zéna elle-même se sentit une forte envie de pleurer. Combien elle regretta de n'avoir pas toujours su son catéchisme, de s'être cachée derrière les soutanes ! D'autres Arapeyrous regrettaient d'avoir colporté des histoires ineptes sur le compte du malheureux prêtre, comme celle du *Dominus vobiscum*. D'avoir laissé tomber des piécettes dérisoires dans le plateau des quêtes, alors que lui se dépensait corps et âme pour l'éducation chrétienne de leurs enfants et l'embellissement de leur église. Toutes ces contritions ne servaient de rien : Albepierre, ce dimanche-là, n'eut pas sa messe habituelle.

Il en eut une trois jours plus tard, quand furent célébrées les obsèques. En présence d'une foule immense, des tatoués de Jeunesse, de tous les prêtres et religieux de l'arrondissement et de nombreuses personnalités. La foule chuchotait les louanges du défunt. Elle rappelait ses gestes, ses chants, ses paroles, son dévouement sans faille. Et quel talent dans les cérémonies! Bon aux baptêmes et aux mariages, il brillait dans les enterrements, où ses oraisons funèbres arrachaient des larmes à tout le monde. Même aux Gandilh, qui semblaient pourtant faits de bois plus que de chair. Et maintenant, son tour était venu. On se disait de l'un à l'autre :

– S'il était là, il nous ferait un superbe sermon. Y en a pas deux comme lui pour parler de la vie et de la mort. Mais il peut pas, pécaïre, il est dans la caisse. Ça gâte la cérémonie.

Le plus désolant vint à la fin. Car, au lieu de le transporter au cimetière d'Albepierre, le corbillard l'emmena prendre le train à Murat. D'où il partit pour Aurillac, son pays d'origine.

La paroisse resta veuve quinze jours. Puis elle reçut un nouveau curé, l'abbé Cruèghe, grand, large d'épaules, rouge de figure, crevant de santé. Celui-là promettait de rester longtemps dans ses souliers.

La santé de Zéna gagnait aussi bonne mine. La gale du pain n'était plus qu'un souvenir. Ses joues prenaient de la couleur et de la rondeur. A l'occasion des sourires, elles se creusaient même de ces fossettes qui s'étaient perdues. La verrue de son pouce s'effaçait.

Une lettre de sa mère lui apporta une heureuse nouvelle : *J'aurais bien aimé, ma nine, venir te voir. Mais je ne peux abandonner ici le reste de la famille, incapable de se passer de mes services. Pour ce qui est de les amener avec moi, ça serait bien trop de dépense. Nous avons donc décidé que ta sœur Noémie, qui a maintenant vingt et un ans passés, viendrait à ma place, si la famille Rouffiat veut bien la recevoir un jour ou deux. Donne-moi sa réponse par retour du courrier.*

– Naturellement, sapregiou! dit la Vieille...
– Foutre oui, dit Léonce...
– Avec grand plaisir! dit Céleste.

En attendant cette visite, ils pensèrent au seigle qui demandait à être moissonné. Les épis barbus baissaient la tête et disaient leur prière. Le Vieux mordit un grain et le trouva suffisamment dur sous la dent. La seiglière couvrait une surface de deux cartonnées, sur la pente qui descend vers le Lagnon, exposée au midi moins le quart. Avant 39, les Rouffiat avaient renoncé à cette culture, trop dépendante de la saison, du froid, du sec, du mouillé, pour se limiter aux truffes et aux raves, à côté de leur élevage. Mais la guerre, le rationnement, la disette les avaient contraints à s'y remettre, et ils s'en trouvaient bien.

Sur cet abrupt, la moissonneuse-faucheuse était inutilisable, il fallait se servir de la faux coucheuse. Et même, par endroits, de la vieille faucille : le volam. Vieux symbole de l'agriculture dont les coqs se faisaient des panaches colorés. L'Irlandais avait appris les gestes de la fauche : le balancement des bras, la torsion du buste, l'avancée pas à pas des sabots. Le travail de la pierre à aiguiser, gardée à la ceinture dans le coffin rempli d'herbe humide, qui redonnait du mordant à la lame brandie au soleil. Son matage sur l'enclumette pour supprimer les ébréchures et le morfil. Pour tous les métiers de la terre, Léonce était un maître incomparable.

Derrière eux, les femmes liaient les gerbes chevelues, les dressaient sur leur pied en faisceaux de dix qui portaient le nom étrange de « gendarmes ». Ces meulettes restaient debout trois ou quatre jours pour achever leur mûrissement.

Et Zéna ? Et Adrien ? Sur l'éteule, aussi tondue que les tatoués du Camp 40 emprisonnés dans le four à pain, ils allaient en fin de journée, munis de devantiers, ramasser les épis oubliés. Glaneur et glaneuse. Comme Ruth dans le champ de Booz.

Noémie arriva le 1er septembre, on alla en charreton la prendre à la gare de Murat. Les deux sœurs se tendirent les bras, tout à la joie des retrouvailles; mais la future vedette de cinéma, qui s'était mis du rouge et de la poudre, présenta à sa cadette les coins de ses mâchoires :

– Embrasse-moi ici seulement.

Léonce grommela sous sa moustache, en patois, la recommandation qu'on lit sur les bancs publics repeints de frais : *Fatz attenchéou a lo pinturo.* Prenez garde à la peinture. Elle vint à lui, serra ses deux mains avec un sourire large comme un parapluie. Même jeu à l'égard de la Vieille. Une petite tape sur la casquette d'Adrien. Noémie était coiffée selon la mode de l'époque, d'un chapeau de feutre qui ressemblait à un godillot et ne protégeait ni du soleil ni de la pluie. A ses pieds, des souliers-échasses, sur semelles de bois. Près d'elle, une énorme valise mais qui, à l'usage, se révéla légère. Donc vide aux trois quarts.

Ainsi costumée, elle eut quelque peine à se hisser dans la charrette, à prendre place sur le siège, coincée entre les deux Vieux, cependant que les enfants s'installaient derrière, sur une botte de paille. Et voici cette élégante, la Mireille Balin du Poirier, celle que les foules acclameraient un jour, promenée dans une voiture à âne.

Au Cayrol, elle tira de sa valise un cadeau collectif pour la famille Rouffiat : une miniature de Notre-Dame de la Garde enfermée dans un bloc de verre, un peu comme un poisson rouge dans son aquarium. Quand on le renversait deux fois, il neigeait sur la Bonne Mère.

– Fallait pas vous déranger, protesta-t-on. C'était pas la peine.

Le globe circula de main en main. Chacun s'émerveilla de cette neige qui tombait *ad libitum.* Louise ne se lassait pas de la manœuvrer. Elle demanda à Noémie si elle était aussi chrétienne que sa petite sœur. Certainement. Mais il était visible qu'elle n'avait pas, comme Zéna, l'intention de se faire religieuse.

Au repas du soir, elle apprécia la soupe à la fourchette et en avala deux écuellées. Elle ne bouda ni le lard, ni la saucisse, ni la truffade cuite dans la poêle immense. Chacun admira son appétit. Comme on la pressait d'en reprendre, elle se posa deux mains sur le ventre :

– Non, merci. Je craindrais de me faire péter le bédélet.

Le mot fit bien rire tous ces Auvergnats.

Elle fut non moins joviale lorsque, en compagnie de Zénaïde, elle dut aller dehors. La nuit les protégeait et, après tout, ce n'était pas plus inconfortable que le vécé de Marseille, devant la porte duquel il fallait souvent faire la queue. A l'abri du foumarié, elles s'accroupirent et firent pipi en tandem, non sans s'étrangler de rire. Jamais sans doute depuis que le monde est monde, la satisfaction de ce besoin naturel n'avait induit à pareille hilarité.

La nuit ne fut pas triste non plus. Car elles couchèrent dans le même lit, sur la paillasse en feuilles de hêtre, et Noémie ne cessa de chuchoter des nouvelles sérieuses ou fantaisistes qu'elle avait rapportées de Marseille. Une cité de barjaqueurs, de bouffons, de chapacans, de farfantiers, de glandouilleurs et autres bidonasses. Afin de ne pas empêcher Gustine de dormir, elles étouffaient leurs rires sous les draps et les couvertures. Soudain, elles entendirent faiblement l'horloge de la salle sonner en bas douze coups. Zénaïde se dressa, tout esploumassée :

– *Qué*! Il est midi! Faut qu'on se lève!

– Mais non, tintidrette! Il est minuit!

Et patin-couffin, patin-couffin... Une heure encore de la sorte. Jusqu'au moment où le sommeil leur tomba sur la langue.

Naturellement, quand elles se réveillèrent au vrai matin, qu'elles se furent débarbouillées à l'eau froide dans la cuvette et peignées, elles trouvèrent en bas la salle presque vide : Léonce, Jeff, Amélie, Augustine, Adrien étaient partis au travail. Il restait la Vieille au coin de l'âtre, et Céleste, l'âme de la maison. L'horloge marquait neuf heures. Onze à Berlin.

– Pardonnez-moi, fit Noémie. Après ce long voyage...

– On comprend. Ça ne vous fait rien de manger encore de la soupe ?

Elles furent servies.

– Vous êtes bien un peu trasse aussi, comme votre petite sœur quand elle vint, dit Louise.

– En mauvais état, traduisit Zénaïde.

– Vous savez, à Marseille... la nourriture...

Elle se tapa deux écuellées, comme la veille, de soupe blanchie.

– Je vous aime mieux comme ça, dit encore la Rouffiate. Sans la peinture que vous aviez sur la figure, que vous ressembliez à une poupée.

– Dans les villes... les jeunes filles...

– Quand j'étais jeune, je me suis jamais mis de peinture.

Noémie resta trois jours pour obéir à un proverbe de pêcheur : « L'invitée est comme la barbue : après trois jours, elle pue. » Elle ne voulait pas puer au nez de ses hôtes, sa mère le lui avait bien recommandé. Trois jours durant, elle partagea la vie de ces montagnards, leur pain blanc, leur lait bourru, leur soupe confite, leurs conforts et leurs inconforts. Sans se poudrer une seule fois la figure. Zéna lui dit un soir :

– Demain matin, on se lève tôt. Je veux te montrer quelque chose de joli.

Et elle pria : « Bonne Mère, faites que demain on puisse voir les écureuils. » Elle fut exaucée : de leur fenêtre, les deux sœurs Pujol eurent le plaisir d'assister à l'abreuvage des trois bestioles rouges.

– C'est pas une maman, c'est un papa, dit Zénaïde.

– A quoi tu le vois ?

– Au poil qu'il a dans les oreilles.

– Mais alors, où est la mère ?

– Peut-être qu'elle est morte. Ou partie ? Peut-être qu'ils ont divorcé ?

Un peu tristes, elles regagnèrent leur lit encore chaud.

Le troisième soir, Noémie annonça pour le lendemain son départ. Les protestations ne l'ébranlèrent point, à cause de la barbue. Elle demanda :

– Dites-moi ce que je vous dois pour la pension.

– Ne dites pas ça. Vous nous fâcheriez. Vous êtes notre invitée.

– Je n'insiste pas. Mais pour le reste, j'ai de l'argent, et je paye.

– Quel reste ?

– Ma mère m'a recommandé de rapporter tout ce que vous pourriez me vendre : beurre, fromage, jambon, saucisson. Voilà pourquoi je me suis pris une grande valise. A Marseille, vous comprenez...

– C'est pour... revendre ?

– Non, non. Uniquement pour notre consommation personnelle.

Les Rouffiat se dirent : « Pourquoi pas ? Autant elle que d'autres. On lui fera quand même des prix. » Tout fut donc préparé pour le lendemain. La motte de beurre enveloppée dans des feuilles de chou et plusieurs linges. Les cochonnailles. Les fromages de montagne. Pesés avec la balance romaine. Calculés, payés. Les bons comptes font les bons amis. La valise à présent était bien lourde.

– Vous pensez que vous pourrez la porter ? La mettre dans le filet ?

– Mon père viendra m'attendre à Saint-Charles.

– J'espère que le beurre ne fondra pas en route. Évitez de laisser la valise au soleil.

A la gare de Murat, Léonce fit le porteur. Noémie ne s'était pas maquillée, on put l'embrasser sans retenue. Les deux sœurs se trempèrent réciproquement de leurs larmes. « N'oublie pas de m'écrire sitôt arrivée ! » Puis le train l'emporta.

Comme elle pleurait encore dans le charreton qui les remontait au Cayrol, assise sur la botte de paille, Zéna sentit qu'Adrien, près d'elle, lui prenait la main. Un geste si inattendu qu'un moment elle eut la pensée de la retirer, craignant une nouvelle farce de son répertoire. Elle le regarda. Il fermait les yeux, faisant semblant de somnoler. Mais sa main restait posée sur la sienne.

Le facteur laissa passer quelques jours; puis il apporta la lettre attendue. *Chère Zéna, chers Amis. Pour vous dire que je suis bien arrivée après un voyage interminable. Changement à Arvant et à Nîmes. Chaque fois, par chance, j'ai trouvé une personne obligeante pour me descendre ma valise du filet. Malheureusement, en arrivant à Saint-Charles, j'ai été arrêtée par les miliciens. Ils m'ont confisqué toutes mes marchandises au profit, qu'ils m'ont dit, du Secours National. J'ai réclamé un reçu. Ils m'ont menacée de la prison pour transport de produits contingentés. Bref, ils m'ont laissé seulement les yeux pour pleurer. Ce que je n'ai pas manqué de faire le reste de la journée, ainsi que ma mère, et mon frère Lustucru. Chers amis, je vous remercie mille fois de m'avoir si bien reçue et je vous embrasse tous, avec ma sœur Zéna, de tout mon cœur. Noémie Pujol.*

Quand la Vieille eut entendu cette lettre lue à haute voix par Augustine, elle se fit encore préciser :

– Qui c'est donc qui lui a volé ses affaires?

Et le Vieux, parlant fort:

– Les gars de la Mélisse.

– Heureusement qu'ils n'ont pas pu lui prendre ce qu'elle avait dans l'estomaque!

11

Il y eut au début de septembre de fortes pluies d'orage. Occasion pour Louise de brûler encore un brin de buis bénit et de réciter sa litanie à sainte Barbe et sainte Fleur. Puis le soleil revint. Un temps à champignons.

– Allez donc tous deux dans les bois, commanda Céleste à son fils. Emmenez Tobie. Vous trouverez bien quelques cèpes, des chanterelles, des mousserons. En même temps, rapportez-moi deux sacs de pignoles. Prenez un trasse de couteau pour couper les pieds au ras du sol. Faut jamais les arracher, sinon l'espèce se perd.

Les pignoles sont les pommes de pin. Quand on les jette au feu, sous le trépied, elles font une flambée soudaine qui convient aux grillades. Le matin, elles permettent, en soufflant dessus, de ranimer les braises de la veille en sommeil sous la cendre; ainsi, on économise une allumette.

Adrien était un mycologue averti. Il devait sa science à Jeff et à son grand-père Léonce. Il savait distinguer les vrais champignons des faux (car la nature aime bien empoisonner le monde si l'on ne prend garde à ses pièges) : le bolet brun, ventru, du bolet à pied rouge qui bleuit au toucher; le rosé des prés et sa cousine la boule de neige de la mortelle oronge ciguë qui prend naissance dans un sac; le mousseron des talus de son faux frère au chapeau pointu; la vraie girolle, tout en or, qui se blottit sous les mousses, de la rougeâtre, tout en cuivre (mais on peut cueillir la quasi noire, dite trompette-de-la-mort, qui n'a jamais fait mourir personne); le pezize, ou vesse-de-loup, qui n'est bon à rien, qu'à éclater sous la semelle en projetant sa poudre jaune. Adrien en connaissait assez pour cueillir une cuite.

Ils partirent donc tous les deux, encerclés par les gambades de Tobie, chacun muni d'une musette et d'un grand sac pour les pignoles. Tant qu'ils furent dans les pâturages, ils marchèrent séparés, les yeux à terre, cherchant à découvrir parmi l'herbe le crâne blanc des pratelles. Adrien leur tranchait le pied, les expliquait à la Marseillaise et les déposait dans sa musette à elle pour lui laisser croire ensuite qu'elle les avait trouvées. Mais bientôt, elle fut en mesure d'en cueillir quelques-unes, qu'elle soumettait à son jugement.

Ils arrivèrent au bois des Cent-Loups. Elle y pénétra en frissonnant, à la pensée de ces fauves dont parlaient tant d'histoires, tant de fables, tant de grand-mères. Elle se disait bien qu'ils n'existaient plus depuis longtemps, qu'il n'en demeurait que le nom. Mais sait-on jamais? Si par hasard il en restait un sur les cent, assez malin pour avoir survécu? Tobie suffirait-elle à le mettre en fuite? Aussi ne s'écarta-t-elle pas d'Adrien, comptant sur sa protection.

– On va d'abord, décida-t-il, s'occuper des pignoles.

C'était facile : le sol en était tapissé. Il suffisait de se baisser, on les ramassait à pleines mains. Toutefois, il en fallait beaucoup pour remplir un sac. Et beaucoup de patience. D'autant plus que mille choses les distrayaient. Sur les framboisiers, les dernières framboises. L'envol d'une pie et son ricanement : *ca-ca-ca-ca-ca*. Un autre cri, descendu de très haut, pareil à un miaulement.

– Qu'est-ce que c'est?

– Le miarou. L'oiseau des poules. La buse. Elle les emporte dans ses serres. C'est pourquoi, elles courent se cacher sitôt qu'elles l'entendent.

Les troncs des pins dont la résine formait de petites stalactites jaunâtres. La provocation des champignons qui se montraient un peu partout, des bistres, des verts, des violets, des bigarrés.

– Je parie que j'aurai rempli mon sac avant toi.

Elle voulut relever le défi. Les pignoles lui piquaient les mains, qu'elle avait petites et qui n'en ramassaient qu'une paire à la fois. Tandis que lui, avec ses battoirs... « C'est pas juste », se dit-elle. Ils étaient pareils à deux lutteurs qui ne sont pas de même catégorie. Elle s'agenouilla sur la terre mouillée, se servant de sa paume comme d'une pelle, poussa les pommes de pin dans la bouche du sac. Mais elle engouffrait un peu de tout, bois, mousse, feuilles.

– Tu ramasses n'importe quoi! protesta-t-il. Travail de goujate!

Humiliée, elle se redressa, s'épousseta et dit que, puisque c'était ainsi, elle ne ramasserait plus rien. Il la considéra d'un air moqueur, puis:

– Ramasse au moins celles-ci!

Il commença de la bombarder avec des pommes qu'il puisait dans son sac quasi plein. Au jugé. Deux pignoles de suite l'atteignirent au visage. Elle cria, se précipita sur lui, les griffes en avant. Le saisit par son nez, qu'il avait long et large. Pour se dégager, il la bouscula. En reculant, elle trébucha, tomba à la renverse. La mousse la reçut. Comme il avait fait précédemment sur les rives du Lagnon, en un clin d'œil il s'assit sur ses genoux, lui fit toucher les deux épaules. C'était vraiment le combat d'un poids lourd contre un poids plume. Satisfait de sa victoire, il s'écarta, se remit debout. Et elle, vaincue, mais non anéantie, le doigt pointé vers le sud:

– Quand je retournerai à Marseille, je dirai à tout le monde que tu as un *naz de rito*! Un nez de cane!

– Et moi, je dirai à tout le monde que tu pisses dans tes culottes!

– C'est pas vrai! C'est pas vrai! Ça m'est arrivé qu'une fois, parce que tu m'avais fait des chatouilles. Menteur! Sale menteur!

Rouge de honte et de fureur, elle suffoquait. Soudain, elle éclata en sanglots. Il en resta pétrifié. Puis, voyant qu'elle pleurait de vraies larmes, par les yeux et par le nez, il dit doucement :

– Arrêtons, arrêtons. Viens, je t'aiderai à ramasser tes pignoles.

Comme elle avait un mouvement de recul, il ajouta :

– C'est pas vrai. Je dirai à personne que tu pisses dans tes culottes.

– Mais non! Je pisse pas!

Il ne savait comment la calmer. Se rappelant le geste de sa mère lorsqu'il lui avait fait une scène de jalousie, il s'approcha, se mit à genoux, la prit dans ses bras, attira sa tête contre sa poitrine. D'abord très raide, elle finit par s'abandonner.

Un long moment, elle resta ainsi, encore toute secouée.

Puis l'orage s'apaisa.

Arc-en-ciel. Quelques gouttes encore.

Elle leva vers lui son visage barbouillé :

– J'entends ton cœur. Il fait *boum-boum... boum-boum... boum-boum...* Comme la chanson de Charles Trénet.

– C'est, expliqua-t-il, parce que je suis vivant.

Il ouvrit les bras. Elle s'écarta un peu, consolée. S'essuya les yeux sur sa manche. Ils restèrent assis côte à côte. En plein armistice. Sans défaite ni triomphe.

– Le mien bat aussi, dit-elle. Écoute.

Il colla son oreille contre sa poitrine. Après quelques recherches :

– J'entends rien.

– Alors, c'est que je suis morte.

– Si, si, le voilà. *Boum-boum... boum-boum... boum-boum...*

Au terme de leurs auscultations, ils se relevèrent, remplirent leurs deux sacs de pignoles et leurs musettes de champignons. Tobie mangeait de l'herbe pour se purger. Ensuite, ils redescendirent au Cayrol en se tenant par la main. Comme un frère et une sœur. Comme deux fiancés.

Léonce fut la première personne qu'ils rencontrèrent.

– On revient, dirent-ils, des champignons. Au bois des Cent-Loups.

– Vous en avez trouvé beaucoup ?

– Hou ! fit Zénaïde. Des palanquées !

– Des quoi ?

– Des palanquées.

– C'est une espèce que je connais pas.

– Non. Ça veut dire : des quantités.

Le vieil Auvergnat n'était pas un travailleur du port ; il ne savait pas que la charge d'un palan s'appelle une palanquée.

Céleste vida les musettes sur la table et passa l'inspection de chaque pièce, écartant celles qui lui semblaient douteuses. Elle découpa les cèpes en tranches, tranchettes et tranchounettes, les exposa au soleil pour les faire sécher. Elle garda pourtant assez de champignons frais pour en faire une cuite.

Depuis que chacun avait entendu battre le cœur de l'autre, il n'y eut plus entre eux aucune espèce de chicane. Plus de coups de sabot par inadvertance. Plus de railleries. Presque plus. Une sorte de miracle. On les vit travailler de conserve, éplucher les truffes, gratter les pastonades, effiler les fajoles, mélangeant à plaisir leur français et leurs patois, s'étonnant des ressemblances, riant des différences. On les vit transporter ensemble des gerbes de seigle ou des bûches pour la cheminée sans se faire concurrence, mais s'entraidant, se soutenant comme deux vrais compagnons. Les grandes personnes durent bien remarquer cette transformation, se demandant ce qui s'était passé.

Ils menèrent les porcs à la glandée, les poussant d'un commun accord avec des baguettes feuillues. Un jour que Léonce avait besoin de Jeff pour d'autres besognes, il accepta, à titre d'expérience, de les laisser jiter avec les quatorze vaches et les secours de Tobie. Une fois dans les pâtures, ils jouaient avec la terre, avec les plantes, avec l'eau. Adrien lui montra comment on tresse des joncs; il en fit une cage où ils enfermèrent une sauterelle. Ils la taquinèrent avec une paille, comme ils avaient fait avec la libellule; puis ils finirent par lui rendre la liberté. Il avait emporté son pradel, car un vacher sans couteau est aussi incomplet qu'un gendarme sans képi. Un pradel, il est vrai, assez trasse, muni d'une seule lame. Léonce, lui, possédait un laguiole à trois pièces : une forte lame, un poinçon, un tire-bouchon. Capable de ciseler une canne, d'ouvrir les noix, de fendre une baguette, de rogner un onglon ou une corne. Et même de percer le flanc d'une vache atteinte de la gonfle, que les vétérinaires nomment « météorisation », quand elle a mangé de l'herbe mouillée ou du trèfle sauvage. Jusqu'à ce que le poinçon atteigne la panse. Il faut introduire alors une branche de sureau évidée de sa moelle. Le gaz s'échappe en produisant une odeur épouvantable, la bête est sauvée. Drien avait assisté à cette sorte de sauvetage. Avec son pradel, plus modestement, il voulut découper un sifflet dans une branche de vergne. Mais ce n'était pas la saison de la sève montante, l'écorce se détachait mal, malgré la chansonnette qu'il fredonnait pour l'y encourager, tout en la martelant sur son genou :

Oppe! Oppe! Sabe bien!
Cal reire anelh s'es bon ten.
Belèu deman plorarem.
Hop! Hop! Décolle-toi bien!
Faut rire aujourd'hui s'il fait beau.
Peut-être nous pleurerons demain.

Mais l'écorce se fendit. Il dut tout reprendre à zéro. La seconde tentative ne fut pas plus heureuse. Il renonça au sifflet.

Zéna voulut aussi montrer qu'elle n'était pas dépourvue de savoir-faire. Avec le même pradel, elle découpa des mottes rondes, piqua dedans des bûchettes, des nervures, des brindilles; elle les orna de petits cailloux dorés, les transporta sur un espace tondu par les vaches. Et ces mottes devinrent soudain des îles. Comme celles qu'on voit au large de Marseille, l'île Ratonneau, l'île d'If, l'île Pomègues, l'île Riou. Toutes couvertes de châteaux, de ruines, de tours, de canons, de phares, de calanques. Tandis qu'à l'entour, la mer Méditerranée palpitait et scintillait, tel le miroir aux alouettes. Ah! elle lui fit faire un beau voyage!

Ils pratiquèrent des jeux de force et d'adresse. A qui cracherait le plus loin. A saute-mouton, qui s'appelle en auvergnat « saute-l'âne ». Aux cachettes. A colin-maillard, qui se dit en provençal « la mouche-aveugle ». Les vaches se gardaient toutes seules, sous la surveillance de Tobie.

Adrien s'assit dans l'herbe, sortit un pied de son sabot et, se disloquant, le porta derrière sa nuque. « Fais-en autant! » Mais elle refusa d'essayer, disant que pour cela elle devrait montrer sa culotte, ce qui est très malappris chez une fille. Même si elle avait dû la montrer le jour du bain dans la serve.

Des jeux de malice :

– Veux-tu voir le diable ?... Ferme les yeux. Mets tes deux mains sur la tête.

Puis, passant par-derrière, il lui mordait les doigts,

pas trop fort, sans l'intention de lui faire mal. « As-tu senti les dents du diable ? »

Il lui apprit le *crompunpiot* : j'achète un dindon. Il consiste à faire deviner le nombre de cailloux qu'on tient cachés dans une main. « Quand on devine, qu'est-ce qu'on gagne ? – Un poutou sur le nez. »

Ils avaient aussi parfois, sous le tilleul, des conversations sérieuses. Elle demanda ce qu'il voudrait faire quand il serait grand. Réponse : paysan, comme son père et son grand-père. Il n'avait aucune autre envie. « Et toi ? » Elle répéta ce qu'elle espérait : devenir une bonne sœur. Elle n'aurait ni mari ni enfants. Voilà pourquoi elle ne jouait jamais à la poupée, comme les autres filles. Bofi ? Ce n'était qu'une bête. Elle ajouta que, cependant, si elle trouvait un garçon comme il faut, gentil, beau, riche, elle accepterait peut-être quand même de l'épouser. Adrien pensa qu'il n'avait aucune chance : il n'était ni riche, ni très gentil, ni beau avec son nez de cane ; il se fit aussi la réflexion que d'ailleurs ça lui était bien égal, il n'avait pas envie de se marier, vu que les femmes veulent toujours commander et jamais obéir. Il pensait à sa mère, à sa grand-mère, à ses tantes, à ses institutrices.

Zéna demanda tout à coup :

– Est-ce qu'il y a des divorces, par ici ? A Marseille, ça arrive souvent.

Il secoua la tête. Non, il ne connaissait point autour de lui de maris et de femmes séparés. Excepté ceux qui étaient prisonniers en Allemagne, comme son père Denis Rouffiat et son oncle Guignabert ; mais ils reviendraient quand la guerre serait finie.

– Si je demande ça, dit-elle, c'est à cause que je me fais beaucoup de soucis pour les petits écureuils de ce tilleul, parce qu'ils vivent avec leur père seulement qui a de longs poils dans les oreilles.

– Et la mère ?

– Ma sœur dit justement qu'elle doit être divorcée. Elle les a abandonnés. Et ils sont bien malheureux. Si je me fais religieuse, j'abandonnerai jamais les miens, parce que j'en aurai pas.

Les matins suivants, elle voulut encore se lever très tôt pour voir le comportement de la famille écureuil. Elle ne remarqua rien de nouveau, sauf que les petits grandissaient et qu'ils prenaient de la queue.

La mi-septembre amena l'arrachage des pommes de terre. On allait au champ transportés dans un tombereau que tiraient deux vaches rouges. Précédées de Jeff, son aiguillon sur l'épaule. La terre un peu séchée, pas trop, se prêtait bien à la besogne. Léonce et l'Irlandais travaillaient de la pioche à deux dents, le fer luisait très haut sur leurs têtes, s'abattait à distance du pied pour ne pas blesser les tubercules, s'enfonçait profondément. Puis chacun empoignait la plante par le cou, secouait la grappe, une ligne de truffes blanches et lisses se formait derrière lui. Alors intervenaient les trieurs-ramasseurs. Augustine et Amélie prenaient les grosses et les moyennes, en remplissaient des sacs. Les enfants, de leurs mains fines, ramassaient les petites, destinées aux cochons. En fin de journée, les deux hommes chargeaient les sacs dans le tombereau.

Zénaïde n'avait jamais pratiqué ce travail avant l'Auvergne. Jamais elle ne s'était rendu compte combien la terre est basse. Appliquée à la collecte de ses œufs de pigeons, elle eut bientôt l'échine douloureuse. Près d'elle, au contraire, accroupi sur ses sabots, Adrien semblait infatigable. Il venait même l'aider quand elle prenait trop de retard, comme il avait fait pour les pignoles dans le bois des Cent-Loups. Devant, c'étaient Augustine et Amélie, avec leurs gros pétadous. Celui de la première plus modeste, comme il convenait à une jeune fille. Tout par un coup, Drien lui tendit quelque chose. Une truffe. En forme de cœur. Peut-être, selon les raisonnements de Jeff, démontrait-elle l'existence de Dieu, à l'exemple de la potentille. Comme elle hésitait à la prendre :

– C'est pour toi, dit le garçon.

– Qu'est-ce que j'en fais ?

– Tu as remarqué sa forme ? C'est très rare. Ça porte chance.

Elle la considéra sur ses deux faces, l'essuya entre ses doigts, se demandant si elle avait besoin de chance. Elle en avait reçu une très grande de naître à Marseille, dans une famille amusante, où l'on ne s'ennuyait jamais, même si l'on ne mangeait pas tous les jours à sa faim. De venir ensuite chez ces Auvergnats qui la traitaient comme leur fille, l'avaient guérie en quelques jours de sa gale, de sa verrue, de son anémie ; elle serait plus tard, si Dieu voulait, une religieuse bien nourrie, bien chauffée, bien logée, bien habillée. Que lui fallait-il de plus ?

– Tout le monde a besoin de chance, dit Adrien, comme s'il avait deviné sa question.

Elle glissa donc la truffette dans la poche de son tablier et n'y pensa plus.

Le soir, dans sa chambre, lorsqu'elle se déshabilla, la pomme de terre roula sur le plancher avec un petit bruit mou. Elle la ramassa, l'observa un moment, puis la plaça sur la table à toilette, à côté de sa brosse à dents.

Le *Casino* de Murat vendait du raisin bleu arrivé du Midi. Sans tickets. Mais le gérant le rationna de lui-même :

– Pas plus d'un kilo par famille !

Ayant eu l'occasion d'y descendre, Mélanie Guignabert acheta ce qui lui revenait. A la vue de ces grappes pas trop mûres, tous les Rouffiat poussèrent des cris de gourmandise. Vint le moment de les partager. Léonce et sa Vieille renoncèrent tout de suite à leur portion, sous le mauvais prétexte que le verjus leur agaçait les dents. Il fallut leur forcer la main. Après la distribution, il restait une grappe qu'Adrien et Zéna emportèrent aux champs et qu'ils consommèrent grain à grain - un pour toi, un pour moi; un pour toi, un pour moi – à la manière des voleurs de noix du conte. Vous savez bien : ces deux coquins qui en avaient rempli un grand sac, et s'en faisaient le partage derrière le mur du cimetière, honnêtement.

12

Les pluies septembrines avaient aussi fait pousser une herbe tendre et pâle comme la laitue, on avait envie de la manger en salade. Les prés du domaine, la vallée du Lagnon et toutes les campagnes environnantes en étaient tapissés. Les vaches revenaient des pâturages avec des pis comme des outres, qui les entravaient au moment de clore. Jamais leur lait n'avait été si crémeux. Chaque matin, le laitier de Murat levait trois bidons pleins et laissait trois bidons vides. Le temps était venu de faucher et engranger le *reviure* – littéralement le « revivre » –, le regain. Tout se passa comme la grande fenaison, sauf qu'il eut quelque peine à sécher à cause d'un ciel nuageux. On le rentrait incomplètement sec. Cela ne lui portait pas tort, à condition d'être servi le premier, car il fermentait et s'échauffait dans la fenière. Les vaches s'en montraient friandes.

C'était le moment où il recevait la *mesclade.* Le mélange. Une sorte de fromage que Zéna ne connaissait pas encore et qui, pour tout dire, ne lui était pas vraiment destiné. La fabrication en était longue et compliquée. On en parlait après avoir longuement remué le piston de la baratte pleine de crème où le plus gras se rassemblait pour donner le beurre. Les trois jeunes femmes y mettaient la main, à tour de rôle. Et aussi les deux enfants. *Plouf-plouf* ! faisait le piston, comme celui de la locomotive. Une fois le beurre lavé, formé en motte sur l'*esparadouire*, gravé de fleurs au moyen de la cuillère de bois, il restait un liquide blanchâtre que Céleste faisait chauffer dans un chaudron. Des grumeaux y apparaissaient, qu'elle réunit à l'écumoire dans un torchon de toile tenu par ses quatre coins. Après l'avoir bien serré, elle suspendit cette sorte de sac à un clou du plafond de la salle. Les gouttes pleuvaient une à une sur les dalles du sol, immédiatement léchées par Fifi, Fofo, et Fanfan. Mais Drien aimait aussi se placer dessous, la bouche ouverte, pour en recueillir quelques-unes. Zéna suivit son exemple. Cela devint un jeu, à qui les recevrait le plus adroitement, car elles leur tombaient parfois sur le nez, dans l'œil, sur le menton. Quant au sérum qui restait dans le chaudron, sous-produit du sous-produit, il fut donné aux gorets : rien ne doit se perdre dans une borie bien ménagée.

On pouvait s'en tenir là. Se contenter de ce fromage blême, la *boutiste*, qui résultait de l'égouttement et que le Français de Paris nomme babeurre. La boutiste cantalienne se mange dans l'assiette ou bien en tartines. Plus dense, plus nourrissante, moins rafraîchissante que la caillée. Le Velay, le Gévaudan l'appellent *sarassou* et la consomment de même. La Basse Auvergne, *burique*, et en fait des buricous ou gaperons ; ils ont la forme conique du Puy-de-Dôme. A partir de la boutiste, Céleste, elle, préparait la mesclade. Y ajoutant de l'ail râpé, du poivre, du sel. Le tout pétri et tassé dans une toupine, un pot de terre, recouvert d'une étoffe à trous, fut placé au milieu du regain en fermentation. Signalé par une fourche. Il devait y rester trois semaines, enveloppé de chaleur, fermentant à son tour. Pas davantage. « Sinon, tu retirerais la mesclade toute barbue, il te faudrait l'épiler à la cuillère. »

Vint le moment de la consommation. Tout le monde

n'est pas armé par la nature pour apprécier cette denrée. Il y faut des papilles aguerries. Zénaïde voulut y goûter. On lui en donna une parcelle sur une lichette de pain. Tous les regards convergeaient sur elle. On s'attendait à la voir courir dehors et cracher la mesclade comme la mousse dentifrice. Mais elle témoigna en cette occasion d'un beau courage. Elle mastiqua, hésita, déglutit, tandis que des larmes lui montaient aux yeux.

– C'est fort, mais c'est bon, dit-elle en faisant une horrible grimace.

– En veux-tu encore ?

– Non, merci. Ça me suffit.

Elle resta une heure la bouche ouverte et embrasée.

Il persistait à peine une trace de verrue à l'intérieur de son pouce. Suivant la recommandation de Léonce, elle s'était bien gardée d'aller voir ce que devenait la couenne dissimulée dans la muraille de la fenière. La tentation était pourtant très forte. Notamment quand les deux hommes entreprirent de battre les gerbes de seigle sur le *capsòu*, l'espace de plancher qui leur servait d'aire. Le Cayrol produisait trop peu de grain pour employer la batteuse, comme les fermes de la Planèze. Les deux fléaux montaient, descendaient, se relevaient, retombaient alternativement, sans jamais se heurter. Une danse bien réglée, sans autre musique que les percussions. Une poussière irritante fumait de la paille. Venue en spectatrice, la drôlette sentait derrière elle la cachette du lard, comme un chatouillement d'herpès, difficilement supportable. Seuls les fléaux en mouvement pouvaient la retenir.

Après chaque paillée, les deux hommes écartaient les gerbes dégrainées, les liaient de nouveau, les amoncelaient au fond de la grange. Il fallait ensuite vanner le grain dans le tarare, en plein air. A ce point, les deux enfants intervenaient, se relayaient pour tourner la manivelle du ventilateur. O joie de se sentir utile! De gagner un peu le pain qu'on mange, au lieu de le recevoir par charité! Le seigle coulait par l'exutoire comme fontaine, remplissait le sac que Jeff emportait sur ses épaules, allait répandre à nouveau sur les planches du grenier, au faîte de la maison des hommes. Plus tard, il irait le retourner fréquemment à la pelle de bois pour l'empêcher de moisir. Grâce aux services de Fifi, Fofo et Fanfan, les rats en mangeaient peu, car une ferme sans souris est aussi rare qu'un chien sans puces.

A force de réclamer, Zéna était employée à diverses tâches. C'est elle qui enfilait les aiguilles de Céleste, déjà presbyte bien qu'elle eût à peine atteint la quarantaine.

– Prête-moi tes yeux, disait-elle.

Elle aidait la Vieille à filer la quenouille. Une pratique perdue depuis des années et qui revenait, non point par mode, mais par nécessité à présent qu'on ne trouvait plus écheveaux ni pelotes dans les merceries. Coucoulagne, le berger communal, lui avait vendu des toisons de ses brebis personnelles. Des toisons qu'il avait fallu laver, dessuinter, faire sécher au soleil. Ensuite, venait l'écharpillage qui consiste à réduire la laine brute en flocons. Que dis-je? En mousse. Que dis-je? En vapeur. Les petits doigts de Zénaïde faisaient merveille à cette tâche. Après cela, Louise remplissait la cage de sa quenouille de cette substance quasi immatérielle; en tirait des pincées que le fuseau tordait et changeait en fil. Celui-ci s'enroulait autour de lui, ce qui fournissait une réponse à la devinette : *Plus je valse, plus je deviens ventru; qui suis-je?*

Au jardin, elle cueillait les groseilles, les fraises qui mûrissaient ici-haut avec deux mois de retard sur celles du Midi. Elle aidait à ramasser les prunes secouées – ces prunes noires qui sont rouges quand elles sont vertes – et les nèfles qui devraient ensuite, longuement, patiemment, se ramollir sur la paille et qu'on ne mangerait qu'à la Noël. Et même à planter l'ail : Léonce creusait de son plantoir un trou profond dans lequel elle enfonçait une gousse, la pointe en haut; et ça tombait bien : le Vieux souffrait de raideur dans le râteau de l'échine.

Elle accompagnait au pré Bébert le cochon, Rosette la truie et ses porcelets. S'ils s'éloignaient un peu trop, elle les rappelait par ce cri bizarre qu'ils comprenaient :

– *Gourtou! Gourtou! Gourtou!*

Ils accouraient aussitôt, les petits s'entravant les uns dans les autres, derrière les lourdes tétines de leur mère. Bébert s'était pris pour la drôlette d'affection et la suivait comme un chien. Il serait entré derrière elle dans la grand-salle si elle ne lui avait fermé le clédou au groin.

Quand elle ne participait pas, du moins elle tenait compagnie. Ainsi à Jeff lorsqu'il partageait en tranches, sur un billot, les grosses raves : elles font les délices des vaches et leur donnent du lait. S'il manquait de lumière, elle tenait bien haut la lampe-tempête dont elle déchiffrait la marque gravée sur le réservoir : *FEUERHAND Made in Germany.* Sa flamme dentelée ressemblait à une main ouverte. L'Irlandais lui expliqua que cet objet avait été fabriqué en Allemagne. Ainsi, étrangement, le pays ennemi, l'envahisseur, l'affameur, le démolisseur de Marseille éclairait leur besogne crépusculaire. Parfois, elle dérobait une tranche de rave et la mangeait toute crue, la mâchouillant longtemps pour exprimer son jus à la fois rude et sucré. « Je comprends que les vaches aiment ça, pensait-elle. Si j'étais vache, je ne voudrais pas d'autre nourriture. » Elle pensait souvent : « Si j'étais mouton, si j'étais lièvre, si j'étais poisson, si j'étais écureuil, si j'étais hirondelle, si j'étais taupe... » Grâce à ces métempsycoses, elle savait courir, voler, nager, grimper aux arbres, fouir la terre.

Elle tenait compagnie à Aubagne, son veau-filleul,

retenu dans son parc pour être engraissé au plus vite. Elle savait qu'il devrait partir prochainement. Il tournait vers elle ses gros yeux humides et tristes. Elle caressait son échine veloutée, lui saisissait une oreille et parlait dedans comme on parle au téléphone :

– Allô ! Allô ! Ici Zénaïde Pujol, ta marraine. J'aurais bien voulu que tu reste au Cayrol. Il paraît que c'est impossible, hélas.

Il secouait la tête, ennuyé de cette conversation, et mugissait doucement, appelant sa mère au pâturage. On le bourrait de raves et de regain. Un matin, un homme en blouse rayée arriva dans sa camionnette. Aubagne fut palpé, discuté, estimé, puis suspendu par une sangle et pesé à la grande romaine ; l'homme la maintenait horizontale à hauteur de son épaule au moyen d'une barre. Il chaussa ses lunettes pour lire le poids, retrancha deux kilos pour les cordes et l'urine, dit :

– Ça fait tant. Prix fixé par la Réquisition.

Il n'y avait pas à discuter. Zéna dit adieu à son filleul, les larmes aux yeux.

– Pourquoi pleures-tu ? demanda Léonce.

– Parce qu'on va le tuer.

– Pas du tout. Sais-tu qui est cet homme à la blouse ?... Un Poitevin. Un du Poitou. Il va élever notre veau pour qu'il devienne plus tard un bœuf. C'est un spécialiste.

– Mais... quand il sera bœuf... on le tuera !

– Que veux-tu ! Les animaux, c'est comme les personnes. Nous devons tous mourir un jour.

– Et pourquoi vous ne l'avez pas gardé, vous, pour en faire un bœuf ?

– On peut pas tout avoir, le lait et la viande. Nous avons choisi le lait.

– Vous avez bien élevé Coquette !

– Coquette est une génisse. Nous gardons les femelles, pas les mâles.

Mais qui eut le plus gros chagrin ? La Lyonne,

quand elle se retrouva, ce même soir, dans l'étable et qu'Aubagne ne vint pas sous son ventre. Elle l'appela par de longs mugissements, tournant sa tête désolée vers le parc où il n'était plus. A la traite, elle retint son lait. Il fallut la tromper, garnir sa mangeoire avec la paille qui restait dans le parc du veau, tout imprégnée encore de son odeur.

Les feuilles des hêtres jaunirent, en commençant par les extrémités. L'automne arrivait ici plus tôt qu'en bas; mais la rentrée de l'année scolaire 1943-44 eut lieu comme partout le 1er octobre. Le concours des enfants, devant le four communal, se doubla ce jour-là d'une seconde cohue dont étaient responsables l'*abir,* le troupeau communal, et son berger Coucoulagne, avec son sanlhe sur l'épaule, sa musette dans le dos et sa barbe de prophète. A partir de la Saint-Michel, il ne dormait plus sous les étoiles, dans sa cabane roulante, à côté de ses moutons parqués, mais sous ses propres tuiles; le soir venu, à l'heure des anémones, il ramenait les brebis à leur bercail, mangeait la soupe chez tel ou tel de ses employeurs, alternativement, et regagnait sa tanière. Chaque matin, il devait donc les récupérer. Pour ce, il soufflait dans son clairon, un instrument fabriqué de ses mains avec une trompe d'automobile et beaucoup d'ingéniosité. Sitôt que ses sons déchirants parvenaient dans les bergeries, les ouailles en sortaient et se dirigeaient vers leur berger. Toutes bêlantes à qui mieux mieux. Et agitant leur clarine. Qu'on ajoute à cela les aboiements de deux chiens bâtards aussi dépenaillés que leur maître, les oreilles pendantes, les yeux disparates, un jaune et un marron. Le tout produisait devant l'école du haut un beau charivari. Mais sur un geste du pastre, l'abir se mit en route vers les côtes, les friches, les prés déjà tondus où il avait libre pâture. Laissant derrière lui, en sillage, sa bonne, sa chaude odeur de suint.

Une fois la montagne atteinte, Coucoulagne veillerait nuit et jour sur les moutons, les béliers, les brebis, les agneaux. Attentif et compétent, il les garderait des broussailles, des marécages, des tourbières, des rayons excessifs du soleil. Nul comme lui ne savait soigner leurs incommodités : le piétin qui les fait clopiner ; l'œillade qui les rend presque aveugles ; les cordes qui tirent vers la terre la tête des petits ; la maladie du fiel qui les tient la bouche ouverte et la langue pendante ; la gonfle qui les étoufferait ; la morve qu'il faut moucher avec une poignée d'herbe sèche ; le tournis qui les fait toupiller. Sans parler des fractures ni des agnelages.

Pour l'aider dans son gouvernement, ses chiens le comprenaient à merveille. Il suffisait d'un geste de la main, d'un coup de sifflet pour qu'ils partent dans la bonne direction et ramènent la brebis égarée, lui aboyant aux jarrets sans la mordre.

Au printemps, c'est lui encore qui les tondrait avec les forces, ces ciseaux plurimillénaires. Chaque propriétaire le rémunérait en fonction des animaux qu'il lui confiait. De plus, il avait le droit d'en élever un certain nombre, dont il vendait la laine et la chair.

Meneur de troupeaux, Coucoulagne savait aussi se faire meneur d'hommes. Pas une noce albepierroise, avant la guerre, qui n'eût recours à ses services : il allait en tête du cortège, jouant de son accordéon diatonique. Après le festin, auquel il participait, il faisait gambiller les convives, bien qu'il ne connût que deux airs : une marche, *Riquita*, et une bourrée : *J'ai vu le loup, le lièvre et le renard danser.* Il les exécutait inlassablement, jusqu'à l'aube suivante. Cela suffisait à la clientèle. Il ne demandait pas d'autre salaire que de bien boire et bien manger. Le gouvernement de Vichy ayant interdit les bals aussi bien publics que privés, les noces maintenant avaient lieu sans musique. Coucoulagne y perdait de bonnes lippées.

En hiver, par temps de neige, quand les bêtes restaient au chaud, on le voyait errer par les rues, ennuyé comme une âme en peine, et on l'entendait parler seul, se raconter des histoires, une main au coin de la bouche pour empêcher ses paroles de s'envoler.

Ce 1er octobre 1943, la directrice, Mme Rigal, toléra un certain retard dans la rentrée, ne pouvant empêcher ses propres ouailles de regarder celles de Coucoulagne. Lorsque l'abir se fut éloigné avec ses musiques, on put enfin passer aux choses sérieuses. Elle distribua ses nouveaux effectifs dans les diverses classes. C'est ainsi que Zénaïde Pujol passa dans la classe des grands où Rouffiat Adrien se trouvait inscrit déjà depuis une année. La petite Marseillaise profita d'une occasion pour chuchoter :

– Madame, s'il vous plaît, est-ce que je pourrais m'asseoir à côté de mon frère ?

– Ton... frère ? dit Mme Rigal avec un sourire. Impossible : vous n'êtes pas dans la même division. Toi au Cours moyen, lui au Cours supérieur.

Zéna dut s'y résigner. Elle fut placée à côté de Jérôme Constant. Il appartenait à la plus riche famille de la commune, propriétaire d'une sorte de petit château. Le père, colonel d'aviation en retraite, marié sur le tard, vivait de sa pension et de ses fermages. Chef local de la Légion, décoré de la francisque et de plusieurs rubans multicolores, il était respecté et redouté. La plupart des Arapeyrous lui tiraient leur chapeau ou lui faisaient le salut militaire. A l'église, sa famille et lui-même avaient leurs places réservées. Ostensiblement, au moment de la quête, il déposait dans le plateau un pharisaïque billet bleu de cinquante francs, alors que la plupart des autres paroissiens se fendaient d'un sou rond ou de cinq sous percés. Une fois la messe dite, il avait coutume, avant 39, de paraître à l'un ou l'autre des bistrots Segret ou Rousset. A son entrée, les buveurs assis se levaient comme les enfants de l'école lorsque paraît M. l'Inspecteur. Certains se mettaient au garde-à-vous. Désireux de soigner sa popularité, il offrait une tournée générale. En 1943, à cause des restrictions alcoolisées, le rite se trouvait interrompu ; le colonel se contentait de distribuer des poignées de main.

Jérôme Constant, son fils, s'avéra être pour Zéna un voisin peu supportable. D'abord, il sentait des pieds. Ensuite, quand il écrivait, il s'étalait des deux coudes sur le pupitre. Enfin, il pratiquait le pince-fesse. Le banc sur lequel ils prenaient place côte à côte était composé de lattes parallèles, vissées à leurs deux bouts, à la façon d'un caillebotis. Or l'une d'elles avait perdu sa vis du côté de Constant, de sorte qu'il pouvait la manœuvrer en avant, en arrière et pincer par ce moyen les joues postérieures de la fillette. Exercée par les ruades d'Adrien, elle sursautait mais ne criait pas, héroïquement. Jusqu'au jour où il lui fit très mal, où elle ne put se retenir.

– C'est pas ma faute, dit le coupable. C'est la planche qui bouge toute seule.

Mme Rigal parvint à la revisser. Mais il continua ses vexations, de façon plus hypocrite. Il se plaisait tout spécialement à lui marmonner près de l'oreille, pour être entendu d'elle seule, cet affreux sobriquet qui lui était venu elle ne savait de qui :

– Marseillaise, Bouillabaisse... Marseillaise, Bouillabaisse...

Un jour, dans la cour de récréation, il eut même l'audace de l'interpeller de très loin et très fort :

– Hé ! Bouillabaisse !

Or Adrien Rouffiat l'entendit. Il courut sur Constant, les dents serrées – on voyait le gonflement des muscles aux coins de sa mâchoire –, l'empoigna par le collet :

– Ne répète pas ce mot ! Jamais !

– Quel mot ?

– Ce que tu as dit.

– J'ai dit bouillabaisse. C'est un plat de poissons. Y a pas de mal à dire bouillabaisse. A présent, lâche-moi, *Naz-de-Rito.*

Adrien aurait pu lui rectifier le portrait. Mais c'était un faux violent, comme il y a de fausses maigres. Il se contenta de secouer le fils du colonel, qui cria au secours. Mme Rigal intervint, les sépara, les punit tous les deux : « Vous me copierez cent fois *Jeux de mains, jeux de vilains.* »

A cinq heures de ce même jour, lorsqu'ils remontaient vers le Cayrol, Zéna lui parut plus silencieuse que d'habitude. Drien la considéra, la trouva un peu blanche, c'est-à-dire un peu pâle.

– Ça ne va pas ? osa-t-il demander après un moment.

Elle haussa les épaules sans répondre. Mais il insista.

– Il y a, finit-elle par dire, à l'école, des gens qui ne m'aiment pas beaucoup.

– Qui donc ?

– Constant, Gandilh, ceux qui m'appellent Bouillabaisse.

– C'est pour rire. Chacun a son surnom. Moi, c'est Nez-de-Cane. Biagione, c'est Macaroni. Constant, tu le sais bien, c'est Pigeon-Vole.

Il s'était en effet mérité ce titre parce que, fils d'un colonel d'aviation, il jouait à voler, les bras ouverts en guise d'ailes, dans la cour, sur les places, dans les chemins. Pigeon-Vole.

– Ça ne me fait pas rire, dit Zéna. Si je sens qu'on ne m'aime pas, je quitterai l'école, je retournerai à Marseille.

– Tu ne peux pas sentir ça. Parce que moi...

Il n'alla pas plus loin. A son tour, il haussa les épaules. Il y a des choses qu'on n'a pas besoin de dire.

Quand ils furent au Cayrol, Céleste leur servit de la caillée avec du pain. Ensuite, ils s'assirent côte à côte sur le même banc et s'occupèrent à faire de la même encre leurs devoirs. Un peu plus tard, il commença de copier sur son cahier-brouillon cent fois *Jeux de mains, jeux de vilains.*

– Laisse-m'en faire la moitié, dit-elle.

– Non. Ça ne serait pas la même écriture.

– J'imiterai la tienne.

Lorsqu'il en fut à la cinquantième, il poussa vers elle le cahier. Pour un essai. Elle s'en tira si adroitement qu'il lui laissa terminer la pénitence. Mme Rigal n'y vit que du feu.

Le Chantier 40 de la Molède donnait à la population civile des exemples déplorables. Il devenait de plus en plus le royaume de l'indiscipline, de l'ivrognerie, du gaullisme, du communisme, de l'anarchie. Certains chefs eux-mêmes semblaient contaminés. Mettre ensemble dans la même marmite de la poudre, du soufre, du phosphore, de l'eau bénite, ne peut donner de la bonne soupe. Il faut s'attendre à une explosion. Dans la nuit du 7 au 8 octobre, des maquis armés jusqu'aux dents s'introduisirent dans le magasin avec la complicité des garde-mites, et emportèrent dans leur fourgonnette une quantité d'équipements non défendus.

Les camions du camp faisaient aussi des allées et venues fréquentes et mystérieuses. Parfois chargés de matériels. D'autres fois, transportant des cargaisons de jeunes qui chantaient *La belle-digue-digue* ou *Un soir la sœur Charlotte.* Ces garçons saluaient du bras, interpellaient grossièrement les filles. Or le jeudi 13 au matin, les Albepierrois furent régalés d'une tout autre musique. D'abord, les tentures arrière des fourgons étaient soigneusement boutonnées, de sorte que les occupants se trouvaient dans la situation de bétail en route pour les abattoirs. Ensuite, des vociférations, des huées traversaient les toiles. Un bras sortit par une jointure, lâcha des feuilles blanches que le vent dispersa.

Zéna qui se rendait au catéchisme en rattrapa une, toute chiffonnée. Elle portait quelques mots écrits au crayon : *On nous emmène de force en Allemagne.* Ne sachant qu'en faire, elle la remit à l'abbé Cruèghe. Celui-ci la lut à son tour, puis la froissa, la fourra dans sa manche.

– Ces garçons, expliqua-t-il, sont des volontaires pour la Relève. Ils partent remplacer nos malheureux prisonniers, suivant les recommandations du Maréchal. Récitons ensemble un *Je vous salue* pour que leur mission s'accomplisse au mieux.

Céleste s'aperçut que la paillasse de sa petite pensionnaire avait perdu de son moelleux. Elle suggéra une récolte de feuilles nouvelles. Il fallait les râteler sous les hêtres peu de temps après leur chute, par temps sec, avant qu'elles ne pourrissent. On s'y rendit en groupe, tout en cueillant les noisettes des chemins, ultimes fruits de l'automne. Tous les arbres à présent souffraient de la jaunisse. Il fut facile de remplir plusieurs boges, légères à porter malgré leur volume. Chacun, même les enfants, se chargea de la sienne. On les vida sur le plancher de la grange où elles répandirent une senteur de tisane. Enfin, l'on descendit la paillasse. Son contenu fut déversé dans la rigole de l'étable qui recueillait le purin, lequel se trouva ainsi proprement épongé. La nuit suivante, la drôlette coucha sur des feuilles neuves, toutes bruissantes; son sommeil fut rempli de chants d'oiseaux, de frissonnements, de chlorophylle.

La Toussaint apporte deux jours de congé, parce que c'est la fête des morts. On cueillit au jardin les asters bleus, les dernières roses, et l'on descendit au cimetière d'Albepierre fleurir les tombes des ancêtres. Entre autres, de ce Fernand qui gagnait son pain en proposant de ferme en ferme les services de son étalon Nénesse. Zéna fleurit en pensée celle de son grand-père Pujol, qui était une tête fraîche comme on dit là-bas, un homme joyeux et sans souci; ce qui lui permit de mourir à quatre-vingts ans passés et sans s'en apercevoir, en fumant la pipe. Très aimé de ses petits-enfants, il leur racontait ses navigations aux Indes, au Japon, à Madagascar que sa femme Carmen prononçait « Madame Gaspard ». Il les avitaillait en cacahuètes qu'il volait probablement sur le port au prix de gros. Un jour, sur le coup de midi, quand on l'appela pour qu'il se mît à table, on s'aperçut que sa bouffarde lui était tombée de la bouche, s'était brisée par terre et qu'il ne respirait plus. Voilà comment le papé Pujol cassa sa pipe.

Dans l'église, ils assistèrent à la messe qui prétend n'être pas triste, puisque c'est la fête de tous les saints. Mais comme tous les saints (ou presque) sont morts et que tous les morts (ou presque) apparaissent comme des saints, chaque fidèle y participa tristement. Zéna récita un *Je vous salue* pour tous les défunts de sa famille dont elle se souvenait. Fouillant bien dans les coins et les recoins de sa mémoire. Puis la foule ressortit. Beaucoup d'hommes se dirigèrent vers les bistrots, se demandant si ce premier novembre était un jour sans ou un jour avec. C'est-à-dire sans alcool ou avec alcool, suivant les ordonnances de l'État français. Plus que la croyance en Dieu, l'espoir d'une chopine bue en commun était le véritable motif de leur endimanchement et de leur participation à la messe. Par bonheur, c'était un jour avec. Léonce et Jeff, qui appréciaient aussi la communion liquide, laissèrent aux femmes et aux enfants la disposition de la charrette. « Nous remonterons à pied. »

C'est aussi dans les bistrots qu'ils recevaient les nouvelles du monde, de la guerre qui se poursuivait sur la moitié de la terre. Les Allemands et les Japonais subissaient partout de sanglantes défaites; mais ils se défendaient comme des chiens enragés qu'ils étaient. On échangeait aussi des propos plus légers. Quelqu'un se moqua de Léonce et de ce soupçon de bedaine qu'il avait :

– Oh! Rouffiat! Quand est-ce que tu te fais raboter?

– Le dernier qui a voulu me raboter, je lui ai apporté des fleurs ce matin au cimetière.

Pendant ce temps, sur la place de l'église, les femmes et les drôlets se préparaient à monter dans la voiture, quand Zéna se frappa soudain le front :

– Boudi! J'ai oublié quelqu'un!

– Quelqu'un? Où ça?

– Dans mes prières. Ma tante Roberte, peuchère. Je ne l'ai pas connue très longtemps; mais c'est elle qui m'a donné Bofi, qu'elle avait cousu de ses mains. Faut que j'y retourne.

– Que tu retournes où?

– A l'église. Dire un autre *Je vous salue* pour ma tante Roberte.

– Tu peux aussi bien le dire pendant le voyage. Il produira le même effet.

– Non, non. S'il vous plaît, laissez-moi y retourner. Pour les autres, j'ai prié dans la maison du bon Dieu. En fermant un œil.

– En fermant un œil?

– Je vous expliquerai. Je suis sûre qu'il nous entend mieux quand on est chez lui. Alors, pour ma tante aussi. J'aurai vite fait.

On la laissa repartir. Elle revint essoufflée d'avoir couru, mais heureuse pour la tante Roberte.

Le 11 novembre, en revanche, jour anniversaire de la Victoire de 1918, l'ancienne célébration fut interdite par le gouvernement de Vichy et par les envahisseurs. Les enfants fréquentèrent l'école comme les autres jours. Ce fut une Saint-Martin sans tambours ni trompettes.

13

Un médecin et une infirmière des services officiels vinrent examiner les écoliers. Les filles d'abord, les garçons ensuite. Les ausculter côté pile et côté face. Les toiser. Les peser sur une bascule. Farfouiller dans leurs tignasses pour en compter les poux. Explorer leurs bouches et leurs gargamelles. Adrien Rouffiat fut trouvé en parfait état de fonctionnement; Zénaïde Pujol un peu rachitique. Recommandation : boire davantage de lait, manger beaucoup de fromage, gober des œufs crus. Elle rapporta ces propos à Céleste, en les commentant :

– Moi, je trouve que je bois assez de lait, que je mange assez de fromage. J'ai pas envie de prendre comme Léonce un gros bédélet.

– Moi ? s'indigna le Vieux. J'ai un gros... ?

– Juste un tout petit peu gros.

– C'est mon tricot qui gonfle par-devant.

La mère lui servit donc seulement un œuf cru chaque matin. Gobé dans sa coquille. Ou bien battu dans du lait tiède, sucré d'un peu de miel, suivant la recette du lait de poule. Docilement, elle absorbait ces médications nécessaires à sa santé. Elles eurent toutefois une suite surprenante comme une intrigue policière.

Un jeudi après-midi qu'ils gardaient ensemble les cochons, Adrien commanda :

– Ferme les yeux. Ouvre les mains.

Elle obéit et reçut – quoi donc? – un œuf tout chaud qu'il venait de sortir de sa poche.

– Pourquoi?

– Pour ton rachitisme.

– Mais j'en gobe un déjà chaque matin!

– C'est pas assez. Gobe aussi celui-là.

En même temps, il le perçait par les deux bouts avec la pointe de son pradel. Elle le regarda, émue, soupira :

– Comme tu es gentil, quand tu veux!

Il haussa les épaules; mais il recommanda, en mettant une main au coin de la bouche à la manière de Coucoulagne pour que le vent n'emportât point ses paroles :

– Faudra pas le dire à la maison. Je l'ai pris dans un pondoir. Y en a d'autres. Personne s'en apercevra.

– Tu l'as volé?... Pour moi?

– Oh! volé...

Elle dit cela non point horrifiée, mais émerveillée. Jamais personne n'avait accompli pour elle un tel exploit depuis le grand-père Pujol avec ses cacahuètes. Mais lui c'était, comme il disait, au prix de gros. Qui dit vol, dit prison. Elle songea au four à pain d'Albepierre. Elle vit Adrien enfermé parmi les tatoués de Jeunesse. Mais, avec des précautions, peut-être ne se ferait-il pas prendre. Elle goba donc son œuf, sans plaisir ni grimace, par petites succions, en se frottant le ventre. Quand elle eut entre les mains la coquille vide, elle demanda ce qu'elle en devait faire. Il la prit, l'écrasa finement, dispersa sur l'herbe ses débris, à la disposition des oiseaux du ciel qui ont besoin de manger du calcaire pour faire leurs propres œufs.

La cure des œufs se prolongea régulièrement. Chaque fois qu'ils se trouvaient seuls, même sur le chemin de l'école, Adrien lui en fournissait un tout chaud.

– Céleste, dit Amélie, je crois bien que nos œufs disparaissent. Ce matin, dans un panier, j'en avais compté quatre. Quand je suis revenue les prendre, il n'en restait que trois.

– C'est peut-être une poule qui mange ses propres œufs. La chose arrive quelquefois. Faudra les lever sitôt pondus.

– Quand une poule mange ses œufs, il reste des traces : du jaune, du blanc, de la coquille. Et là, dans le nid, rien du tout.

Plusieurs poules allaient au même. Quelle pouvait être la coupable ? La grise ? La noire ? La rousse ? On les surveilla, on les fila individuellement, sans rien remarquer d'anormal. Or, deux jours après, nouvel effarement d'Amélie :

– Cette fois, une poule a mangé l'œuf en porcelaine !

Il s'agissait de cet œuf factice qu'on met dans les pondoirs pour appâter les poules. Le nouveau curé d'Albepierre, l'abbé Cruèghe, employait la même stratégie envers ses paroissiens : au départ de la sacristie, il déposait dans le panier des quêtes un billet de dix francs pour en attirer d'autres.

Oh ! la surprise d'Adrien lorsqu'il sortit de sa poche l'œuf en porcelaine ! Oh ! le rire de Zéna lorsqu'il essaya de le percer ! Mais il dut bien, ensuite, le rapporter là où il l'avait pris.

– L'œuf en porcelaine est revenu ! constata Amélie.

On élargit la surveillance. Adrien fut pris la main dans le sac. Oh ! sa honte lorsqu'il dut avouer qu'il volait des œufs pour les donner à la petite Marseillaise !

– Si un œuf ne suffisait pas, elle n'avait qu'à le dire ! Est-ce que c'est elle qui t'a demandé de te faire voleur ?

– Non ! Non !

– Alors pourquoi ?
– Parce que.
– Parce que quoi ?
– Parce que.
Il baissait la tête, comme un bœuf à l'attelle. Sa mère l'embrassa, disant : « N'en parlons plus. » Ainsi se dénoua cette intrigue policière. De façon très immorale, puisque le coupable ne fut pas puni. Du moins se trouvèrent blanchies les poules injustement soupçonnées.

Quand les vaches cessèrent de monter aux pâtures, Léonce et Jeff s'en allèrent faire du bois dans la forêt des Cent-Loups où les Rouffiat avaient des intérêts. Naturellement, les deux drôlets firent partie de l'équipe, même si ce n'était qu'avec l'intention de regarder. Une chose qu'ils savaient bien faire. Les jours précédents, le Vieux avait choisi les arbres à sacrifier, marqués d'une entaille. Des pins, des sapins, des épicéas vénérables qui auraient pu devenir, en d'autres temps, des mâts de navire ou des poutres maîtresses. Mais l'époque n'était point à bâtir ni à naviguer. A chaque visite, Rouffiat contemplait avec émotion cette forêt, cadeau des ancêtres qui l'avaient plantée – on distinguait encore l'alignement des arbres – avec la collaboration de la terre, des pluies, du soleil. Ils étaient là devant lui, pareils à des piles de louis d'or qu'à peine il entamerait, suivant ses stricts besoins, et qu'il transmettrait lui-même renouvelées à sa descendance.

De son côté, Zénaïde examinait, comme elle eût regardé une personne, chacun de ces troncs qui montaient vers le ciel, entourés d'une multitude de bras, puis réduits au seul bouquet terminal. Les pins aux longues écailles de crocodile. Les épicéas craquelés sur lesquels des exsudations résineuses formaient des sucettes blanchâtres. Les hêtres lisses et tachetés de clair. Les bouleaux cerclés d'argent. Sous l'effort du vent, l'on entendait des arbres vieillards, perclus et déplumés, craquer de tous leurs membres. A fleur de terre, les racines couraient comme des tentacules. Adrien lui montra comment on pouvait jouer avec eux. Se balancer aux branches pendantes : « On serait à la fête de Murat... » Se faire avec le lichen des moustaches et des cheveux gris : « On serait un grand-père et une grand-mère... » Se construire une cabane avec le bois mort : « On serait deux Peaux-Rouges... »

Cependant, les hommes travaillaient de la cognée et de la scie.

– Tenez-vous à distance ! commanda le Vieux. Je veux pas vous voir.

Ça ne les empêchait pas, eux, de les observer à travers les feuilles des ronciers.

Entamé au pied par les haches, tantôt obliquement, tantôt à l'horizontale, chaque tronc perdait peu à peu de sa substance et s'appointait comme un crayon. Il fallait surtout bien étudier son aplomb et son assise ; prévoir l'endroit où il allait tomber ; dégager l'espace qui devrait le recevoir. Venait enfin le moment périlleux : la cime s'inclinait, les hommes couraient dans la direction opposée pour lui laisser le champ nécessaire.

– Gare ! Gare !

Il hésitait un moment, chancelait, s'affaissait, accélérait sa chute, avec de longs craquements et un envol d'oiseaux terrorisés. En touchant le sol, enfin, il produisait un tremblement de terre.

On dépouillait le géant abattu. On le tronçonnait au passe-partout, on le fendait avec les coins et la masse. Tandis qu'il tirait la scie à double manche, campé fermement sur ses jambes ouvertes malgré sa septantaine bien sonnée, Léonce sentit soudain d'autres craquements : dans ses culottes de velours côtelé.

– Garce de Louise ! grommela-t-il. Elle m'a encore fait prendre ces braies qui me sont devenues trop justes !

La faute à son bédélet. Pas scandaleux, mais perceptible. La Rouffiate pensait qu'un vêtement doit être usé jusqu'à la trame avant d'être mis au rebut. Encore y peut-on récupérer des pièces, des boutons, des talonnettes, des semelles à pantoufles. Aussi faisait-elle durer les culottes de son homme à grand renfort de rapetassages. Voilà pourquoi se produisaient ces déchirures mal placées. Au Vieux revenait l'embarras et la honte d'avoir à les dissimuler en orientant ses arrières hors la vue ; ce qui ne s'accordait pas toujours avec le bûcheronnage.

– Garce de Louise !

Les deux enfants devinèrent son souci et en rirent dans les ronciers. Il prit garde de ne rentrer qu'à la nuit, protégé par les ténèbres. Jeff et les drôles étaient passés devant. Mais sitôt de retour au Cayrol, il fit des reproches à sa femme, même si elle cherchait à paraître plus sourde que d'habitude. La dispute se termina sur des menaces :

– Si t'es pas content de celle qui lave et raccommode tes nippes, t'as qu'à chercher une autre lingère.

– Parfaitement ! Et je la prendrai plus gracieuse que toi ! Et mieux conservée !

Là-dessus, pour mettre un terme à la chamaille, il enfila le trou du maçon, comme il avait coutume de dire pour désigner la porte, et s'en alla parler aux vaches. Quand il revint manger sa soupe, les esprits s'étaient refroidis.

Adrien et Zéna reprirent aussi les cours de catéchisme avec l'abbé Cruèghe. La communion solennelle d'Adrien était prévue pour le mois d'avril 1944; celle de la drôlette, pour l'année 46. Le nouveau curé n'avait pas le talent de son prédécesseur pour rendre la religion aimable. Il ne la faisait pas chanter. Il ne se donnait pas même la peine de l'expliquer : « Inutile de comprendre : suffit d'apprendre. » Robuste, sanguin, la voix rude, il semblait mieux constitué pour mener des bœufs que pour enseigner l'Évangile. Son visage renfrogné semblait inaccessible à la joie aussi bien qu'à la douleur. Il n'était pas de ces gens, comme on dit, qui rient à chaque trou de muraille. Le dimanche, quoique célébrés au plus court, les offices étaient fort ennuyeux. « Il dit sa messe comme il mange sa soupe », chuchotaient entre eux les hommes de la tribune, choqués par cette indifférence précipitée. Les sermons se réduisaient à la longue récitation des *Obits*, des âmes recommandées à Dieu, et à la lecture d'un texte imprimé que l'évêque, sans doute, distribuait aux prédicateurs peu inspirés. A tel point que maints paroissiens et paroissiennes, après avoir de la tête longtemps sonné les cloches, finissaient par s'assoupir. Aussi bien en haut, parmi les hommes, qu'au parterre, parmi les femmes et les enfants. Dans ces conditions, il en arriva un jour une belle à Louise Rouffiat.

Sachant l'église non chauffée en cette saison froide, elle ne manquait pas de descendre à la messe accompagnée de sa chaufferette en terre cuite. Elle la disposait sous sa chaise. Dans la douce tiédeur qui l'enveloppait, le morne discours de Cruèghe aidant, dont elle ne percevait d'ailleurs qu'un vague ronron, ce dimanche-là elle s'endormit sitôt après le *Kyrie*. Elle n'entendit ni le *Gloria*, ni le *Credo*, ni le *Sanctus*. Un peu plus tard, au moment de l'élévation, tandis que chacun baissait la tête, voici qu'elle se réveille en sursaut et s'écriant :

– *Afora! Afora la pola!* Dehors! Dehors les poules!

Elle se croyait au milieu de sa cuisine envahie par la volaille! Rires étouffés. Questions des sourdes qui avaient mal compris :

– Qu'est-ce qui se passe? Qu'est-ce qu'elle a dit?

Réponses chuchotées. Céleste envoya un grand coup de coude à sa mère. Et Louise la plus étonnée de tous! Seul le curé, imperturbable, continua sa fonction comme s'il n'avait rien entendu.

Quand les Rouffiat furent remontés au Cayrol, qu'on lui eut répété ce qu'elle avait fait et dit, la Vieille n'en voulut pas croire un mot. Les traitant tous de menteurs sans vergogne.

– D'abord, à la messe, je ne dors pas. Ensuite, quand je dors, je ne rêve pas. Enfin, quand je rêve, je ne parle jamais à voix haute.

Impossible de l'en faire démordre, malgré le témoignage des enfants qui, affirme un vieux dicton, entre deux mensonges disent toujours la vérité.

Pendant quelques jours, Zénaïde fut empêchée de se rendre à l'école à cause d'une mauvaise toux. Céleste la soigna avec des gargarismes à l'eau salée et la tisane des cinq herbes : menthe, reine-des-prés, thym, potentille, racines de chiendent. Adrien dut faire seul les voyages et tout le monde remarqua sa mélancolie. Peu bavard, peu démonstratif d'ordinaire, il semblait devenu complètement muet. Toutefois, Gandilh lui rendit la parole, alors qu'ils faisaient ensemble un bout de chemin :

– On y sait, va, dit le bec-de-lièvre. On y sait, Nez-de-Cane, pourquoi tu fais la morre.

– Et pourquoi donc que je fais la morre?

– Pasque t'as perdu ta bonne amie.

– Quelle bonne amie?

– La Bouillabaisse.

– Zéna Pujol est pas ma bonne amie. C'est juste une réfugiée. Quand la guerre sera finie, elle retournera à Marseille. Voilà tout.

– C'est pas tout. On y sait que tu voudrais la marier. Tu la défends quand on l'attaque. Tu y portes sa musette...

– En montant seulement, pas en descendant. Vu qu'elle est rachitique.

– On te voit venir. Quand tu l'auras mariée, tu quitteras le pays qui te suffit pas. T'iras vivre dans une ville, à Marseille. Plus que sûr.

Adrien haussa les épaules, écœuré d'entendre de telles âneries. Ces gens de la Molède étaient vraiment aussi bêtes que leurs cochons. Gandilh, cependant, le considérait de ses yeux de carpe, les poings serrés, prêt à riposter si Rouffiat en manifestait la moindre envie.

– Je vais te dire une bonne chose, répondit Adrien. Tu sais ce qu'elle veut faire, plus tard, la Marseillaise ? Elle veut devenir religieuse. Alors moi, j'ai pas envie d'épouser une religieuse.

Il lui tourna le dos et poursuivit sa route.

Un silence inhabituel pesait sur le Cayrol. Quand Adrien s'enquit de la drôlette, Gustine lui répondit qu'elle était couchée, avec de la fièvre et la gorge bien rouge. (Pas de thermomètre médical dans la maison ; on appréciait la température en posant une main sur le front du malade.) Rien d'inquiétant. On n'avait pas appelé le médecin, parce que ce n'était pas l'habitude dans la région de déranger les docteurs pour une misère, comme font les gens des villes. La petite n'avait consommé depuis le matin que deux petits bouillons de légumes.

– Va la voir, dit la tante.

Laissant ses sabots au pied de l'escalier, il monta

sur ses chaussettes, toussotant pour avertir. Et pour montrer, d'une certaine façon, qu'il participait lui aussi au refroidissement. Le visage de Zéna, hors des couvertures, paraissait aussi rouge que l'édredon. Sur l'oreiller, ses cheveux espoumassés formaient une auréole noire. Dès qu'elle le vit, elle s'enfonça sous le drap jusqu'au nez, confuse d'être surprise au lit par un garçon; mais ses yeux luisants étaient braqués sur lui.

– Jour, Drien, dit sa voix étouffée.

– Jour, Zéna.

Ils restèrent ainsi un moment à se considérer, ne sachant que dire d'autre. Puis elle émergea, sourit un peu. Il lui rendit son sourire. Il souriait rarement, plus enclin à se fermer qu'à s'ouvrir.

– Qu'est-ce que vous avez fait à l'école?

– Histoire de France. La maîtresse nous a parlé d'Henri IV.

– Qui c'était?

– Un roi. Le fils d'Henri III. Il mettait la poule au pot tous les dimanches. Il allait à la guerre sur un panache blanc.

– Qu'est-ce que c'était, son panache blanc?

– Son cheval. Il était catholique. Il a voulu devenir protestant. Pour le punir, un moine qui s'appelait Rabouillac l'a poignardé avec un couteau qu'il avait volé, en faisant arrêter d'abord son carrosse par un char de foin, dans une rue de Paris. Ensuite, on l'a écartelé. Déchiré en quatre morceaux au moyen de quatre chevaux attelés à ses bras et à ses jambes. Chacun a arraché son quart.

– Henri IV?

– Non. Rabouillac.

– C'est terrible. Et Henri IV?

– Il est mort.

– Peuchère!

Elle resta au lit cinq jours. Chaque midi, chaque

soir il prenait la peine de venir lui répéter les leçons de Mme Rigal. Zéna l'attendait avec impatience et lui tendait maintenant, hors des draps, une main qu'il gardait un moment dans la sienne. Il exposait les fractions, qui s'additionnent et se multiplient. Les départements français, qui sont 90 et qu'il faut apprendre par cœur comme la table qui est au dos des cahiers. Les participes passés; mais là, il douta de lui et n'insista pas trop sur leur règlement. Parfois, elle l'interrompait pour tousser. Au cinquième jour, elle ne toussait presque plus.

– Merci, Drien, dit-elle. C'est toi qui m'as guérie. *Guérie*, *i-e?* ou *i* tout seul?

– Moi, je mettrais *i-e*.

On la garda encore un peu à la maison, bien enveloppée de doublures. De lainages. Puis elle retourna à l'école. Et, comme ils avaient pris cette habitude pendant la maladie, ils se tenaient par la main.

14

Des lettres arrivaient. D'Allemagne, de Marseille. Pas très explicites les premières, à cause de la censure. Denis Rouffiat, le mari de Céleste, travaillait en kommando dans une ferme, probablement en Poméranie, et s'en trouvait bien. Louis Guignabert, le cheminot, mari d'Amélie, était au contraire à l'ouest du pays, dans une usine : *Nous ne dormons guère parce que la nuit nous sommes dérangés souvent par de grands tremblements.* Sans doute fallait-il entendre qu'il s'agissait de bombardements aériens, ce qui faisait aussi trembler la famille.

De Marseille, Noémie Pujol, la future vedette de cinéma, envoyait des nouvelles du père, de la mère, des frères, de la grand-mère, de la chatte Merlette, tous en parfaite santé, à l'en croire, et heureux comme des poissons dans l'eau. Sauf qu'ils se languissaient de la petite Zéna à en perdre le sommeil, sinon l'appétit, l'appétit on en a toujours trop dans les temps de famine. D'autres choses leur manquaient par conséquent : le bon pain, les pommes de terre, le lard, le saucisson, le beurre, le fromage dont Zéna devait se bourrer chaque jour en Auvergne. Tant mieux pour elle. C'était un appel du pied que les Rouffiat comprirent bien. Mais on ne pouvait envoyer des victuailles par colis postal. D'ailleurs, il ne serait pas arrivé, les bonnes œuvres de la Milice l'auraient intercepté. Ou alors, il eût fallu l'intervention de la Croix-Rouge; mais celle-ci avait assez d'ouvrage avec les prisonniers, elle ne pouvait, en plus, s'occuper des Marseillais. Zéna ne voulut pas cependant laisser les siens sans aucun secours. Surtout Sébastien, le vatemane, en pleine croissance, qui avait un appétit de loup et aurait passé sa vie à dévorer. Elle envoya chaque mois les tickets dont elle n'avait pas l'usage : de pain, de lait, de viande et même de chocolat. Car elle avait droit mensuellement à une tablette de 100 grammes, noire et amère comme la chicorée; ce ne fut pas une grande privation. Elle garda seulement les tickets d'huile et de sucre.

Au Cayrol, on cuisait le pain tous les quinze jours. Aucun besoin d'utiliser le four communal d'Albepierre qui maintenant ne servait plus de prison, faute de tatoués à punir. La borie avait son four particulier, au fond de la cheminée, fermé par une plaque de fonte sur laquelle était sculpté un diable avec ses cornes et sa fourche. Le pétrin, le *milhé*, logeait dans la souillarde; il gardait d'une cuite à l'autre le levain, dans une *toupine*, un pot de terre. La farine, l'eau, ce levain, bien mélangés, bien pétris par les bras nus de Céleste demeuraient ensemble toute une nuit. A monter, à méditer, à songer au bonheur qu'ils allaient procurer à la famille. Tout spécialement à la petite Zéna et au petit Adrien qui avaient besoin de bon pain pour grandir en force et en sagesse. On ne s'intéresse pas assez aux sentiments et aux pensées des nourritures. C'est ce qui explique qu'une préparation, en telles circonstances réussit parfaitement et en telles autres rate, parce qu'on ne l'a pas assez tenue informée. A l'aube suivante, après un dernier pétrissage, la boulangère saupoudrait de farine les *paillassous*, les corbeilles rondes et de peu de profondeur, y déposait la quantité de pâte convenable, qui s'étalait aussitôt et prenait déjà la forme des tourtes futures. La chauffe du four était assurée par les hommes. Ils le bourraient jusqu'à la gueule de genêt sec, de buissons, de fagots, de genévrier. Une allumette là-dessous et les branches pétillaient, le feu ronflait, un peu de fumée s'échappait par les interstices des briques. Le diable de la porte rougissait de plaisir. La chauffe finie, Léonce ratissait les braises et les cendres, les recueillait dans une vieille marmite, balayait la sole avec du genêt vert. Pour connaître si la température était convenable, ni trop basse ni trop élevée, il introduisait un épi de seigle fixé au bout d'une baguette fendue. Si les barbes se contentaient de roussir, le four était à point. Si elles flambaient, il fallait le laisser froidir un peu.

Les paillassous étaient alors renversés sur une pelle de bois ronde, enfarinée. Avec la pointe d'un couteau, le Vieux traçait dessus des fentes esthétiques. Puis il déposait sur la sole, en imprimant à sa pelle un brusque mouvement de recul, chaque boule scarifiée au fond du four ardent qui s'éclairait de sa propre lumière. Aucune ne devait *baiser* sa voisine. A mi-cuisson, on enfournait un certain nombre de boules plus petites, pétries avec du lait, qui portaient le nom de *poumpo parado*; les grosses comme le poing celui de *poumpidou*. Aux trois quarts de cuisson, venaient les pommes de terre au plat, couronnées de lard. Des toupines de pois secs qu'on avait mollifiés deux jours dans l'eau, avec des pieds de cochon. Toute la maison, tout le paysage, tout le Cantal sentaient bon la fumée de genêt qui a odeur de réglisse, le pain cuit, la pâtisserie et la cuisine paysannes.

Les tourtes, les toupines, les pompes étaient ensuite défournées, resserrées dans le pétrin qui devait les conserver à l'abri de l'air, de la lumière, de l'humidité. Les jours suivants prolongeaient la fête, grâce au pain frais qui avait goût de genièvre, et aux poumpidous dont se régalaient les enfants.

Le 21 décembre se répandirent d'autres senteurs. *A la Saint-Thomas, Tue ton porc maigre ou gras.* Mais au Cayrol, jamais il n'était maigre. C'était la créature la mieux nourrie de la famille. Peu regardante sur la qualité des aliments pourvu qu'elle eût la quantité. A elle les truffes cuites dans leur peau, les topinambours, les pâtées de son, les orties en épinards, les eaux de vaisselle, le lait tourné. Sans parler des glandées sous les chênes, de l'herbe fraîche et des trognons de chou pour les vitamines.

Il s'agissait de ce Bébert qui était visiblement tombé amoureux de la Marseillaise. Aussi refusa-t-elle d'assister au massacre et se tint-elle à distance tant qu'elle put. Le cérémonial voulait qu'on pesât d'abord exactement la bête avant de la sacrifier.

– Combien ? demanda Léonce au tueur professionnel venu de Lescure.

– 197 kilos et 50 grammes.

– Ça fait combien de quintaux ?

– Presque quatre [1].

– Ça ne m'étonne pas.

Le saigneur inscrivit le chiffre sur son calepin. On remit Bébert sur ses pattes. Il mourut courageusement, même s'il protesta très fort contre cet incompréhensible décret du Seigneur Tout-Puissant : *Dominez sur les poissons de la mer, sur les oiseaux du ciel, et sur tous les animaux qui peuplent la terre. Et mangez-vous les uns les autres.* Car si les hommes se nourrissent de cochons, il est bien rare que des cochons mangent des hommes. Au cours de la mise à mort, on avait soigneusement recueilli le sang de Bébert et son urine. Avant de lui brandonner le poil, le tueur pratiqua une nouvelle pesée; il additionna le poids de l'urine et du sang; compara avec le nombre du calepin : il manquait

1. Le quintal auvergnat pèse cent livres, et non pas cent kilos.

150 grammes. Chaque fois, il se plaisait à souligner cette différence :

– C'est le poids de la vie, dit-il. J'en ai trouvé des plus lourdes, des moins lourdes.

Zéna reparut le soir, quand Bébert se trouvait réduit à un monceau de viandes dépecées. Elle voulut bien tourner la manivelle du hachoir, pela les ails et les oignons, pila le gros sel dans le mortier. Les parfums du thym, du laurier, des échalotes couvraient la senteur nauséeuse du sang et des entrailles. La pièce la plus surprenante fut la pétirore, la vessie, gonflée à l'aide d'une paille comme un ballon de baudruche, puis remplie de saindoux. Les boudins, liés à leurs deux extrémités, furent trempés dans l'eau chaude pour que le sang se fige. Céleste se garda de jeter tout ce bouillon rougeâtre ; elle en conserva plusieurs bouteilles parce qu'il est bon pour soigner les engelures.

On informa la drôlette que Bébert en mourant avait perdu 150 grammes, qui représentaient le poids de sa vie. Cette explication la contenta mal. Le catéchisme lui avait enseigné qu'au moment du décès le corps et l'âme se séparent ; que celle-ci s'envole en direction du Paradis, du purgatoire ou de l'enfer. Les abbés prétendaient que les animaux n'ont point d'âme. Cette pesée lui parut être la preuve du contraire. Ces 150 grammes ne pouvaient être que le poids de son âme évaporée, maintenant en résidence au Paradis des animaux gentils. Car nul ne l'était plus que ce brave goret. L'enfer des animaux doit être peuplé de puces, de punaises, de vipères, de crocodiles.

– J'en ai trouvé des plus lourdes, des moins lourdes, avait dit le saigneur de Lescure.

Là-dessus, la drôlette se proposa une règle de trois : « Si l'âme de Bébert, pourvu d'un corps de 197 kilos, pèse 150 grammes, combien pèse l'âme de Zénaïde Pujol, munie d'un corps de 38 ? » Elle fit le calcul et trouva 29 grammes arrondis. A peu près l'équivalent de six morceaux de sucre. Partant des mêmes données, elle calcula que l'âme d'Adrien devait peser 35 grammes ou sept morceaux de sucre; celle de Léonce 70 grammes; celle de la Vieille 55, etc. Elle nota tous ces nombres sur son cahier-brouillon, à toutes fins utiles.

Le lendemain, elle et Drien repartirent pour l'école avec leurs âmes de 29 et 35 grammes. Alourdis ce jour-là par deux grillades qu'ils emportaient, l'une pour le curé, l'autre pour l'institutrice. Composées d'un boudin, d'un morceau de filet, d'une poignée de grattons; le tout recouvert d'un voile de crépine. En échange, ils reçurent de Mme Rigal des cahiers neufs. Et de l'abbé Cruèghe une bénédiction.

Pendant quinze jours, Bébert fut invité à leur table. Seul ou en compagnie des choux, des raves, des pommes de terre. Celles-ci étaient un autre délice. Il y avait cent façons de les préparer. En omelette. En truffade. Dans la cocotte : le meilleur restait collé au fond (Zéna et Drien se le disputaient : il fallut établir un tour de rôle). En potée. A la poêle. La plus simple de toutes : sur les braises, toutes rondes, dans leur peau. La première fois que la drôlette les rencontra ainsi présentées, elle remarqua que Céleste les piquait au préalable avec une aiguille à tricoter. Elle en demanda la raison :

– C'est pour les empêcher de péter.

– Alors, vous devriez bien piquer aussi Jeff un peu. Toujours il pète quand il est dans la grange. Il nous empoisonne. Et c'est très vilain pour quelqu'un qui écrit des poésies.

– Comment? s'écria Jeff indigné, une main sur la poitrine. Moi? Je pète en écrivant des poésies?

– J'ai pas dit ça. Dans la grange, en battant le seigle, en chargeant le foin, en poussant le char, en découpant les raves!

– D'accord, dit Céleste. Je viendrai le piquer quand il travaillera dans la grange.

La préparation la plus compliquée était celle de l'aligot, un plat de l'Aveyron qu'Amélie avait appris de sa belle-mère de Laguiole, une spécialité des montagners, qui le préparent le dimanche dans leurs burons. Il faut une marmite de fonte. Une cuillère de bois longue d'un mètre, qu'un homme saisit dans ses deux poings afin de brasser la purée de truffes, de beurre et de tomme fraîche en lamelles, jusqu'à ce qu'elle soit bien unie; mais en même temps, elle devient si compacte qu'elle s'agglutine au manche de la cuillère et, à l'inverse, se détache des parois de fonte. On y ajoute un peu d'ail pilé, pour justifier le nom, encore qu'à Chaudes-Aigues on préfère la saupoudrer de sucre. Amélie se faisait donc aider par son père, de préférence à l'Irlandais, pour ne pas courir de risque. Sa consommation exige autant d'art que sa préparation. D'abord, il faut le faire passer dans les assiettes des convives. Or, comme j'ai dit, l'aligot adhère à la cuillère. L'astuce consiste à le diviser dans la marmite en petites parts, puis à le projeter comme le maçon projette son mortier contre une façade. Ensuite, on n'a pas intérêt à le manger trop vite : l'aligot est bourratif. Pris à trop lourdes cuillerées, il demanderait de la boisson derrière chacune. Zénaïde le trouva bien à son goût. Si l'on use de lenteur et de patience, il vous comble de sa suavité.

Le froid était venu. D'abord, par une gelée forte qui durcit la terre. L'eau de la bachache se couvrit de glace qu'il fallut piler au marteau. On y remplissait des seilles, vidées ensuite à l'étable dans des baquets qu'on laissait tiédir avant d'en abreuver les vaches. Les poignées métalliques des portes étaient si froides qu'il fallait bien se garder de les saisir avec une main humide, sinon elle y restait collée. Les écureuils ne descendaient plus de leur arbre; Zéna se demanda si le gel ne les avait pas tués ou s'ils n'allaient pas mourir de faim.

Jeff la rassura : les écureuils font des provisions comme les fourmis; leur gîte devait être tout plein de noisettes, de glands, de faînes, de pignoles.

– Et pour boire ?

– Ils sucent la glace.

Ensuite, la neige tomba. Ce fut, toute une journée, un rideau blanc qui n'en finissait pas de se tisser entre la borie et le reste du monde. Zéna crut un moment que l'univers n'existait plus. La maison se referma sur elle-même, comme un escargot s'enfonce dans sa coquille. Mais quand la chute enfin s'arrêta, elle s'aperçut que le paysage subsistait, tout revêtu d'hermine. Une bestiole que la fillette connaissait bien : le Vieux l'attrapait au piège. Fauves l'été, blanches l'hiver, les hermines ont une tache noire au bout de la queue.

En dépit de ses mésaventures avec les gendarmes et des interdictions de tous les gouvernements, Léonce gardait une âme de braconnier. Suite à une décision des envahisseurs, tous les chasseurs avaient dû déposer leur arme à feu à la mairie. Lui avait dissimulé la sienne sous un monceau de foin en attendant des jours meilleurs. Délit passible au moins de prison. A défaut de fusil, il recourait aux pièges, gluaux, appâts empoisonnés. Il avitaillait ainsi la maison en gibier. Il écorchait les bêtes à fourrure, faisait sécher leurs peaux, les suspendait au galetas. La paix revenue, il irait les vendre à la foire à la sauvagine de Montferrand.

La neige assourdissait les bruits, les voix, le son des cloches. Les hommes, munis de pelles, ouvrirent un passage pour que les enfants pussent descendre à l'école. Plus loin, dégagée par le chasse-neige, la route restait verglacée. Zéna et Adrien, emmitouflés, avancèrent d'abord avec de grandes précautions, les bras ouverts, des semelles de glace sous les sabots. Ce qui ne les empêchait pas, l'un après l'autre, de glisser et de tomber.

– Donnons-nous la main dit le garçon. Chacun retiendra l'autre.

Ainsi font dans les Alpes les grimpeurs encordés. Mitaine dans mitaine, ils purent atteindre Albepierre sans autre incident. Quelques élèves manquaient ce jour-là. Mais dès le lendemain, tous étaient présents, autour du poêle bourré de bûches résineuses. Mme Rigal exposait le passé simple et le présent compliqué. Tous ces enfants réunis, belges, marseillais, grecs, juifs, lorrains, auvergnats, nageaient dans un bonheur dont ils n'avaient pas conscience. De même, les poissons nagent dans l'eau, ignorant qu'il existe des nasses et des poêles à frire. Dans ces conditions, Adrien et Zéna ne remontaient plus au Cayrol pour le desparti ; ils mangeaient leurs provisions près du feu, avec quelques autres : pain beurré, lard froid, œuf dur, fromage. Mme Rigal recueillait les miettes, les peaux, les coquilles, les croûtes pour ses poules.

Après les 5 heures berlinoises, le chemin de retour était plus difficile encore. Environnés de brume, les deux enfants poussaient devant eux le brouillard de leur respiration. Ils arrivaient au Cayrol tout givrés, transformés en bonshommes de neige. Leurs mains se lâchaient. Tobie surgissait de l'étable, se précipitait sur eux, gémissante d'amour. Céleste criait de la porte :

– Voici nos drôlets!

Ils entraient dans la salle, dégourdissaient leurs doigts aux flammes de l'âtre. La mère les débarrassait de leurs doublures, paletots, passe-montagnes, cache-nez. Louise leur présentait d'autres sabots dans lesquels elle avait fait courir des braises et qui leur chauffaient délicieusement les orteils. Sur la table, fumaient deux bols de lait miellé. Zéna vidait le sien avec un vague remords à la pensée de ses frères et sœur qui, à Marseille, manquaient de tout. De sa chatte Merlette qui, depuis 1940, ne goûtait plus au lait, ne disposant pas de carte d'alimentation, et devait se nourrir par ses propres moyens en fouillant dans les poubelles.

Après quoi, ils devaient résoudre un problème et

rédiger une composition française : « Un train part de Clermont-Ferrand pour Murat et un autre de Murat pour Clermont-Ferrand, à telle vitesse, à telle heure; où et quand se croiseront-ils ? » « Le corbeau prend sa revanche sur le renard; imaginez en quelles circonstances. » La France était dans leur esprit parcourue de trains omnibus remplis de voyageurs qui auraient dû n'avoir qu'une pensée : celle des fromages et des saucissons qu'ils convoitaient ou avaient achetés dans le Cantal, département beurrier et saucissonneux entre tous; et au contraire, ils se souciaient uniquement de se croiser à 11 heures 12 minutes et 33 secondes avec ceux du train inverse. Elle était survolée par des corbeaux astucieux qui laissaient tomber dans la gueule du renard des camemberts en ciment armé. Car pourquoi n'y aurait-il pas des fromages en ciment puisqu'il y avait des œufs en porcelaine ? Ils ignoraient à peu près tout des événements du monde. Sauf qu'une guerre interminable et invisible se livrait loin du Cayrol, de Murat, de l'Auvergne. Adrien commençait d'oublier son père Denis Rouffiat, perdu de vue depuis quatre ans. Il n'avait de lui qu'une photo de première communion : on l'y voyait les mollets nus, un missel entre les mains, un brassard blanc au bras gauche. Les envahisseurs ne se montraient jamais dans la région. Tout au plus entendait-on, certaines nuits, ronfler des avions mystérieux qui troublaient rarement Zéna dans son sommeil.

L'hiver était aussi la saison des réunions autour de l'âtre. Léonce racontait sa guerre à lui, celle de 14-18. Louise, ses souvenirs d'enfance et de jeunesse. La peine qu'elle avait eue, aînée de la famille, à élever ses frères et sœurs, la mère toujours malade, le père toujours en tournée avec son étalon. La visite qu'ils avaient reçue, un jour, de ce cousin lointain, Jean Ajalbert, avocat et écrivain de Paris, auteur de très nombreuses récitations.

Par amour de la terre ancestrale, il avait choisi d'y faire construire son tombeau. Une magnifique résidence en lave noire au cimetière de Bredons. A cette occasion, il était monté embrasser tous ses parents du Cayrol, illettrés jusqu'au bout des ongles. En souvenir, il leur avait laissé ce tableau du salon qui représentait la tour Eiffel inachevée.

Or un soir, le Vieux les étonna :

– Moi aussi, nom de foutre, je sais une récitation !

– Toi ? Une récitation ? Tu n'es jamais allé à l'école !

– Je l'ai apprise à la caserne quand je faisais mon service au 139 d'Aurillac. Mais je veux pas vous la dire, parce qu'elle est pas très polie.

– Si, si ! supplièrent les drôlets. Si, si ! On se bouchera les oreilles !

Il finit par se laisser convaincre et la débita tout entière ; aussi fraîche que s'il l'avait cueillie la veille. Et ce fut la *Récitation des dix pensées* :

Tu veux que je t'en raconte une ?
Le soleil plus clair que la lune.

Tu veux que je t'en conte deux ?
Le char doit être après les bœufs.

Tu veux que je t'en conte trois ?
Plutôt le large que l'étroit.

Tu veux que je t'en conte quatre ?
Œuf seul ne vaut pas qu'on le batte.

Tu veux que je t'en conte cinq ?
Tu es couillon, je n'y peux rien.

Tu veux que je t'en conte six ?
Le lard épousa la saucisse.

Tu veux que je t'en conte sept ?
Prends le bouillon, je prends l'épais.

Tu veux que je t'en conte huit ?

Une andouille crue n'est pas cuite.

Tu veux que je t'en conte neuf?
Le couteau trasse n'est plus neuf.

Tu veux entendre la dernière?
De quelque endroit que tu te vires,
Ton cul est toujours par-derrière.

La neige fondit, même si la tête du Plomb restait blanche. On put circuler plus librement. A l'école, il vint un inspecteur de l'enseignement primaire, qui était une femme. Montée de Murat en taxi à gazogène, coiffée d'un chapeau rond, vêtue de sombre, jaune de figure comme l'arnica, elle arriva sans crier gare, à la minute où les enfants entraient dans la salle. Elle dit quelques mots à Mme Rigal et prit sa place, à son bureau. Chaque matin, la classe commençait par une leçon de morale illustrée d'un texte littéraire. Ce jour-là, l'institutrice lut cette confession de Jean-Jacques Rousseau où il narre comment, dans son enfance, il vola un ruban et laissa accuser une domestique. Le tout fut suivi d'un commentaire de la maîtresse sur l'honnêteté. Et de questions toutes simples :

– Pourquoi ne faut-il pas voler?

– Pasque les voleurs vont en prison. Pasqu'ils font honte à leur famille. Pasqu'il n'est pas juste de prendre un bien qu'on n'a pas gagné.

A ce moment, sans être interrogée, la dame au chapeau rond leva le doigt :

– Il y a aussi une raison religieuse : parce que Dieu commande : « Le bien d'autrui tu ne prendras, De fait ni volontairement. »

L'institutrice détourna la tête et fit mine de ne pas entendre. Sur sa lancée, l'inspectrice demanda encore :

– Est-ce qu'on vous parle ici de Dieu quelquefois?

Silence étonné. Les enfants se regardent. Ils

regardent leur maîtresse. Ils ne répondent ni oui ni non. Alors, le visage arnica se tourne vers Mme Rigal qui, elle, devient coquelicot et bredouille :

– O... occasionnellement... Madame l'Inspectrice. Comme il convient dans une école laïque.

L'autre claque le bureau de la main :

– Ne connaissez-vous pas les nouvelles instructions ? Laïque ou pas laïque, l'école doit inscrire Dieu dans ses programmes. Est-ce que vous-même vous fréquentez l'église ?

– O... occasionnellement.

– Vous auriez intérêt à la fréquenter régulièrement. Pour l'exemple.

Elle écouta ensuite les autres leçons prévues : calcul, lecture, conjugaison. Avant de s'en aller, elle exigea que toute la classe, debout, chantât l'hymne nouveau : *Maréchal, nous voilà.*

15

Quoique vaincus en Afrique, en Italie, en Russie et sur les mers, les Allemands ne se décidaient pas à perdre complètement la partie. Absents depuis quarante-trois mois, les prisonniers restaient dans leurs lointains Stalags, excepté quelques-uns qui avaient bénéficié de la Relève ou qui avaient réussi à prendre le large. Dans ces conditions, il était difficile de célébrer joyeusement Noël. Toute la famille Rouffiat tint cependant à descendre à Albepierre pour assister à la messe de minuit.

L'église était bondée comme aux plus belles années d'avant guerre. Même des garçons du chantier de Jeunesse étaient venus, bien qu'ils eussent leur chapelle particulière. Pas de crèche, peu de luminaire cette année-là. Le curé récita ses trois messes basses à la six-quatre-deux, pour la forme. Après quoi, par des chemins enneigés, chaque paroissien rejoignit son domicile. On entendit au loin, dans la nuit, les tatoués qui scandaient :

Pétain, au repos!
Laval, au poteau!

Par chance, Léonce, un fidèle du Maréchal, ne les comprit pas. Lorsque toute la tribu se retrouva au Cayrol, Céleste servit à chacun une louchée de *pàpo*, qui est une bouillie de farines mêlées, un peu de blanche, un peu de grise, cuites lentement dans du lait et à peine sucrées. On remue à la spatule pour qu'elles n'attachent pas au fond. Les grosses bulles montent à la surface en faisant *plouc*! On laisse refroidir dans le bol et l'on consomme à petites cuillerées. En se frottant le ventre. Une nourriture qui convient à tout le monde, surtout à ceux qui n'ont plus de dents. Le ou la gourmandasse lèche la spatule et ce qui est resté collé à la casserole. Le pàpo fut leur réveillon. Ensuite, on récita une ultime prière conduite par Jeff.

– Laissez vos sabots devant la cheminée, recommanda Louise aux deux enfants.

– Pour le père Noël? questionna Zénaïde qui, depuis longtemps n'y croyait plus.

– Dans nos montagnes, y a pas de père Noël. C'est le Jésus qui d'habitude se dérange lui-même et en personne. Mais avec le froid qu'il fait, je suis pas sûre qu'il aura le courage de descendre du ciel. On verra bien.

Ainsi firent-ils, sachant que n'existent vraiment que les choses en lesquelles l'on croit. Ou l'on veut croire. Puis ils montèrent se coucher dans les lits qu'Augustine avait préalablement tiédis avec la bassinoire de cuivre.

Un moment, se pinçant les bras et les cuisses, Zéna s'efforça d'y rester éveillée, pour se mettre à l'écoute des bruits de la maison. Se demandant si le Jésus prenait vraiment la peine... En Auvergne, tout lui semblait possible. Un pays de miracles. Où rien ne se produisait comme ailleurs. Où la gale du pain guérissait en trois jours. Où les bergers écrivaient des récitations. Où l'on enfermait les voleurs dans des fours à pain. Bientôt, ce ne fut qu'un grand silence. D'en bas, à travers le plancher, montaient tous les quarts d'heure les sonneries de l'horloge. Toujours à l'heure ancienne. Elle sonna les onze coups de onze heures. Puis le coup unique de onze heures et quart. Alors, l'esprit de la drôlette s'évapora. Il monta comme une fumée de genêt par la cheminée en direction du ciel et rencontra justement le Jésus qui en descendait. Elle le reconnut bien : il ressemblait par l'âge, par la taille, par ses joues rondes à Drien. Sauf qu'il n'avait pas un nez de cane. Ne lui voyant aucune hotte, elle s'étonna :

– Où sont donc tes cadeaux ?

Il ouvrit les mains en souriant. Elle en vit tomber une pluie de papillotes. De celles qui contiennent une pâte de fruit et un pétard.

– J'ai compris, dit-elle.

– Qu'est-ce que tu as compris ?

– Tu es magique.

– Rentre à présent dans ta chambre, si tu veux ma visite.

Le lendemain matin, elle dormait si profondément qu'Augustine dut l'appeler :

– Hé ! hé ! N'as-tu pas envie de voir si le Jésus t'a apporté quelque chose ?

Vite, elle s'habilla et descendit, les pieds déchaux, dans la salle où elle trouva tout le monde rassemblé.

– Regarde ! s'écria Drien, brandissant à deux mains un petit attelage composé d'un char à foin, avec ses ridelles, sa perche, son timon, deux vachettes rouges attelées. Aucun détail ne manquait, ni le joug, ni les lanières de cuir appelées *julhes*, ni l'émouchette, ni l'aiguillon. Les roues tournaient, la queue des vaches se balançait ; seules leurs pattes restaient immobiles ; mais une ficelle permettait de les faire avancer. Adrien ne s'en privait pas.

Elle se tourna vers ses propres sabots et les vit installés dans une petite brouette, verte de corps avec des mancherons jaunes. Bien proportionnée à sa taille et à ses forces. Ces objets sentaient encore le vernis et la colle, comme s'ils sortaient à peine de la fabrique. En vérité, le fabriquant n'était pas loin ; Zéna le comprit à la satisfaction que Léonce manifestait de leur joie, aux pots de peintures qu'elle avait vus dans son oubradou.

Pour faire des surprises, cet homme-là n'avait pas besoin du Jésus. Il était aussi adroit de ses mains qu'un singe de sa queue.

– Avez-vous bien regardé jusqu'au fond de vos sabots ? demanda Céleste.

Ils y fouillèrent. Ils y trouvèrent des papillotes.

– Je le savais! s'écria la drôlette sans réfléchir.

– Comment le savais-tu ?

– Parce que j'ai vu...

Elle n'osa poursuivre, comprenant qu'entre le Jésus et les parents existait une complicité. C'était des papillotes de disette, où la pâte de fruit était remplacée par un pruneau. Sans pétard. Pour faire diversion, elle demanda à toute la compagnie :

– Vous savez à quelle heure je me suis endormie la nuit dernière ?

– ...

– A onze heures seize.

– Le Jésus le savait, dit Amélie. Il est venu à onze heures dix-sept.

La journée fut bien remplie. Zéna avait installé Bofi, son ours en peluche, dans la brouette, et elle le promena dans toute la maison, suivie par Adrien, ses vachettes et son char de foin.

Le lendemain aurait encore pu être jour de fête car, étant née le 26 décembre 1934, Zéna accomplit ce jour-là sa neuvième année et entra officiellement dans l'âge de raison. L'âge où l'on est censé distinguer le bien du mal, le juste de l'injuste, l'honnête du canaille. Chose importante pour tout le monde, et spécialement pour une future religieuse. Mais comme elle n'avait rappelé à personne sa date de naissance, personne ne lui dit « Joyeux anniversaire ». D'ailleurs, l'usage n'était pas, dans la maison, de célébrer les fêtes personnelles. On était très attaché au contraire à celles de la religion et, accessoirement, à celles de la République. C'est le lendemain seulement qu'elle révéla :

– J'ai neuf ans depuis hier.

– Te voilà grande! dit Céleste.

Et ce fut tout.

En revanche, le Jour de l'An 1944 ne passa point inaperçu. Levé avant tout le monde, le chef de famille, Léonce, tourna son chapeau à l'envers, puis attacha au tuyau de la bachache une petite croix de coudrier. Ce signe devait lui assurer un débit constant, même au plus chaud de la canicule. Il en avait grand besoin, car il lui arrivait alors de pissoter goutte à goutte. Ce qui faisait dire au Vieux :

– Il est comme moi : il a la « portasse ».

Il voulait dire, en son langage estropié : il souffre de la prostate. Mais en cette saison, le robinet coulait cru. Autre chose : Léonce se baissa et but dans sa main un peu de cette eau sacralisée. Par là, il se promettait santé et pureté. Après lui, tous ceux qui dormaient sous le même toit descendirent boire aussi une poignée d'eau nouvelle.

Vint un rite non moins obligatoire : celui de la toilette intégrale. Les Auvergnats croient que les choses qui se présentent au Jour de l'An se présenteront de même le reste de l'année. Si ce jour-là le vent souffle du Plomb, si la belle-mère est de bonne humeur, si le lait caille bien, il en sera pareillement durant douze mois. Si donc on est propre le premier janvier, on sera propre les 364 jours qui suivront. Voilà pourquoi, de tradition, chacun se débarbouillait de la tête aux pieds ce matin-là. Par voie de conséquence, tout autre débarbouillage ultérieur serait superflu. Théoriquement. En fait, la règle n'était pas intégralement respectée. Les hommes se rasaient chaque dimanche. Les femmes avaient leurs habitudes particulières. Mais la toilette quotidienne se réduisait à peu de chose. Ainsi que recommandait le dicton : « Crache en l'air. Passe au travers. »

Zéna fut donc introduite dans la souillarde, déshabillée, plongée dans un baquet d'eau tiède, et Céleste procéda à la grande lessive. Malheureusement, le savon dont on se servait à présent n'avait rien de commun avec celui qui jadis venait de Marseille. Fabriqué avec des matières de remplacement, il avait la rudesse de la pierre ponce et moussait autant qu'elle. La petite fut néanmoins frottée, rincée, essuyée et même parfumée à l'eau de Cologne.

Adrien prit sa place dans le baquet. Les adultes nettoyèrent ce qu'ils voulurent, où ils voulurent. La Vieille refusa de se laver plus haut que les mollets, prétendant que l'eau lui donnait des « rhumes ». Des rhumatismes. Ainsi fut démentie la médisance de voisins mal intentionnés : « Les Auvergnats ne se lavent que deux fois dans leur vie ; la veille de leur mariage et la veille de leur enterrement ; encore ne lavent-ils que le devant, puisque le derrière ne se voit pas. »

Ces ablutions achevées, la vraie fête commença. Ce fut d'abord une tempête de baisers, dont Zéna se trouva particulièrement couverte parce qu'on devinait qu'elle en avait besoin. Mais personne n'eut à se plaindre. Vint le moment où les deux drôlets se trouvèrent face à face. Se regardant sans bouger, comme deux saucisses.

– Eh bien ! s'écria Amélie. Qu'est-ce que vous attendez ? Embrassez-vous !

C'était la première fois depuis la venue au Cayrol de la Marseillaise. Ils le firent si maladroitement – « Bonne année ! Bonne santé ! » – que leurs nez se heurtèrent comme ceux des Esquimaux. Ce qui fit bien rire. Pis encore : au lieu d'échanger trois poutous, ils s'en donnèrent quatre !

– Alors ! Vous ne savez pas compter ? Au nom du Père, un. Du Fils, deux. Du Saint-Esprit, trois.

Et Jeff :

– Ainsi soit-il, quatre.

Ces formalités accomplies, ils burent avec les

femmes une goutte de cassis et croquèrent des encornés.

Soudain, il y eut un grand silence. Les regards se concentrèrent sur Léonce, le chef de famille : il venait de mettre une main à la poche, à droite, juste sous le foie. Celle qui contenait son porte-monnaie. Il le sortit, le garda un moment dans ses mains jointes, hésitant à le montrer, comme s'il s'agissait d'un organe très intime. C'en était un. Ce boursicot était fait d'un cuir ancien, décoloré par l'âge. Il comprenait deux poches, l'une pour les pièces, l'autre pour les billets. Fermées en principe par un bouton pression. Mais celui-ci était tellement rôdé qu'il ne retenait plus. Un cordon enroulé en triple cercle y suppléait. Le Vieux entreprit le dénouement. Puis son regard plongea à l'intérieur, deux doigts s'y enfoncèrent comme pour saisir une pincée de pétun. On entendit le menu tintement des monnaies. En même temps, les sourcils froncés, il se livrait à d'intenses calculs. Résultat : il referma la première poche pour ouvrir la seconde. Il en sortit un billet de couleur mauve. Cinquante francs ! « Il ne va pas donner cinquante francs, saprediou ! se dit la Vieille. Faudrait qu'il soit devenu falord ! » C'est pourtant bien ce qu'il palpait, entre le pouce et l'index, comme pour s'assurer de sa texture, de son épaisseur, de sa réalité. Visiblement, il lui en coûtait de se séparer de lui.

– Tiens, dit-il, le tendant quand même à son petit-fils. Tes étrennes.

Adrien crut rêver. Cinquante francs d'étrennes ! L'équivalent de 20 litres de lait au prix de la Réquisition ! Il allongea le bras. Le grand-père retint la coupure encore quelques secondes. Enfin, il ouvrit les doigts, elle changea de possesseur. Sous les yeux éberlués de la famille.

– Qu'est-ce qu'on dit ?

– Merci, pépé. Grand merci.

– Attention ! Défense de les dépenser ! Ta maman les

mettra à la caisse d'épargne. Ils te rapporteront le trois du cent.

– Oui, pépé.

– Fais-lui un poutou, commanda Céleste.

L'enfant se haussa, l'homme se baissa, le poutou tomba où il put. Zénaïde avait assisté froidement à cette cérémonie, comme à une scène de cinéma. Une somme aussi fabuleuse lui laissait entendre que la générosité de l'Auvergnat ne pouvait se déverser que sur une seule tête. Elle regarda le visage radieux d'Adrien, elle en fut heureuse. Elle allait regarder ailleurs quand la main de Léonce se releva pour dire : « Attendez, je n'ai pas fini. »

Son pouce et son index s'étaient remis à fourgonner dans la seconde poche. Et tous purent voir cette chose prodigieuse : un autre billet de cinquante francs qui flottait comme un drapeau ! « C'est pas vrai ! pensa la Rouffiate. Faire ça un Jour de l'An ! Il veut notre ruine ! »

– Pour qui celui-ci ? interrogea le Vieux en regardant au plafond.

Zéna aussi leva les yeux, incapable de répondre à la devinette. Elle ne vit rien qu'une claie suspendue où mûrissaient des fromages. Comme personne ne pipait mot, Léonce dirigea son bras vers la drôlette. Elle se toucha la poitrine, ébahie. Il approuva du front ; puis, reculant la main qui tenait le billet, il dressa l'index et le pouce :

– A une condition. Que tu me fasses aussi un gros poutou. Juste là.

Il désigna un point précis sur sa pommette gauche, entre l'œil et la moustache. Il se courba pour se mettre à son niveau. Mais quand elle tendit les lèvres, il tourna brusquement la tête, le baiser alla atterrir sur la pommette droite.

– Eh ! non ! Tu as raté ton coup ! J'ai dit là !

Seconde tentative. Cette fois, le poutou lui tomba sur le nez. Hilarité du peuple, des chiens, des chats, des fromages.

Le troisième essai fut le bon. Les bras du vieil avare se refermèrent sur la petite Marseillaise.

Au cours des heures qui suivirent, ils reçurent la visite de parents, d'amis, de voisins qui n'avaient pas craint de marcher pour venir présenter leurs vœux et manifester leur amitié. Partis d'Albepierre, de Bredons, de Laveissenet, de Cheylanes, du Ché. Tout le jour, ce fut un défilé ininterrompu. A chacun, on offrait le café d'orge et une rincette d'eau-de-vie (il en restait à la cave quelques bouteilles d'avant guerre). Ils repartaient encombrés de cadeaux, œufs, papillotes de remplacement, encornés. Et tous contents les uns des autres.

La journée se termina par une partie de dominos qui opposa deux hommes et deux femmes : Jeff, Adrien, Louise et Zénaïde. Chacun gagna à tour de rôle, excepté la Vieille qui perdit à tous les coups.

– Il y a cinquante ans, dit-elle, que je couche avec la Malchance.

– Et moi, répliqua le Vieux, que je couche avec la Froidure.

Personne ne comprit ce qu'il entendait par là. Quoi qu'il en fût, Louise détestait perdre. Elle grognait, tempêtait chaque fois que, devant aller à la pêche, elle ne tirait pas la pièce espérée. Ce qui mettait les enfants en joie. A la fin, impatientée, elle céda sa place au Vieux, qui gagna quatre fois de suite parce qu'il avait tourné son chapeau à l'envers.

Après la mélisse et la prière du soir, on monta se coucher. L'Irlandais fut le dernier à s'endormir, car il veilla dans sa chambre pour composer une poésie nouvelle. Ainsi se préparait-il une année 1944 pleine de récitations.

Le 3 janvier, Adrien et Zéna reprirent le chemin de l'école. Certaines fois, leurs mains unies se balançaient, en avant, en arrière, en avant, en arrière. Ou même faisaient un tour complet comme des ailes de moulin. D'autres fois, elles se tiraillaient un peu, chacun essayant de faire dévier l'autre; car il n'y a pas de raison de marcher droit quand on peut marcher tordu. D'autres fois encore, en terrain verglacé, elles se serraient très fort, précautionneuses, à travers les mitaines tricotées par Louise. Ils pensaient à la chaleur de la classe, au poêle rouge vers lequel ils les tendraient en arrivant. Adrien prétendait qu'il se sentait des aiguilles dans le nez. Chaque matin, l'institutrice inscrivait au tableau la température du jour :

– - 12... - 14... - 18...

Le corps de la petite Marseillaise n'était pas préparé à ces rigueurs. Elle souffrit d'engelures aux pieds, puis de gerçures aux lèvres. Alors, Céleste sortit le remède-miracle : l'eau de boudin mise en réserve après le sacrifice de Bébert. Chaque soir, Zéna y fit longuement trempette. Contre les gerçures, Jeff dut aller cueillir des branches de gui, munies de leurs baies translucides avec lesquelles la mère composa une sorte de purée dont elle pommada les lèvres fendues.

La vieille Louise, qui était un calendrier vivant, veillait à ce qu'aucune célébration religieuse ne fût oubliée. Ainsi, le dimanche le plus proche du 6 janvier fêtait-on celle des Rois Mages, vulgairement appelée fête de la Brioche. Elle chantonnait là-dessus une complainte instructive parce qu'elle faisait voyager dans des pays inconnus :

Gaspar, Melchior et Balthazar,
Deux étaient blancs, l'autre était noir,
Rois de trois nations orientales,
Suivant la marche d'une étoile,
Vinrent, montés sur des chameaux,
Adorer le divin Marmot.

Ils franchirent les monts Karpathes,
La Mandchourie, la Carapate,
Traversèrent le Purcadin,
La Slavonie et la Bohême,
Enfin, aux rives du Jourdain,
Le trouvèrent à Bethléem...

Sa voix était aigre et douce comme le petit-lait. Afin de la faire vibrer, d'une main, elle se battait la gorge, qu'elle appelait *courniole*. Pour ce qui est de la brioche, les pâtissiers muratais n'en produisant plus, les quatre femmes se mirent à la préparer. Avec ce qu'il fallait de farine blanche, d'œufs, de beurre, de levure. Elles y dissimulèrent un petit Jésus de porcelaine, conservé dans une boîte d'allumettes. Celui qui le découvrirait serait proclamé Roi ou Reine de Brioche et recevrait une couronne de carton doré, en attente sur le vaisselier.

Le desparti se déroula comme de coutume : soupe, lard aux truffes, fromage. Vint enfin le gâteau.

– Prenez garde, dit Louise, de ne pas vous casser les dents. Moi, je risque rien.

Lorsque Zéna reçut sa part, elle sentit tout de suite qu'elle contenait la fève. L'ayant bien nettoyée avec la langue, elle la sortit de sa bouche, avec un simple :

– *Qué!* Le Jésus!

– Vive la Reine de Brioche! cria l'assemblée.

On posa sur ses cheveux la couronne qui lui revenait. Elle choisit Drien pour son Roi, et lui aussi fut couronné. Tout le monde vint leur rendre hommage, pliant le genou devant eux et leur baisant le dos de la main.

Son titre lui monta à la tête et l'empêcha de dormir la nuit suivante. Les yeux grands ouverts sur ses feuilles de hêtre, elle construisit un Royaume dont les sujets mangeaient uniquement de la brioche, comme le souhaitait Marie-Antoinette, et buvaient de la mélisse miellée. Elle se déplaçait en carrosse, voyageant d'une de ses provinces à l'autre, ne rencontrant partout qu'acclamations, adorations, déglutitions. Son roi avait un nez de cane et un sceptre d'or. Tout le peuple les aimait. Ils entretenaient de nombreux médecins qui guérissaient sans peine l'anémie, le rachitisme, la gale et les engelures. Personne ne manquait de travail, car le travail est indispensable au bonheur des hommes plus que la richesse. Son Royaume ne connaissait ni les guerres ni les révolutions. Elle choisissait pour ministre des finances un écureuil; une colombe à la défense nationale; une chatte à la police; un âne à l'instruction publique. Ils changeaient d'emploi chaque semaine : l'âne s'occupait des finances, etc. Elle s'assoupit quand même à zéro heure quatorze.

Avant l'aube, elle fut réveillée par une tourterelle qui roucoulait sur les tuiles. Qui trouvait qu'ils avaient tous assez dormi, ne craignant pas de le dire en patois :

– *Treytou! N'y o prou!... Treytou! N'y o prou!...*

Zéna se frotta les yeux, se demandant si elle rêvait encore. Près d'elle, Augustine ronflotait toujours. Alors, sous ses couvertures, la drôlette se mit à calculer. A faire des comparaisons. A se demander si, depuis le 12 juin 1943, au Cayrol, elle ne vivait pas dans le Royaume de Brioche.

Elle écrivit à sa famille pour lui souhaiter une heureuse année 1944. *J'espère que vous viendrez me voir, l'un ou l'autre, si vous pouvez. Je pense souvent à vous. A l'école, Mme Rigal me félicite de mes progrès. Au Cayrol, j'ai été couronnée Reine de Brioche. Adrien était le Roi...*

Autour du 20 janvier, lorsqu'elle arriva d'Albepierre, elle remarqua tout de suite sur la table cette lettre qui l'attendait, où elle reconnut l'écriture de sa sœur Noémie. Elle la prit, la tourna entre ses doigts, vit le timbre rouge montrant l'effigie du Maréchal, le tampon de Marseille, au dos l'adresse des expéditeurs : 14, rue du Poirier. Sous cette enveloppe de récupération (les gens retournaient maintenant leurs enveloppes comme ils retournaient leurs habits), elle sentait un contenu d'espérance et de crainte. Elle la reposa et, sans la quitter des yeux, but le bol de lait que lui présentait Céleste. Enfin, elle l'ouvrit d'une main un peu tremblante avec la pointe d'un couteau. Noémie avait une belle écriture, longue, élégante, un peu penchée, très supérieure à sa condition de fille de salle à la Conception. Un jour, quelqu'un d'important remarquerait son élégance et elle deviendrait vedette de cinéma. C'était prévu dans son écriture. Marcel Pujol, le père, travaillait toujours sur les bateaux. Émilienne, la mère, se plaignait de ses jambes qui enflaient de plus en plus. Sébastien, le vatemane, allait bientôt entrer dans la compagnie des trams de la ville; alors, il porterait une casquette et pourrait manœuvrer la sonnette tout son soûl. Lustucru, le pâtissier, commençait son apprentissage. Merlette, la chatte, avait fait quatre petits. La mamé d'Aubagne avait une *gibe* sur la joue gauche, et c'était une bonne affaire, ça l'empêchait de marronner. Tout le monde lui envoyait de gros poutous. Et des salutations distinguées pour la famille Rouffiat.

Zéna lut d'abord la lettre des yeux, pour elle seule. Puis elle proposa de la lire à haute voix afin que chacun profitât des bonnes paroles. Quand ce fut fait, à la faible lueur du chaleil, vinrent des questions :

– Qu'est-ce que c'est, une *gibe* ?

– Une bosse. Une enflure. La mamé doit avoir mal aux dents.

– Elle a bien de la chance d'avoir encore des dents! dit la Vieille.

– Et ta maman aussi a les jambes enflées?

– C'est les varices.

– Comme tu as bonne vue, dit encore la Rouffiate, pour pouvoir lire sous ce veille-mort!

– Ma sœur écrit gros. Vous aussi vous pourriez.

– Moi? Je sais pas lire.

– Vous ne savez pas lire?

– Je te l'ai dit : je suis jamais allée à l'école.

– Moi, je sais un peu, fit Léonce. J'ai appris au régiment.

– Mamé Louise, s'écria Zéna, vous m'avez appris le tricot. Je veux vous apprendre à lire et à écrire.

Ce fut d'abord l'hilarité. On imaginait la drôlette transformée en institutrice et la grand-mère griffonnant sur une ardoise. Louise riait plus fort que les autres. Alors, Zéna trouva l'argument décisif :

– Vous pourriez lire notre catéchisme, avec toutes les prières et tous les cantiques.

Cela méritait considération. Ayant calculé un moment :

– D'accord, accepta-t-elle.

– On commence demain.

La petite s'y employa très sérieusement. Dans de vieilles boîtes à sucre, elle découpa les voyelles et les consonnes.

– C'est des « alphabés », je les reconnais, dit la Roufflate. J'en ai mangé dans la soupe. Mais ils sont pas entrés dans ma tête.

Elle faisait allusion à ces pâtes en forme de lettres qu'on met à cuire en guise de vermicelles. La jeune maîtresse et la vieille écolière passèrent ensemble des heures studieuses. Se servant des procédés dont elle avait bénéficié elle-même à Marseille, Zéna commença d'abord par les signes évocateurs. Le *s* qui siffle comme un serpent. Le *p* qui a tout l'air d'une pipe. Le *m* qui fait *meuh* ! comme une vache, même s'il lui manque une patte. Le *o* tout rond comme la bouche qui le prononce. Petit à petit, la grand-mère absorbait quelques alphabés. Elles jouaient ensemble au coin de la table avec ses cartons comme d'autres jouent aux cartes, aux jeux de patience. Et c'était une chose bien émouvante que de voir ces deux têtes, la blanche et la brune, se pencher ensemble et se toucher.

– Écris-moi un rat, commandait Zénaïde.

La mamé allait à la pêche parmi les lettres éparses, finissait par trouver un *r* avec un *a*. La drôlette criait bravo, puis ajoutait un *t* :

– C'est la queue. Y a pas de rat sans queue.

Groupé autour d'elles, le reste de la famille assistait à ces étranges leçons, sans rire, sans parler, sans bouger : au moindre bruit, la maîtresse criait : « Silence ! »

Les choses durèrent ainsi deux semaines. Malheureusement, l'institutrice dut un jour parler de majuscules, de minuscules, de lettres écrites et de lettres imprimées. C'en était trop. Un vertige saisit la Vieille devant toutes ces pattes, ces crochets, ces boucles qui lui faisaient pleurer les yeux. Elle leva la main :

– J'en sais assez, m'amie. Jamais j'avalerai tous ces alphabés. A présent, ils me donnent envie de rendre.

– On a le temps, mamé Louise... On ira plus doucement...

– Non. Je te remercie.

– Et les prières du catéchisme ?

– Des prières, j'en sais suffisamment. Y a pas besoin de savoir lire pour monter au ciel, si le bon Dieu veut de moi.

– Mais vous n'allez pas monter au ciel, mamé Louise !

Elles pleurèrent un peu, dans les bras l'une de l'autre. Mais c'en fut fini du jeu des alphabés.

16

Estieu, le tambour-garde-champêtre – dont le nom signifie Été – fonctionnait aussi l'hiver. Fin février, malgré la neige persistante, annoncé par les chiens (mais ses jambières le protégeaient de leurs dents), il entra dans la cour du Cayrol. Mauvaise visite. Il ne pouvait apporter qu'un nouveau désagrément. On fit mine de ne pas le voir. On le laissa cogner à la porte. Et appeler :

– Ho! la maison!

Rouffiat dut enfin se montrer :

– Qu'est-ce qui t'amène ?

– Un pli de la mairie. C'est pour la Réquisition.

– Encore!

Ils avaient déjà donné une vache au commencement de 43. Et voici que la maudite Réquisition en réclamait une autre ? Léonce tendit à Augustine la lettre municipale. C'était une petite enveloppe bleue, de celles qui naguère recevaient les bulletins de vote. A présent qu'il n'existait plus aucune sorte d'élection, que Pétain, Laval, le Dr Rabbe étaient en place pour la vie, il était légitime d'employer autrement ces accessoires obsolètes. La lettre confirmait ses craintes : une de ses vaches devait être conduite à Murat avant le 15 mars, « sous peine d'amende pouvant s'élever à trois fois la valeur vénale de la marchandise réquisitionnée ».

Une des plaies les plus odieuses du nouveau régime était le recensement et ses effets, auxquels était soumise toute exploitation agricole. Chaque mois, Augustine remplissait un formulaire où elle déclarait le nombre d'animaux à viande élevés dans la ferme, bovins, cochons, volailles; la quantité de lait, de beurre, de fromage produite. D'après ces chiffres, leurs livraisons obligatoires étaient fixées par une commission communale où siégeaient le maire, le président de la Légion, le syndic agricole. Payées à des prix ridicules, très inférieurs à ceux du marché parallèle. Des clients privés venus d'Aurillac, de Saint-Flour, de Clermont, de Saint-Étienne, de Toulouse s'abattaient en toutes saisons sur les fermes auvergnates. « Consommation familiale », affirmaient-ils. Mais la pénurie était une mine d'or pour les revendeurs, les trafiquants. Les producteurs ne pouvaient profiter de ce parallélisme qu'en trichant dans leurs déclarations. La commission de contrôle n'était pas en mesure de tout contrôler. D'autant moins qu'elle était composée elle-même de tricheurs.

Le garde Estieu, dit Dardanelle, remit donc le pli spoliatoire qu'il portait. D'ordinaire, il ne ressortait pas d'une ferme sans une goutte de vin ou de gnôle dans l'estomac. Ce jour-là, cependant, il dut s'en retourner les dents sèches. Sans même une poignée de main. Sur un simple « Salut à toi ! » lancé par le coare Léonce.

Un conseil de famille se réunit – Jeff en était – pour déterminer la vache à sacrifier. La plus trasse, naturellement. Le choix se porta sur une certaine Limagne qui, depuis deux ans, ne prenait plus le taureau.

Cette fin février amena d'autres déplaisirs. Un matin, tandis que les bêtes s'abreuvaient à la bachache, il y eut parmi elle une bousculade provoquée par les trois chiens en chicane. Tobie se trouvait où il ne fallait pas. Une vache posa sur elle son sabot si lourdement qu'elle lui écrasa l'arrière-train. Jeff ramassa ce qui restait d'elle et emporta la malheureuse, hurlante; il la déposa dans la grange sur un lit de foin. Tout de suite, il comprit que jamais elle ne s'en remettrait; qu'il lui restait seulement deux pattes vivantes; qu'elle était condamnée jusqu'à la fin de ses jours à se traîner misérablement, pareille à ces culs-de-jatte qu'on voit dans les foires se déplacer dans une caisse à roulettes. Il sut qu'il ne pouvait qu'abréger les souffrances de son humble et fidèle compagne. Mais avant d'en venir au coup de pioche, il lui devait le temps des adieux.

Tout un jour, toute une nuit, elle agonisa devant une assiettée de soupe à laquelle elle n'avait pas la force de toucher. Les membres de la famille Rouffiat se relayèrent à son chevet, Zéna et Adrien inondés de larmes. Tobie essayait vainement de se redresser pour leur faire bon accueil. Elle ne pouvait que lever la tête, les regarder de ses bons yeux pleins d'étonnement. La fillette songeait à sa petite âme de 20 ou 25 grammes qui allait bientôt s'envoler.

– Ne t'en va pas, gémissait-elle. Qui va me défendre contre le piot?

Elle se fit confirmer par Jeff l'existence d'un Paradis pour les animaux.

– Certainement, dit-il. Il n'est d'enfer et de purgatoire que pour les hommes, parce que les animaux ignorent la méchanceté.

Un peu consolée, elle se laissa emmener, pour manger et dormir. Recrue de fatigue et de chagrin. A l'aube suivante, Jeff profita du sommeil des enfants pour guérir Tobie de tout mal et lui offrir une digne sépulture, en lisière de ces pâturages qui avaient été sa patrie. Les drôlets montèrent pleurer encore sur la terre fraîchement remuée.

Les deux chiens survivants, Tempête et Micou, firent de leur mieux pour remplacer l'absente qu'ils avaient poussée à la mort par leur inconduite. Jamais d'ailleurs tant d'occasions d'aboyer ne leur furent offertes qu'en cette période. De jour comme de nuit. Des hommes inconnus battaient la campagne, hantaient les bois, entraient dans les fermes pour acheter, quémander ou voler. Brigands, déserteurs, sentinelles perdues, vagabonds, réfractaires du S.T.O., vrais ou faux résistants. Le Chantier de Jeunesse n° 40 avait perdu presque tout son effectif.

Le dernier jour de février, une voiture noire à gazogène gravit le chemin qui venait d'Albepierre et pénétra dans la cour boueuse du Cayrol. De la fenêtre de sa chambre, Jeff l'aperçut assez pour juger qu'il s'agissait d'un fourgon mortuaire. Il se demanda ce qu'un corbillard pouvait bien venir faire dans une ferme où il n'y avait, après les funérailles de Tobie, personne à enterrer; mais, appartenant à une nation neutre, il estima qu'il n'avait pas à intervenir. Quatre hommes en descendirent, hérissés de barbe, armés de fusils de chasse, en tenue hétéroclite, mi-civile, mi-guerrière. Fureur des chiens, tenus cependant à distance à force de ruades. Comme personne ne se montrait :

– Et alors! cria un des quatre. Y a personne dans cette baraque?

En même temps, il envoyait en l'air une décharge de fusil, à titre de semonce.

Le coare parut, son chapeau sur la tête. Il se tint très droit devant sa porte, attendant des explications.

– C'est toi le patron?

– A ce qu'il paraît. Et vous, qui vous êtes?

– Commence par retenir tes cabots. Sinon, on les exécute.

Il les enferma dans la grange, revint.

– A qui j'ai l'honneur?

– Ça se voit pas? On est des résistants. On vient pour la réquisition de ta vache.

– Ma vache, je dois la descendre à Murat avant le 15 mars.

– T'auras pas à te donner cette peine : nous, on se charge du transport.

Le Vieux détestait d'être tutoyé par des inconnus, surtout plus jeunes que lui. Peut-être même pas français à en juger par leur drôle d'accent. Pas du pays, en tout cas.

– C'est-y, s'informa-t-il, que nous avons gardé les cochons ensemble ?

– Non, pépé. Tu les as gardés tout seul.

– Vous manquez pas de culot ! D'abord, vous avez-t-y un papier de la commission qui vous donne pouvoir...

– Oui, pépé. Question pouvoir, nous avons ce qu'il faut !

Et il lâcha en l'air une seconde décharge. Les chiens retenus se remirent à hurler. Un autre des quatre intervint, plus aimable. Il avait le grade de lieutenant, à en croire les deux sardines qui doraient sa manche :

– Nous ne venons pas sur ordre de la commission. C'est tout le contraire. Nous avons su qu'une de vos vaches était réquisitionnée. Alors, on vient la prendre avant qu'elle parte pour l'Allemagne. Nous la réquisitionnons à notre tour pour qu'elle nourrisse les combattants de la Liberté.

– Et qu'est-ce que je dirai au maire, si je la livre pas ?

– On vous laissera un reçu pour prouver. Autre chose : votre livraison vous sera payée.

– A quel prix ?

– Votre prix sera le nôtre. A présent, montrez-nous la bébête.

Il les conduisit à l'étable, leur désigna la Limagne qui, dans la pénombre, semblait toute pareille à ses sœurs. Le lieutenant lui donna une claque sur la croupe :

– On la prend !

Il tendit même sa main ouverte comme font les maquignons de foire quand le marché est conclu ; mais le Vieux s'abstint de toper. Déjà, les trois autres la détachaient, l'emmenaient, la tiraient vers le corbillard, l'obligeaient, en lui tordant la queue, à emprunter le montoir sur lequel ses sabots dérapaient. A force de bourrades, elle fut enfin à l'intérieur. Le lieutenant fit le salut militaire, comme s'il allait partir.

– Et le payement ?

– J'oubliais. Excusez. Je peux m'asseoir une minute ?

Ils entrèrent dans la salle vide où seule se tenait la grand-mère, près du feu pétillant. Les autres membres de la famille s'étaient terrés.

– Vous êtes ici bien au chaud. Bien tranquilles. Bien nourris, dit l'homme aux deux sardines. Pendant que nous, là-haut, crevons de faim et de froid pour défendre la Patrie.

Il sortit de sa poche un carnet à souche, en détacha une feuille suivant les pointillés, écrivit au coin de la table, posa des questions :

– Combien pèse votre vache, selon vous ?

– Dans les quatre cents... cinq cents... Peut-être que je me trompe.

– Mettons six cents. Quel âge a-t-elle ?

– Neuf ans.

– Mettons-en six.

Il signa la feuille, la tendit à Léonce :

– Voilà pour le paiement.

– J'ai pas mes lunettes. Dites-moi ce que vous avez mis.

– *Reçu une vache réquisitionnée pesant 600 kilos environ, âgée de 6 ans, pour la subsistance de nos troupes. La valeur de cette réquisition sera payée au propriétaire porteur de la présente par les autorités compétentes après la Libération du pays.* Signé : *Lieutenant Cérès.* Vous porterez ce billet au percepteur de Murat et vous serez payé rubis sur l'ongle.

Le Vieux tenait le papier entre deux doigts, embarrassé comme une poule qui a trouvé un couteau;

– Y a le cachet des Forces Françaises Libres, fit aussi remarquer le lieutenant, l'index pointé vers un rond bleu.

Nouveau salut militaire, claquement de talons. Il regagna la voiture qui sortit de la cour et prit la direction de Prat-de-Bouc. Longtemps encore, Rouffiat tourna la feuille, l'observant sur ses deux faces, se disant : « Voici tout ce qui me reste de ma vache. »

Dès le lendemain, il descendit à Albepierre pour demander à la mairie des explications sur le qui et le quoi. Justement, le Dr Rabbe s'y trouvait de passage. Léonce lui raconta le fourgon mortuaire, les quatre hommes armés, le gradé à deux galons, le carnet, le reçu. Le maire pencha dessus ses yeux myopes, l'examina au plus près :

– Vous savez ce qui est inscrit sur le timbre bleu ?

– Dites-moi-z-y.

– *Casino de Saint-Étienne, Loire.*

– *Casino de...* Et pourquoi qu'y a écrit *Casino* ?

– M'est avis que vos hommes se sont servis d'un carnet à souche volé dans quelque magasin du *Casino.*

– Et alors, comme ça, j'aurais vendu ma vache au *Casino* ?

– Je ne sais pas à qui vous l'avez vendue, mon pauvre Léonce. Mais votre reçu, je crois que le meilleur usage que vous puissiez en faire, c'est de vous en torcher le derrière à l'occasion.

Le Vieux lâcha d'abord un certain nombre de gros mots, en patois et en français. Pour demander enfin :

– Ces hommes, c'étaient donc pas de vrais maquis ?

– Allez savoir ! Mon cher Léonce, nous vivons une époque où tout est mélangé, le faux avec le vrai. Comme dans le café. Comme dans les étoffes. Comme dans le pain. Les hommes, c'est pareil. Il y a les vrais amis et les faux amis. Les vrais patriotes et les faux patriotes. Les vrais traîtres et les faux traîtres. Les vrais maquisards et les faux maquisards. Les vôtres, qu'est-ce que vous en pensez vous-même ?

– Je pense que c'étaient des faux. Des charognes. Des ordures. Des ferlampiers.

– Cela me semble raisonnable.

Ensuite, le Dr Rabbe lui rappela qu'il devait quand même une vache à la vraie Réquisition. Il promit toutefois d'intervenir auprès de la commission communale pour qu'un délai lui fût accordé.

Toute la famille était en train de manger la soupe autour de la grande table rectangulaire. Moins la Vieille, qui avait préféré prendre la sienne au coin de l'âtre, l'écuelle sur ses genoux. Les deux sœurs et leur belle-sœur conversaient à voix chuchotée, se rapportant les nouvelles qui couraient. Adrien et Zéna leur prêtaient une oreille distraite, ils se complaisaient dans leur silence, leurs yeux seuls se cherchaient et se quittaient; ils échangeaient des regards comme d'autres des billes dans la cour de récréation, trois rouges contre trois bleues, sans motif de raison, pour le simple plaisir du commerce. Léonce ne participait guère non plus à la conversation parce qu'il était dur des tympans; et Jeff pas davantage, because sa neutralité irlandaise.

– Paraît, disait l'une, qu'il ne reste quasi plus personne au Chantier. Rien que l'aumônier, les cuisiniers et quelques chefs. Beaucoup de jeunes ont été expédiés en Allemagne. Beaucoup d'autres ont pris le maquis.

– Des maquis vrais ou faux ont attaqué la mairie de Murat. Ils ont volé les tickets d'alimentation. D'autres arrêtent les trains pour s'emparer des marchandises. A Saint-Flour, ils ont même emporté des machines à coudre et des vêtements de bébé.

– Peut-être qu'ils ont des bébés dans leurs camps.

Chaque soir, Jeff vérifiait la fermeture de toutes les portes, tournait les clés dans les serrures, poussait les verrous, enfonçait des cales. On ajoutait aux prières coutumières un appel à la Sainte-Vierge, reine de la Paix, pour qu'elle obtînt au plus vite le retour des prisonniers. Au terme de ces précautions, chacun montait se coucher. L'Irlandais composait d'abord une poésie nouvelle à la clarté de sa bougie. Par bonheur pour la poésie, les bougies étaient un des rares produits non contingentés.

Mais ce soir-là, le monde était encore dans la salle lorsqu'on perçut des bruits insolites provenant du grenier. Un local où Zénaïde était montée plusieurs fois, rempli de poussière et de secrets. De parapluies en train de sécher depuis quinze ans. De bassines disposées çà et là pour recevoir les gouttières. D'un assortiment de bouteilles vides. De ratières où restaient des souris momifiées. Tout cela composait un antibranle du plus grand intérêt. Ouvert par tous les temps, un fenestrou dans la toiture lui donnait de l'air et de la lumière. Par lui, on voyait un rectangle de ciel.

Il y eut donc ces bruits bizarres, comme des piétinements, des déplacements de meubles. Ils suscitèrent de l'inquiétude : qui donc, là-haut, était en train de déménager ?

– J'y vais, décida Jeff avec courage.

– On y va, dirent Céleste, Amélie et Gustine.

Ils s'armèrent d'une fourche, d'un pique-feu, d'une louche, d'un hachoir, de la lampe-tempête. Les Vieux et les drôlets, non mobilisables, restèrent dans la salle. A la porte du grenier, les quatre courageux écoutèrent à travers le battant, n'entendirent pas grand-chose, entrèrent enfin. Une sorte d'ébrouement, un ballottement d'aile, un cri rauque. Tout au fond, là où les voliges du toit touchaient presque le plancher, ils distinguèrent enfin un oiseau énorme, les plumes hérissées, qui les observait de ses yeux ronds et jaunes. Comme Jeff s'approchait, la lanterne en avant, le volatile s'ébouriffa davantage encore, battit une autre fois des ailes.

– Un gand duc, dit l'Irlandais qui connaissait toutes les bêtes à poil et à plume. Il s'est introduit par le fenestrou. Il a l'air blessé : il a du sang sur le jabot.

– Qu'est-ce que c'est, un grand duc ?

– Un gros hibou.

Que faire de lui ? L'achever à la fourche, le clouer sur une porte de grange pour éloigner le mauvais œil ? L'apprivoiser en le nourrissant ? Les quatre redescendirent sans avoir pris de décision. Il y eut une consultation générale. Les enfants voulurent voir à leur tour ce visiteur de la nuit. On lui apporta de la soupe et des couennes de lard.

Il devint l'objet des soins les plus tendres. Plusieurs fois par jour, Adrien et Zéna lui montaient des subsistances. Par une fente de la porte, ils observaient ses yeux de topaze, son port majestueux, les deux aigrettes qui lui faisaient sur le front des oreilles de chat. Mais sitôt qu'ils entraient, la frayeur lui gonflait les plumes, il triplait de grosseur. Peu à peu, cependant, il s'habitua, se laissa quelque peu approcher, tout en conservant ses distances. Le sang du poitrail avait séché. Puis il cessa de se réfugier dans les encoignures, se jucha sur les malles, déambula sur le plancher.

On ne pouvait le garder éternellement. Il fallut lui rendre la liberté, tout le monde en convint. Le seul problème était de le saisir, en dépit de son bec et de ses ongles. Jeff se dévoua encore. Il se couvrit la tête d'un sac où il perça deux trous, se protégea les mains avec des gants épais. Sous cette armure, il se mit à quatre pattes, avança doucement vers l'oiseau, réussit à lui saisir les serres. Le grand duc protestait par des feulements rauques. Il fut enlevé, transporté dans la cour. La famille au complet sortit pour assister à son départ. Posé sur le foumarié, il restait ébloui par la lumière du jour, les paupières clignotantes, secouant ses plumes, ses ailes, ses aigrettes, comme s'il ne se décidait pas à décoller, ayant le regret de son ermitage. Retenu par ces regards qui entouraient sa personne. Alors, pareil à Jérôme Constant qui imitait l'avion dans la cour de l'école, Jeff courut sur lui, les bras ouverts, criant *bra! bra! bra!* Le grand duc s'accroupit, déploya son immense envergure et plongea dans le ciel.

17

Cet hiver 43-44 paraissait ne pas vouloir finir. En mars, bien que le mince calendrier des postes, réduit à un seul carton, eût proclamé l'inauguration du printemps, des congères bouchaient encore les chemins creux, entretenues par la Cantalesse, le vent qui descendait du Plomb. Zéna eut de nouveau des engelures aux doigts; comme il ne restait plus d'eau de boudin dans la maison, elle fut soignée au jus d'ail : Céleste la frotta avec des gousses fendues. Ainsi pommadée, elle répandait une odeur si forte qu'Adrien se détournait en se bouchant le nez. Puis ce fut son tour à lui de tousser, de brûler de fièvre. Le Dr Rabbe se hissa difficilement jusqu'au Cayrol dans sa vieille Citroën enchaînée. Il parla de pleurite, de ventouses, de cataplasmes. Heureusement, il avait apporté la farine de moutarde nécessaire. Il se fit payer en beurre, en œufs, en fromage.

Suivant l'exemple qu'Adrien lui avait donné, Zénaïde se mua en garde-malade. Chaque fois qu'il toussait, elle recommandait :

– Ferme la bouche. Ne tousse pas de nouveau. Tu viens juste de tousser.

Il essayait de se retenir, jusqu'au moment où il explosait sous les couvertures. Elle lui aurait bien fait la classe aussi; mais il ne convenait guère à une fille du cours moyen d'enseigner un garçon de cours supérieur, qui devait subir les épreuves du certificat d'études au mois de juillet. Elle se contentait donc de lui rapporter les incidents, les potins de l'école et du catéchisme :

– Gandilh m'a demandé : « Comment va Nez de Cane ? » Je lui ai répondu : « Et toi, comment vas-tu, Pied de Cochon ? »

– Tu l'as... tu l'as... appelé « Pied de Cochon » ?... Aïe! Aïe! Ne me fais pas rire... je t'en prie... ça me pique trop... sous les côtes...

Elle ne parla plus que de choses sérieuses. Elle demanda :

– La pleurite, tu crois qu'on l'appelle comme ça parce qu'elle fait pleurer ?

– Sûrement.

– Mais toi, tu ne pleures pas. Tu es très courageux.

– Oui. Y a des fois où j'ai quand même envie de pleurer.

– Est-ce que je peux faire quelque chose pour te soulager ?

– Reste ici, à côté de moi. Ça me soulage.

Il sortit un bras, une main. Elle la prit dans les siennes. Ils se sentirent liés l'un à l'autre comme pour aller à l'école, dans les bois, dans les nuages. Frère et sœur. Cousin et cousine. Promis et promise. Il avait les doigts courts, gros comme des saucisses. Elle les avait longs, effilés comme les fuseaux de la quenouille. Sentant qu'il peinait à parler, à respirer, elle fit une petite prière : « Bonne Mère, s'il vous plaît, donnez-moi la moitié de son mal. »

– Tu dors ?

– Non.

– Tu fermes les yeux.

– Je disais une petite prière pour que tu guérisses.

Soudain, elle lui posa une étrange question :

– Tu crois qu'un jour, quand nous serons grands, nous pourrions nous marier ensemble ?

D'abord il resta muet. Puis il répéta son objection :

– Je n'épouserai jamais une bonne sœur.

– Oh ! peut-être que je ne me ferai pas religieuse ! Je suis pas encore tout à fait décidée.

– Dans ce cas... dans ce cas...

Une quinte l'interrompit. Ils restèrent un long moment silencieux. Elle dit encore :

– Faut que j'aille faire mon devoir conjugal.

– Qu'est-ce que c'est, ton devoir conjugal ?

– Mes conjugaisons.

Il ne manquait pas de visites : tous ceux de la maisonnée montaient à tour de rôle. Mais sitôt que tel ou tel redescendait, il réclamait :

– Envoyez-moi Zéna.

Elle l'aida vraiment à guérir.

Profitant de son alitement, le printemps finit quand même par arriver. Sur la pointe des pieds. Le soleil se fit plus chaud, les neiges suaient de toutes parts, malgré les efforts des perce-neige et des ellébores pour les retenir. La Cantalesse fit place au Cantonnier de Nîmes. L'herbe reparut, roussie par les gels, ne demandant qu'à reverdir. Coucoulagne, qui n'avait plus de foin, sortit ses brebis personnelles. Elles tiraient les mottes par les cheveux, encore saupoudrées de blanc, ça leur faisait des sorbets à la menthe. Dès lors, comme s'il n'attendait que ce signal, le renouveau mit les bouchées doubles.

Toute l'école du haut fut heureuse de revoir le jeune Rouffiat qui sortait d'une longue maladie. Excepté sans doute le bec-de-lièvre Gandilh, bête et malicieux, cherche-chicane, on disait de lui : « Il ferait battre Cantal et Margeride ! » Au catéchisme, l'accueil fut aussi chaleureux. L'année 44 était de grande importance pour Adrien : celle de la première communion, prévue pour le mois de mai. L'abbé Cruèghe leur avait promis : « Ce sera le plus beau jour de votre vie ! » Gandilh, qui suivait ses cours malgré lui, pour obéir aux ordres, prêchait l'opposition sitôt sorti du presbytère :

– La religion, j'en ai rien à foutre. Excepté l'Évangile, à cause qu'y a dedans des aventures, le Samaritain, Jésus qui marche sur les eaux, saint Pierre qui coupe une oreille au Romain, et toutes ces conneries. Mais le reste, les Commandements, les actes de foi et de pénitence, les prières, quelle barbe !

– T'es pas obligé de venir au catéchisme !

– Y a quelque chose qui m'oblige : la canne de ma grand-mère.

– Elle te bat ?

– Tous les jours. Pour un oui, pour un non. C'est une vieille sorcière. Elle dit : « Je voudrais pas mourir avant de te voir faire ta première communion. » Elle pense que ça me rendra meilleur. Mais ça pourrait me rendre plus pire. Seulement, si je veux être débarrassé d'elle, suivant ce qu'elle souhaite, faut bien que je la fasse, cette garce de communion !

Gandilh débitait ainsi des propos à faire dresser les cheveux sur la tête. Mais leur méchanceté dépassait l'entendement de beaucoup. Ils prenaient cela pour des vanteries. Gandilh mettait sa gloire à paraître méchant et à détester tout le monde. Il l'était moins qu'il prétendait. La preuve, c'est qu'on le vit un jour défendre un petit contre des grands qui voulaient lui chiper sa pomme. Même si, après leur fuite, il avait exigé que le petit lui en donnât une grosse moitié. Toute peine mérite salaire, comme l'affirmait une marque d'apéritif auvergnat [1].

Avant de mourir, l'abbé Verdier leur avait expliqué l'origine de la communion qu'il appelait Eucharistie, ce qui veut dire en grec « Merci beaucoup ». Dans l'Église primitive, après la messe, les fidèles applaudis-

1. *Toute peine mérite Salers.*

saient et criaient : « Eucharistie! Merci beaucoup à notre Dieu! » Il racontait comment Jésus avait eu l'idée de ce sacrement, un soir qu'il se trouvait avec ses douze apôtres à Jérusalem. Occupés à manger ensemble un agneau en l'honneur de la Pâque juive.

– Tout par un coup, Jésus se lève, prend un bassin, se met à laver les pieds de ses amis. Si un jour vous recevez chez vous des amis, lavez-leur les pieds, ils seront sûrs de vos sentiments. Jésus savait que parmi ses convives se trouvait un traître nommé Judas, qui le livrerait aux soldats romains pour qu'il fût cloué sur la croix. N'importe, il lui lava les pieds comme aux autres. Chacun mangea sa part d'agneau. Ensuite, comme il restait sur la table du pain et du vin, Jésus en prit un peu, en disant : « Ceci est mon corps. Ceci est mon sang. » Chaque apôtre mangea de ce pain, but de ce vin, en disant : « Eucharistie! Merci à Dieu! »

L'abbé Verdier concluait en disant qu'ils deviendraient eux-mêmes des apôtres du Christ sitôt qu'ils auraient reçu sur la langue l'hostie consacrée, qui n'était rien d'autre qu'une rondelle de pain sans levain, mais devenait la chair du Christ grâce à l'Eucharistie.

L'abbé Cruèghe, son successeur, fut moins explicatif. Il se contenta de régler le déroulement de la cérémonie, qui tomberait le jour de Pâques, en pleines vacances de printemps. Mais tous avaient présent à l'esprit ce rôle d'apôtres qui allait leur incomber. Par une merveilleuse coïncidence, ils étaient justement douze à s'y préparer, garçons et filles, Auvergnats et étrangers. Dont deux petits Juifs parisiens qui déployaient le plus grand zèle dans l'apprentissage de la religion catholique. Quant à Gandilh, qui voulait recevoir la communion avec la pensée qu'elle ferait mourir sa grand-mère, il figurait tout naturellement Judas l'Iscariote.

A cette glorieuse journée, le Cayrol invita des parents, des amis, des connaissances. Il y eut des Ajalbert, des Rouffiat, des Guignabert, des Pareyre, des Teyssèdre. En tout, une vingtaine de personnes. Les cuisinières préparèrent des nourritures pour cinquante : volailles, lapins, choux farcis, truffade, cèpes en cocotte, pounti aux pruneaux, flogne à la bouillie. Mais en attendant le festin, Adrien devait rester les dents sèches et l'estomac vide jusqu'à la fin de la messe. Il n'en souffrit guère. Pas assez, se dit-il, se demandant comment on pouvait devenir compagnon du Christ crucifié à si bon compte.

Devant l'église, il se mêla au groupe des communiants. Un photographe était là pour leur tirer le portrait à la demande. Or voici que Gandilh, qui n'avait guère coutume de se montrer offrant, vint à Rouffiat, tenant à la main une boîte ronde remplie de boules de gomme.

– Sers-toi, fit-il en souriant de sa lèvre fendue.

Lui-même en prit une, se mit à la mâchouiller. Adrien comprit sa manœuvre : inspiré par le diable, le Molédou s'efforçait d'induire ses camarades en tentation de gourmandise. S'ils s'approchaient ensuite de la sainte table avec une boule de gomme dans l'estomac, ils commettraient un sacrilège. Adrien trouva la juste parade; il prit une boule, la glissa dans sa poche :

– Je la sucerai après la messe.

Gandilh l'Iscariote en fut pour ses frais.

Tout se déroula selon le cérémonial prévu et répété. Une surprise cependant : près de l'autel, le crâne luisant, la barbe en éventail, les mains dévotement jointes sur la poitrine, on put voir ce galvaudeux de Coucoulagne, invité par le nouveau curé. Celui-ci, au milieu de la fonction, s'agenouilla et lui lava les pieds dans une bassine. Ils semblaient en avoir bien besoin. Cela fait, ils rentrèrent tout nus dans ses sabots. Après l'Eucharistie, les enfants sortirent de l'église, mués en apôtres. Y compris Gandilh qui avait avalé sans frémir le corps du Christ derrière une boule de gomme.

Adrien fut embrassé par les vingt convives prévus, ce qui lui fit soixante poutous au total. Les trois baisers timides que lui donna Zénaïde furent applaudis. Chacun souriait aux anges. Quand tout à coup... : *tacatacatacataca*!

Les embrassades s'arrêtèrent net. Tous les yeux se levèrent en direction du Lioran, d'où était tombée la pétarade.

– Ça, dit le colonel Constant, c'est une rafale de F.M.

On s'attendait à une suite. Elle ne vint pas. Hommes et femmes se regardèrent avec un mélange de surprise et de frayeur. Puis, tout doucement, la fête des eulogies reprit son cours. Chaque famille regagna son domicile.

Au Cayrol, le festin fut très joyeux. Assis selon leurs places habituelles, Zéna se trouva face à un Adrien nouveau qu'elle contemplait avec respect. Compagnon du Christ, il ne pourrait plus désormais se permettre les coups de pied sous la table, les chatouilles et autres incongruités.

Les vêpres réunirent encore les communiants. Ils chantèrent le *Magnificat* et ce fut magnifique. La plus belle voix de toutes était celle de ce ferlampier de Gandilh l'Iscariote.

Le lundi de Pâques, autre jour férié, les deux enfants furent exemptés de garde. Se tenant par la main, ils partirent en promenade et montèrent jusqu'au roc des Fraux, une sorte de rempart naturel formé de ces cylindres de noir basalte, collés ensemble, que les géographes nomment orgues volcaniques. Au sommet, un pan de muraille, restes, disait-on, du couvent de saint Calupan qui avait abrité des moines orpailleurs. Devenus très riches en recueillant les paillettes d'or que roulait le rau du Ché, ils avaient pourtant fait vœu de pauvreté, selon la règle de saint Benoît. Un jour, le feu du ciel tomba sur leur maison, en foudroya plusieurs ; les autres se dispersèrent, comprenant leur faute.

Ils atteignirent cette ruine après une difficile ascension. Adrien montra à son amie un trait gravé dans la pierre, une sorte de *T* qui était la signature de Dieu. Pour bien faire comprendre que la foudre n'avait pas été un accident, mais une punition divine.

– C'est que, dit le drôle, les moines n'ont pas le droit d'être riches.

– Et qui a le droit d'être riche ?

– Tous les autres. Les colonels. Les médecins. Les commerçants. Les notaires. Les avocats.

– Et les paysans ?

– Les paysans sont tous pauvres.

Adrien ne connaissait que ceux de la montagne. Malgré le marché noir, qui ne durerait guère, ceux-ci vivaient en effet pauvrement ; mais ils mourraient riches, laissant à leur descendance une borie, des bois, des troupeaux, des pâturages. La pauvreté des champs n'a rien de commun avec la pauvreté des villes. La richesse non plus.

Il lui montra une fissure entre deux tuyaux d'orgue : elle avait été le coffre-fort des anciens moines. Pour obéir aux décrets de Dieu, ils y avaient en partant glissé toutes leurs pièces d'or.

– Tu crois qu'elles y sont toujours ?

– Certainement. Tu vas entendre.

Il y laissa tomber un petit caillou, qui atteignit le fond après quelques secondes en produisant un bruit d'écus et de pistoles.

– Il y en a beaucoup ?

– Des palanquées !

– Et personne n'a jamais eu l'idée de les récupérer ?

– Le souterrain s'est écroulé. Il faudrait ouvrir la montagne. C'est trop difficile. Et dangereux.

Pour mieux se faire comprendre, il désigna le *T* dans le rocher. Ils demeurèrent un moment silencieux. Chacun réfléchissait à la complication des choses. Adrien posa une question inattendue :

– Tu crois vraiment, vraiment que Dieu existe ?

– Boudi ! Tu viens de faire ta première communion et tu te demandes à présent si Dieu existe ? Naturellement, qu'il existe ! Moi, j'en suis certaine.

– Qu'est-ce qui te le prouve ?

– C'est que j'obtiens de lui ce que je veux sans faute quand je fais une prière. Par exemple, je lui ai demandé de guérir de mon anémie. Et paf ! je suis guérie. Le mois dernier, je lui ai demandé de recevoir une lettre de Marseille. Et paf ! je l'ai reçue.

– Il te donne vraiment tout ?

– Oui. A une condition. Quand je fais mes prières, je dois fermer l'œil gauche. Comme ça... Sinon, il m'accorde une fois oui, une fois non.

– Pourquoi le gauche ?

– Je ne sais pas. Faudrait le questionner.

Ils s'allongèrent dans la bruyère, côte à côte, leurs mains réunies, selon leur habitude. Ils regardèrent le ciel où habite Jésus, fait de masses noires et blanches, et d'intervalles bleus. Zéna crut apercevoir Jésus qui leur faisait coucou. Elle ferma l'œil gauche. Elle en fut certaine. Tempête, à leurs pieds, menait la chasse à ses puces, en gémissant quelquefois parce qu'il lui arrivait de se mordre à vif. Adrien avait ses pensées ailleurs, car il commença :

– Je n'ai ni frère ni sœur.

Puis il se tut. Ce n'était pas un bavard, un de ces *barjacaïres* qui lâchent leurs mots comme les chèvres lâchent leurs crottes, sans les considérer. Drien avait besoin au préalable d'une longue considération. Zéna se garda bien de l'aiguillonner. Il acheva enfin :

– Je n'ai que toi.

– Quand ton papa reviendra d'Allemagne... osa-t-elle dire.

– Eh bien ?

– ... il t'achètera peut-être un petit frère... ou une petite sœur.

– Ça ne m'intéresse pas. Un frère ou une sœur qui aura quatorze ou quinze ans de moins que moi... Je voudrais...

– Qu'est-ce que tu voudrais ?

– Te garder.

– Tout le temps ?

– Longtemps... Jusqu'à ce que nous soyons grands, toi et moi. Ensuite... ensuite, on verrait.

– Moi aussi, je voudrais bien rester au Cayrol. Mais un jour, la guerre finira. Je devrai retourner à Marseille.

– Je sais bien. C'est pourquoi, je te propose une chose...

– Quelle chose ?

– Une prière. Puisque tu obtiens de Dieu tout ce que tu lui demandes...

Il lui souffla dans l'oreille le sens de sa pensée. Elle en resta d'abord toute muette. C'était vraiment un peu gros. Mais Jésus avait accompli tellement de miracles, qu'il pouvait bien... Elle dit :

– Pourquoi pas ?

– On y va ?

– On y va. Mettons-nous à genoux. Et n'oublie pas, surtout, de fermer l'œil gauche avec ta main.

Il fit exactement comme elle recommandait. Après un signe de croix, ils récitèrent ensemble un *Notre Père,* puis énoncèrent leur demande :

– Mon Dieu, s'il vous plaît, faites que la guerre ne finisse pas jusqu'à ce que nous soyons grands.

Ils la récitèrent trois fois parce que, dans la religion catholique, les choses vont par trois.

Comme ils étaient face à face, ils se regardèrent dans les yeux. Et chacun se distingua, minuscule, dans les prunelles de son vis-à-vis, ainsi que dans un miroir rapetissant. Leurs souffles se mêlaient. Ils se frottèrent le nez l'un contre l'autre, à la manière des Esquimaux. Des cris aigus leur firent lever la tête. Sur le champ bleu du ciel, des hirondelles se poursuivaient, se harcelaient, se livraient bataille. Une querelle d'oiseaux. Cela fit naître dans l'esprit de la Marseillaise une idée saugrenue. Soudain, elle se jeta sur Drien encore agenouillé, le renversa sur la bruyère. Il semblait ne pas opposer une forte résistance. Elle s'assit sur ses genoux, comme il avait fait deux fois, afin de lui rendre la pareille. Et de le défier :

– Dis *sèbe*! Dis *sèbe*!

– *Sèbe.*

– Encore!

– *Sèbe.*

Elle vit sur ses lèvres, à lui qui ne souriait guère, un faible sourire. Comme s'il éprouvait plaisir maintenant à se laisser vaincre par sa faiblesse. Boudi! Elle sentit dans son cœur une mayonnaise de sentiments très compliqués.

– *Naz-de-Rito!* dit-elle avec douceur.

Il aurait pu répondre : Bouillabaisse. Il ne le fit pas. Elle étudiait son visage comme jamais encore elle ne l'avait fait. Son front lisse, bien rectangulaire sous les cheveux tondus à double zéro. Les sourcils longs, effilés, presque féminins. Sous le nez de cane hérité de sa grand-mère Louise, la bouche large et nette, les dents blanches et fortes, le menton carré. Elle remonta aux yeux : d'un gris-vert piqueté de points d'or, ils évoquaient une prairie fleurie de renoncules.

Quelques jours après Pâques, l'abbé Cruèghe reçut son collègue du Chantier 40, Groupement I.

– C'est fini, dit l'aumônier. Nous sommes dissous. Pouvez-vous recueillir la vierge de notre chapelle?

Pauvre vierge provisoire de plâtre creux! Tout à l'image du régime en place depuis juin 40. Vichy, capitale de la pastille, avait depuis des années vocation de guérir les jaunisses, les coliques hépatiques, les calculs biliaires; non de gouverner la France au nom de l'envahisseur et des calculs politiques. Le curé d'Albepierre accueillit donc la statue, lui trouva une place obscure dans son église. Et à son collègue :

– Vous partez aussi ? Où allez-vous ?

– Dieu seul le sait.

Dans les jours qui suivirent, les Arapeyrous et les populations environnantes firent gorge chaude et curée sur les baraques abandonnées. Tout disparut : les meubles, les portes, les fenêtres, les lavabos, les ustensiles de cuisine. Le facteur Chavaroche avisa les Rouffiat qu'ils avaient intérêt à descendre d'urgence à la Molède s'ils voulaient encore ramasser quelque chose. Au prix de gros.

– Merci beaucoup, dit Léonce. Nous n'avons besoin de rien.

Le déménagement dura une semaine. A pied et en voiture. On rencontrait par les chemins des hommes, des femmes porteurs de chaises, de casseroles, de vaisselle, d'extincteurs, de tuyaux d'arrosage. Les retardataires durent se contenter des cloisons et des toitures en fibro-ciment. La chapelle fut démontée et enlevée comme le reste.

Au terme de ces razzias, le Chantier 40 fit place à une clairière nette comme la main. Sans vestiges. Sans souvenirs.

18

Comme si de rien n'était, comme si la période était à l'espérance, aux projets de carrière, aux vastes pensées, le cours supérieur de Mme Rigal préparait l'examen du certificat d'études. Indispensable pour devenir cantonnier, facteur des postes, lampiste, tambour de ville, garde-barrière. Il ne concernait pas Zénaïde Pujol, qui ne l'affronterait qu'en 1946; mais Adrien Rouffiat le travaillait avec sérieux. Lorsqu'ils gardaient les vaches ensemble, elle lui faisait réciter, d'après une liste, les dates de l'histoire de France, les points culminants, les fleuves et rivières avec les villes traversées. Ils n'ignoraient pas que les armées françaises avaient été vaincues en 1940 par les allemandes, plus nombreuses, mieux armées, mieux préparées, mieux commandées; que la France subissait le joug des envahisseurs, mais qu'elle serait bientôt libérée grâce au courage réuni de nos alliés et des Français libres venus d'Angleterre, ou combattants des maquis. Mme Rigal recommanda un jour de penser à eux, de les aider à l'occasion. Adrien leva l'index :

– Madame, s'il vous plaît, qu'est-ce qu'on peut faire pour les aider ?

– Les recevoir s'ils frappent à votre porte, leur donner à manger, parce qu'ils risquent leur vie.

– Mon grand-père leur a donné une vache. Mais il dit que les maquis, c'est tous des ferlampiers.

– Pas tous. Il y a les vrais et les faux.

C'était donc bien comme les champignons. Il n'osa l'interroger davantage, lui demander comment on les distinguait.

– En attendant notre libération, conclut-elle, le mieux que vous puissiez faire est de bien travailler. En classe et chez vous. Pour préparer la France de demain.

Comme ils sortaient de l'école, ils virent un rassemblement devant le four communal. Adrien et Zéna s'approchèrent et purent lire une affiche collée contre la porte, zébrée de bleu-blanc-rouge :

République française
Liberté. Égalité. Fraternité.
MOBILISATION
Jeunes des classes 39, 40, 41, 42, 43, refusez de prolonger la guerre par votre travail dans les usines de l'ennemi. Refusez-vous à la déportation voulue par les traîtres Pétain-Bazaine, Laval-le Négrier et Darnand-Judas. Défendez-vous, défendez votre pays en vous engageant dans les FRANCS-TIREURS et PARTISANS. Rejoignez nos maquis.
Le comité des FTPF Allier, Puy-de-Dôme, Cantal, Corrèze, Haute-Loire.

Les deux drôlets ne comprirent que la moitié de ce que signifiait ce texte. Devant l'affiche, cela discutait ferme. Si les hommes restaient plutôt silencieux, les femmes se montraient violemment opposées. Elles criaient qu'elles avaient déjà donné un père ou un mari, retenus dans les stalags, et ne se sentaient pas disposées à donner maintenant un frère ou un fils. Pour finir, l'une d'elles s'avança, tendit ses griffes et lacéra la feuille dont il ne resta que quelques débris collés. Ses amies l'applaudirent.

Le dimanche 25 mai, tous ceux qui n'étaient point sourds apprirent dans Albepierre que de grands événements se préparaient. Venus des villes et des grosses bourgades – les hameaux restaient encore sur leur quant-à-soi –, des mobilisés se dirigeaient en masse vers la Margeride et les bois du Mont Mouchet. Un pays de loups. C'est là, près d'Auvers, qu'avait été jadis traquée et tuée la Bête du Gévaudan qui mangeait le monde. Tuée pour la douzième fois au moins, parce qu'après chaque mise à mort elle renaissait de ses cendres. Pour venir à bout d'elle, il avait fallu que le roi Louis XV expédiât ses meilleurs louvetiers. Encore n'avaient-ils pas suffi, à cause de cette manie qu'elle avait de ressusciter. Un paysan nommé Jean Chastel – mais il était aussi sorcier, comme tous les habitants de la Besseyre, son village – la convainquit de se laisser arquebuser par ses soins. Dans l'obéissance et le respect. Tels étaient les lieux, à 1 500 m d'altitude, vers lesquels montaient ces rebelles.

Un autre maquis se formait plus au sud, de chaque côté de la Truyère, autour de Chaudes-Aigues, englobant les villages de Deux-Verges, Anterrieux, Maurines, Saint-Martial, Fridefont ; il attirait spécialement les Cantaliens, les Lozériens, les Aveyronnais.

A pied, à bicyclette, en voiture, par le train, chantant *La Marseillaise*, drapeau tricolore au vent, sous les yeux incrédules des gendarmes pétainistes, ils emportaient des cannes à pêche pour laisser croire qu'ils allaient taquiner le goujon. Bientôt, ils furent là-haut des milliers, en brodequins, en espadrilles, en galoches, en sabots. Tout à fait soldats de l'an II. A l'entrée du camp, une banderole : *Ici commence la France libre.* Ils dormaient sous la tente ou dans des huttes de fortune. Seul l'état-major jouissait d'une résidence en dur : la maison forestière, une ancienne ferme tout en longueur, avec une montade et un fenil en son milieu.

Ouvriers, commerçants, fonctionnaires, ils retrouvaient les gestes préhistoriques : ceux de la chasse, de la cuisine rudimentaire, du sommeil en commun sous la garde du veilleur, du feu de bois, des étoiles observées d'où pouvaient venir les secours aussi bien que le malheur. Comploteurs contre le régime en place, ils abandonnaient leur patronyme. Les uns choisissaient des noms d'animaux : Sanglier, Rossignol, Tigre, Castor, Perroquet, et composaient une arche de Noé. D'autres donnaient dans le cocasse : Latéral, Manomètre, Polygone, Nimbus, Tartarin, Ademaï. Ou dans le vengeur : Judex, Jeanne d'Arc, Zorro, Chouan. Ou dans le calembour : Soulier devenait Chausson, Léon devenait Noël, Athènes devenait Gréco. Ils se nourrissaient de sardines à l'huile, de fromage, de pain et de pommes de terre. La nuit, ils allumaient des feux pour attirer les avions anglais comme les lampes attirent les papillons. Et les avions anglais se laissaient séduire. Ils lâchaient des conteneurs remplis de vêtements, de chaussures, de postes de radio, de billets de banque, d'armes. Notamment de curieuses grenades Gammon en matière plastique. Elles avaient la forme de flacons noirs fermés par un bouchon vissé. Le mode d'emploi expliquait qu'il fallait enlever le bouchon; alors, une petite flamme s'allumait à l'intérieur : « Tu comptes jusqu'à trois, tu vises le blindage des chars; elles s'y accrochent comme des sangsues et sucent l'acier qui fond autour d'elles. »

Tous ces détails se racontaient dans les bistrots d'Albepierre et de Murat. Léonce les recueillait et les gardait pour lui. Son fils Denis, son gendre Guignabert étaient retenus en Allemagne. Plus personne n'était mobilisable au Cayrol. Il continuait donc de mener son existence d'éleveur et d'agriculteur sans y rien changer, respectueux des lois du moment, respectueux de la religion, respectueux du Maréchal qui avait été son chef en 14-18; prudent envers les maquis; détestant les envahisseurs, mais ne faisant rien contre eux, ce n'était plus de son âge. Sa seule infraction commise depuis 1940 avait été de cacher son fusil de chasse au lieu de le déposer à la mairie. Non point qu'il eût l'intention de s'en servir contre les Allemands, mais parce qu'il préférait garder bien enveloppé de toile, dans la fenière, un ustensile qu'il avait payé cher. Il savait d'instinct que toutes les révolutions se sont faites sans une grande participation des campagnes, attachées plus que les villes à la paix et à l'immobilisme ; que les paysans s'y sont montrés plutôt contre-révolutionnaires ; il attendait que la Libération s'accomplît sans lui. Quand on lui rapportait l'horrible sort des citadins, la famine, le froid, le dénuement, les persécutions, les arrestations, il lui arrivait même de s'écrier :

– Je me demande ce qu'attend le peuple pour se révolter !

Se sentant bien à l'aise dans ses sabots et ses braies de velours côtelé, privé seulement de vin et de tabac, il n'avait pas nettement conscience qu'il appartenait lui-même à ce peuple humilié.

La prudence était d'autant plus recommandée que les troupes allemandes, à peu près invisibles jusque-là, occupaient à présent Aurillac et Saint-Flour, où elles opéraient des enlèvements et des exécutions. Des maquisards les accrochèrent même près de Murat, dans la côte de Pignou, et près de Laveissière. De la borie, on put entendre le crépitement des armes.

Mais voici qu'à partir du 6 juin, on sut que les troupes alliées avaient débarqué en Normandie. Les paysans commencèrent à se demander s'ils ne devaient pas se remuer un peu. Malgré les exhortations de Pétain et de Laval qui, sur les ondes de Radio-Paris, suppliaient la population de se tenir coite : « La France n'est pas dans cette guerre. Vous vous refuserez à aggraver la guerre étrangère par l'horreur de la guerre civile. »

En fait, ce furent les troupes allemandes qui décidèrent d'attaquer le réduit du Mont Mouchet. Elles y employèrent l'infanterie, l'artillerie, les chars et même l'aviation. Ah! ce fut un beau vacarme! La bataille furieuse dura trois jours. Des centaines de maquisards abreuvèrent de leur sang les bruyères de ce plateau; la maison forestière fut écrabouillée. Sans compter les fusillés civils à Ruynes, à Pinols, à Clavière. Avec la longue-vue de Jeff, on pouvait observer les villages qui flambaient dans la nuit. Des milliers de rescapés échappèrent néanmoins à l'encerclement et rejoignirent le réduit de la Truyère.

Tout cela se déroulait assez loin d'Albepierre. Mais le 12 juin au matin, Mme Rigal dit à ses grands élèves :

– Je crains bien que vous ne puissiez aller subir les épreuves du certificat d'études. Murat est occupé par les Allemands. Ils ont réquisitionné les hôtels et les écoles. Peut-être en octobre...

Déception des uns. Satisfaction des autres.

Les événements qui suivirent appartiennent à l'histoire. Ils ont été relatés maintes fois par la presse, par les livres, par les monuments, par les veillées, par les complaintes.

Venant de Saint-Flour le 12 juin, le capitaine S.S. Hugo Geissler, escorté d'un bataillon de Feldgendarmerie et de plusieurs camions de miliciens, roule vers 7 heures du matin en direction de Murat. Dans ses fourgons, quatre jeunes résistants arrêtés les jours précédents. Ne voulant pas s'encombrer de bagages inutiles, il ordonne de les fusiller et abandonne leurs cadavres dans un bois de pins. Aux abords de la ville, il abat encore deux hommes qui ont eu le tort de courir à son approche. A 9 heures, il entre dans la mairie, encadré de sa garde. C'est un homme trapu, la casquette penchée sur l'oreille, le poil blond-roux, l'œil bleu-vert, les jumelles au cou. Il fait appeler le maire Hector Peschaud et son secrétaire, étale devant eux une collection de fiches, au nom de 13 Muratais dont il connaît les sentiments, les accointances, les faits et gestes. Les Feldgendarmes et leurs auxiliaires français vont les surprendre à leurs domiciles et les bouclent dans un local municipal. Parmi eux, le Dr Rabbe, maire d'Albepierre et deux femmes arrêtées à la place de leurs maris absents.

Vers 17 heures, mission accomplie, profitant de la longue journée et de la tiédeur du soir, un groupe de miliciens et de soldats verts s'offrent un moment de détente en jouant au football sur la place du Balat, entre la mairie et le monument aux Morts de 14-18. Une sentinelle contemple la partie. Soudain, claque un coup de feu : la sentinelle tombe. Aussitôt après, la place est balayée par des rafales de F.M. Geissler hurle :

– Alarm !

Il sort, revolver au poing. A peine a-t-il fait un pas sur la place qu'il est cueilli par le feu. Il tournoie sur lui-même et s'abat, le nez dans la poussière, en direction de la mairie, comme s'il voulait y retourner.

Pendant que ce chef gestapiste procédait à ses opérations de police, quelques dizaines de maquisards du Cézallier, avertis par téléphone de sa présence à Murat, s'étaient infiltrés dans la ville et avaient pris position au pied du rocher de Bonnevie. Sous la protection de Notre-Dame de la Haute Auvergne. De cette hauteur, les joueurs de football avaient été tirés comme des lapins. Des camions de munitions et d'essence furent aussi incendiés. Bilan de la journée : dix morts et quatorze blessés, soignés dans une classe du collège par le Dr Rabbe. Profitant de la confusion, les maquisards s'étaient ensuite retirés.

Le soir même, les 13 Muratais arrêtés sont transportés à Saint-Flour, où ils rejoignent 40 autres otages retenus dans l'hôtel Terminus. Au cours de la nuit, un conseil de guerre allemand ultra-rapide les juge et décide d'en fusiller 25 comme premières représailles. Comment sont-ils choisis ? Celui-ci parce qu'il chausse des brodequins, ce qui prouve son appartenance au terrorisme. Celui-là, parce qu'il porte un blouson de cuir. Cet autre parce qu'il est mal rasé. On les conduit en pleine campagne, près de Soubisergues, sur la route de Saint-Flour à Langeac, avant le pont du chemin de fer. Au fond d'un petit vallon, on les aligne, les bras en l'air. Un capitaine du S.D.[1] *leur lit à voix haute le texte de leur condamnation à être fusillés dans le dos. L'un d'eux demande la permission de baisser les bras pour faire pipi. On la lui accorde. On attend qu'il ait reboutonné sa braguette, relevé les bras.*

Les 28 épargnés sont conduits en car, sous la garde de miliciens, jusqu'à Clermont où ils sont emprisonnés dans la caserne du 92ᵉ R.I., en attendant leur déportation.

La vengeance est un plat qui se mange froid. Douze jours après l'exécution de Geissler, pour un complément de représailles, une unité allemande comprenant des volontaires de l'Est, Tatars et Azerbaïdjianais, revient à Murat. Elle se répand dans les rues, viole les domiciles, ordonne à tous les hommes de 17 à 50 ans de se rendre devant la mairie munis de leurs pièces d'identité. Ainsi parqués toute la journée, 300 Muratais assistent au dynamitage des maisons. Les Allemands choisissent 117 d'entre eux. Dans la nuit, transportés à Clermont, ils rejoignent, au 92, les 28 précédents.

Pendant ce temps, le réduit de la Truyère subit les violents assauts de la Wehrmacht. L'aviation bombarde Fridefont, Saint-Martial, Maurines, Anterrieux. Une colonne d'automitrailleuses ornées de feuillages entre dans Chaudes-Aigues. Ivres de rage et d'alcool, les envahisseurs pillent, incendient, violent, fusillent. Les blessés, les médecins, les infirmières n'échappent pas à leur fureur.

Nombre de résistants se démobilisent et regagnent leurs foyers, vaincus, tête basse. D'autres se dirigent vers les hauteurs suprêmes du Cantal, Narnhac, Brezons, le Plomb, le Lioran. Au-delà, il ne reste plus que les nuages.

1. *Sicherheitsdienst* : Service de Sécurité.

Des camions et des cars remplis de maquisards harassés montaient chaque jour vers Raveyrol, Prat-de-Bouc, la Sagnette. Le 30 juin, quand les enfants d'Albepierre se présentèrent à la porte de leurs écoles :

– Rentrez chez vous, dirent les institutrices. Vous êtes en vacances.

Un mois plus tôt que d'habitude ! Les gamins firent joyeusement demi-tour, jugeant que les guerres ont du bon, quoi qu'on en dise. Au Cayrol, on ne fut surpris qu'à moitié de voir revenir les deux drôlets, avec le taraboum qui se produisait dans la région. Ce supplément de vacances tombait d'ailleurs à point nommé : Adrien et Zéna prêteraient la main aux fenaisons.

Car, guerre ou paix, la vie devait continuer. Les vaches devaient monter aux pâtures, l'herbe devait pousser, le seigle devait mûrir, les pommes de terre devaient prendre du ventre. Le soleil, la pluie, les vents donnaient l'exemple de cette continuité.

Le lendemain, les Rouffiat virent arriver au pas de charge le facteur avec sa sacoche vide :

– Les Boches ! Les Boches ! Ils sont dans Albepierre ! J'ai pu me sauver juste avant qu'ils occupent toutes les rues ! Qu'est-ce que nous allons devenir ?

On le fit asseoir. On lui remonta le moral avec un verre de vin. Tout le jour, il demeura terré dans la ferme bien qu'il n'eût rien à se reprocher, n'étant ni pour ni contre personne. Jeff observa Albepierre avec ses jumelles :

– Y a quelque chose qui brûle. Avec une fumée noire.

– Une maison ?

– Je ne me rends pas bien compte.

Soudainement, *boum ! tsim ! tsim ! tsim !*

– Qu'est-ce qui le prend, celui-là ? dit Léonce, en regardant « le reloge » qui venait de sonner trois coups, alors qu'il marquait une heure vingt.

D'abord, personne ne comprit. Ensuite, en examinant mieux l'horloge, on s'aperçut qu'elle venait de recevoir dans l'estomac une de ces balles qu'on dit perdues, mais qui ne le sont pas toujours pour tout le monde. Une balle entrée par la fenêtre ouverte. Et aussitôt après, ce fut une belle pétarade et des grondements de moteurs provenant de la route qui montait à Prat-de-Bouc.

Le facteur redescendit à la nuit noire, à travers champs et passant à gué le Lagnon. Le lendemain, quand il remonta, on eut des explications. Les envahisseurs avaient incendié un car abandonné par les maquis. Ils avaient rassemblé dans une salle de classe tous les hommes du bourg qu'ils avaient pu saisir, arrêté trois jeunes revenus de la Truyère quelques jours auparavant, désignés par une lettre dénonciatrice. Les autres furent relâchés, quittes pour la peur. L'officier allemand avait « oublié » sur un pupitre, en partant, la lettre qui l'avait si bien informé. On la mit de côté précieusement, en attendant la suite qu'on pouvait lui donner.

Les soldats verts ayant provisoirement disparu du paysage, on put respirer un peu. Léonce démonta le mouvement de son horloge et entreprit de la réparer. Il retrouva même la balle perdue, logée dans le mur, parvint à l'extraire, déclara qu'il s'agissait d'une balle boche en bronze. Il la reconnut formellement, l'ayant beaucoup fréquentée en 14-18. On enferma ce souvenir dans une boîte de santal, avec les bijoux de famille.

Le lendemain, sur la route du col, on découvrit le corps d'un malheureux jeune homme en tenue de maquisard. Ses yeux ouverts regardaient les nuées. Sa bouche criait silencieusement vengeance au ciel. L'étrange de la chose était que ce glorieux cadavre avait été dépouillé de ses souliers. Sans doute une paire de ces solides et souples brodequins de toile et de cuir jaune *Made in U.S.A.* que les avions anglais parachutaient sur les maquis. Le pillard s'était dit que les morts n'ont pas besoin de godasses, alors que tant de vivants vont si mal chaussés. Il fut enterré tel quel. L'âme de cet infortuné combattant de la Liberté monta au Paradis en chaussettes. Dans les jours qui suivirent, les civils de la région se surveillèrent aux pieds les uns les autres, sans découvrir le voleur de pataugas kaki. Mais sans doute avait-il pris la précaution de les teindre en noir.

Le 6 juillet, des avions mouchards allemands survolèrent en plein jour la montagne du Plomb afin de reconnaître et canarder les rassemblements d'hommes et de voitures. Ils observèrent spécialement la vallée du Brezons, ce ruisseau qui traverse un village homonyme avant de se joindre à la Truyère. De très loin, on discernait le menu crépitement de leurs mitrailleuses, au milieu de la rage des moteurs.

Le 8, avant l'aube, malgré un orage violent et les nuées qui enveloppaient les crêtes, une forte colonne d'envahisseurs venue de Murat traversa de nouveau Albepierre à grand vacarme. En quelques heures, les soldats verts furent partout, à Vigouroux, à Narnhac, à Pont-la-Vieille, à Lacapelle-Barrès, fusillant tout ce qui courait, pillant les fermes, incendiant les hameaux. A Roupoux, des paysans arrêtés furent placés contre un mur, les bras en l'air après avoir dû baisser leurs pantalons pour être mis dans l'impossibilité de fuir. A Polverelles, n'ayant pas trouvé de maquisards dissimulés, ils firent main basse sur les cochons.

19

Le dimanche 9 juillet, la Vieille voulut descendre à la messe comme les autres semaines, malgré les supplications de ses filles :

– Et si vous êtes blessée ? Et si vous êtes tuée ?

– Si je suis blessée, vous me soignerez. Si je suis tuée, vous m'enterrerez, saprediou !

Bernique pour la retenir. Léonce ne pouvait faire autre chose que de l'accompagner dans le charreton. Son chapeau tourné à l'envers. Les autres femmes restèrent au Cayrol, pas très fières de leur prudence. La pluie avait cessé. Les nuages se déchiraient en passant sur les sommets et découvraient des pans de bleu.

Et que se passa-t-il ? Rien du tout. Les deux Vieux remontèrent tranquillement d'Albepierre, derrière la queue de l'âne. Jamais, dirent-ils, l'église n'avait été aussi remplie. Jamais les Arapeyroux n'avaient prié avec autant de ferveur. Dans le danger, les gens se souviennent de Dieu, qu'ils ont un peu oublié dans la paix.

Le desparti se déroula comme à l'accoutumée. Il faisait triplement plaisir de manger : parce qu'on avait faim, parce qu'on possédait le nécessaire, parce qu'on était vivant. Après le café d'orge, Léonce demanda :

– Qui va jiter cet après-midi ?

– Moi ! Nous ! crièrent les drôlets.

Déjà, ils s'ennuyaient de ces vacances trop tôt

venues, ils éprouvaient le besoin de s'occuper. Le Vieux hésita. Puis il se dit que le pâturage de la Fonsade était bien éloigné des grands chemins ; que la guerre n'irait pas les chercher là-haut ; qu'au surplus la guerre pouvait les cueillir à la maison, comme le prouvait la balle perdue dans le ventre du « reloge ».

– D'accord. Vous monterez à la Fonsade. A côté, y a notre truffière. Vous ramasserez les doryphores. Emportez deux vieilles boîtes. Et n'oubliez pas les sanlhes, en cas de pluie.

Les voilà partis, en compagnie de Tempête, dressée pour prendre la place de Tobie, sur le chemin de terre et de pierre, tapissé de bouses gluantes. Tout contents, une musette dans le dos, leur limousine sur l'épaule gauche comme de vrais vachers. Des bêtes se bousculaient, cherchant à s'encorner. La chienne aboyait et les ramenait au calme. La cloche de la Clermonte faisait un joli tintin.

– Combien faut-il de temps pour monter à la Fonsade ?

– Je sais pas. J'ai pas de montre. Compte les secondes, si tu veux.

Un, deux, trois, quatre... Vingt et une, vingt-deux, vingt-trois... A partir de cent, ils comptèrent ensemble. A mille quatorze, ils entrèrent dans la pâture communale que ne tondait jamais que la dent des troupeaux. Bordée en amont par une genêtière. Au couchant, par la truffière des Rouffiat. En aval par un terrain sauvage, couvert de sureaux, de buissons, de framboisiers. Mais en ce début de juillet, les framboises étaient petites et vertes. A cause des orages de la veille, l'herbe, encore humide, fumait telle une lessive sous le soleil maintenant très chaud. Les vaches avaient donc tant d'espace, sauf du côté des truffes, qu'elles pouvaient divaguer comme il leur chantait.

Ils entrèrent dans le champ de pommes de terre rongées par les doryphores. Insectes venus des États-Unis :

à preuve leur tête marquée de petites étoiles et leur échine rayée comme le drapeau américain. Les larves rouges ressemblent à des groseilles; elles dévorent si bien les feuilles qu'au bout de peu de temps il n'en reste que les nervures. Les deux enfants cueillirent une à une chaque bestiole. Bientôt, elles grouillèrent au fond des boîtes de conserve et se montèrent les unes sur les autres. De temps en temps, ils allaient vider ce contenu sur le chemin et en faisaient avec leurs sabots une écrabouillade qui sentait la punaise.

– Il faudrait aussi détruire les œufs, dit Adrien. Mais c'est difficile. Il y en a tellement! Dans trois jours, ils auront éclos, les larves seront revenues.

– Et vous n'aurez pas de pommes de terre?

– Si, quelques-unes tout de même. Moins belles, moins nombreuses. On devrait inventer un poison contre cette vermine.

Ils travaillèrent plus d'une heure – jusqu'à quatre mille deux cent dix – à cette dégoûtation. Leurs sabots étaient glaiseux, leurs mains puantes. Ils les lavèrent dans une flaque.

Ils pénétrèrent dans la Fonsade où les vaches broutaient paisiblement, sous le regard de Tempête. Ils étendirent leurs sanlhes sur l'herbe moite et, faute d'autres dossiers, s'adossèrent l'un à l'autre, comme les deux éléments d'un presse-papier. Chaque fois qu'Adrien parlait, Zéna sentait des vibrations dans sa propre échine. Et vice versa.

– Ferme les yeux, suggéra-t-elle.

Rien. Il ne se passait rien. Ils goûtaient un bonheur silencieux auquel participait la douce rumination des vaches. Longtemps, ils restèrent dans cette béatitude. Puis l'un suggéra:

– Si on mangeait?

Ils tirèrent de la musette leur goûter. Zénaïde avait appris la bonne façon, la façon auvergnate de consommer le fromage. Non pas en enlevant une épaisseur de croûte inconsidérée ; mais en la raclant avec délicatesse, juste ce qu'il faut pour faire tomber les moisissures et les artisons. D'autres bestioles, mais pas nuisibles comme les doryphores, puisqu'elles apportent au cabecou un supplément d'âme. Elle ne les craignait plus. Elle les appréciait.

Ils mangèrent ensemble, communiant par les deux espèces, le pain et le fromage.

Ils en étaient aux dernières miettes lorsque soudain, venant du Plomb, ils entendirent un crépitement mêlé à un ronron. Une main en abat-jour sur les yeux, ils distinguèrent un point brillant. Très vite, il devint un avion qui montait et descendait en piqué, comme une guêpe furibonde. Chaque plongée s'accompagnait d'un *tacatacatacata* de mitrailleuse. La chienne Tempête, bravement, aboya contre cet oiseau marqué de deux croix noires. Après une courbe, il fonça dans leur direction. Le garçon saisit sa compagne par la main, ils coururent, perdant leurs sabots, en direction des framboisiers. Le salut n'était plus qu'à vingt pas. Mais l'avion boche fut sur eux, dans le rugissement de son moteur. Adrien se retourna et tomba sur le derrière. Dans un chardon. Il eut le temps de voir l'énorme appareil et, à l'intérieur, la tête enveloppée de cuir, le mitrailleur qui pointait sur eux sa machine à tuer. « Nous sommes foutus ! Mon Dieu... » Depuis trois jours, l'envahisseur de notre ciel arrosait toute forme humaine qu'il voyait bouger.

Or, l'instant d'après, Adrien se trouva encore vivant. A plat-ventre près de lui, les mains sur la tête, le nez dans l'herbe, Zéna poussait de petits cris aigus. « Des couinements de lapin », pensa-t-il. Toute secouée de sanglots. L'avion était déjà loin. Le mitrailleur avait vu qu'ils étaient deux enfants, il n'avait pas tiré. Mais là-bas, au-dessus de la Planèze, il poursuivait son *tacatacatacata*.

Adrien prit dans ses bras la petite Marseillaise. Il posa sa joue sèche contre sa joue mouillée...

Après la fin juillet, convaincues d'avoir purgé le Cantal de la gueuserie terroriste et judéo-communiste, les forces allemandes se dirigent vers le Limousin afin d'y compléter le nettoyage entrepris à Tulle, Oradour-sur-Glane et autres lieux. En passant, elles ne manquent pas d'en tuer encore à Riom-ès-Montagnes, Neussargues, l'Enseigne. La garnison d'Aurillac, accompagnée de miliciens, remonte la vallée de la Cère, harcelée par les tirs des résistants. Elle doit emprunter le tunnel du Lioran. Elle atteint son embouchure le 11 août à minuit, s'y engage avec prudence, s'attendant à quelque coup de Jarnac. Elle arrive à la sortie sans histoire, surprise que les F.F.I. ne l'aient pas fait sauter. Plus bas, en revanche, la colonne est vigoureusement accrochée à la Pierre-Taillade. Un étroit passage qui ressemble au col de Roncevaux. Après deux jours de combat, le commandant Borgmann sonne de l'olifant : il appelle par radio des secours blindés et aériens. Deux avions viennent d'Aulnat, bombardent Fraisse-Haut, Laveissière et les positions françaises. Celles-ci, par manque de liaison et de coordination, se mitraillent entre elles. Le 14 août, les soldats verts réussissent à franchir le barrage. Ils atteignent Murat où ils font leur jonction avec une colonne d'appui partie de Clermont. Ce même jour, l'ensemble des troupes allemandes évacue la région.

Dès la fin août, libérée de gré ou de force, l'Auvergne croit que la guerre va se terminer d'ici quelques jours. Les drapeaux tricolores fleurissent de toutes parts; les filles se nouent dans les cheveux des rubans bleu-blanc-rouge. Les combattants de l'ombre défilent dans les rues, en plein soleil. Dans les piqueupes installés à la hâte, Maurice Chevalier chante C'est une fleur de Paris. *Alors commence un sport nouveau : la chasse aux collaborateurs, miliciens, membres du S.O.L.* [1]*, indicateurs, dénonciateurs, traîtres*

1. Service d'Ordre Légionnaire.

flagrants ou supposés. Dans le Cantal, une demi-douzaine, dont une femme, seront fusillés après jugement; une douzaine d'autres exécutés à la bonne franquette; une quarantaine condamnés à la prison; une centaine frappés d'indignité nationale et privés de leurs droits civiques.

Mais l'Allemagne nazie n'accepte pas encore de dire sèbe.

Après les fumées d'août, le ciel de septembre s'éclaira merveilleusement. Jamais Cantal ni Margeride n'avaient été aussi verts. Les vaches rouges s'engraissaient à pleine peau. Le regain fut abondant. Rouffiat livrait régulièrement son lait au ramassage. A présent, Zéna ressemblait à une petite Cantalienne, les joues roses, les mollets rebondis. Une longue lettre lui arriva de Marseille. Le timbre-poste montrait toujours l'effigie de Pétain, le service des P.T.T. n'ayant pas encore eu le temps d'en imprimer d'autres; mais il était d'usage, pour montrer qu'on le détestait après l'avoir adoré, de le coller la tête en bas.

Ma nine, Donne-moi très vite de tes nouvelles. Es-tu en bonne santé? Nous avons tous l'estransi à ton sujet. Ici, quoique maigres comme des esquinades, nous sommes tous vivants, ce qui est le principal. Tu ne t'es pas trop usé la plume pour nous écrire depuis que tu es chez les Auvergnats. Il est vrai que, s'il s'était passé quelque chose de grave, nous en aurions été avertis par la gendarmerie ou la Croix-Rouge. Profite bien des bonnes nourritures qu'on te donne. Et mange tout ce qu'on te sert, en disant merci. Les Allemands sont partis de Marseille après avoir fait tout le mal possible, sur les personnes et sur les biens. Ils ont même démoli le Pont Transbordeur. A présent, Marseille sans Pont Transbordeur, c'est un peu comme Paris sans la tour Eiffel. Du moins, va y avoir du travail pour réparer tout ça. Ton père Marcel aura de quoi souder.

Sébastien a réellement été embauché par la compagnie des tramways. C'est lui qui cure les rails avec une barre de fer en attendant de piloter une motrice. Noémie continue de me casser les amandons avec sa folie de cinéma. Elle pense qu'elle peut prendre avantageusement la place d'Orane Demasis qui commence à se ratatiner. Je serais pas contre, si c'était un métier honnête. Mais à ce qu'on m'a dit... Et ma fille n'est pas à vendre. Je pense qu'en Auvergne vous n'avez pas eu comme nous les Allemands sur le dos. Vous étiez bien tranquilles. Tant mieux pour vous. Réponds-nous d'urgence et remercie bien la famille Rouffiat. Sitôt que la paix sera complètement revenue et que je pourrai te nourrir convenablement, je viendrai te chercher. A Aubagne, la mamé vit toujours tranquille comme Baptiste; elle passe son temps à réciter son chapelet. Nous t'envoyons mille bicous. Ta mère dévouée, Émilienne Pujol.

Zénaïde répondit qu'elle se portait bien, qu'elle avait à présent bonne mine; qu'en effet il ne s'était rien passé de grave en Auvergne; qu'on ne pouvait vraiment trouver d'endroit plus tranquille que le Cantal.

Un jour, elle rencontra une coccinelle, qui s'appelle *cacarinette* en provençal et *poulette du bon Dieu* en auvergnat. Elle la chargea d'un message en lui chantant une petite récitation :

Cacarinette du bon Dieu!
Va-t'en dire au bon Dieu
Qu'il me garde dans ce lieu
Encore un tout petit peu.

Elle ne demandait pas grand-chose. Tous les bonheurs ont leurs limites. Elle la laissa se promener un moment sur les veines de sa main. Puis elle lui souffla doucement au derrière. La cacarinette souleva ses élitres rouges à points noirs, déplia ses ailes de soie, finit par s'envoler pour faire la commission.

Adrien et Zéna retournaient sans crainte garder les vaches à la Fonsade. De temps en temps, la drôlette désignait un point, près des framboisiers :

– Nous étions tombés là. Si l'Allemand avait voulu...

Lui, revoyait l'aviateur ennemi derrière sa mitrailleuse, dont le canon fumait. Son visage encadré de cuir, ses sourcils froncés sur des yeux scintillants.

Dans la truffière, poussait aussi une ligne de choux-raves. Ceux-ci avaient changé de nom et s'appelaient à présent rutabagas. Coupés en tranches, on les donnait en hiver aux vaches et aux cochons ; mais les personnes les consommaient aussi, bouillis dans le pot-au-feu, ou bien frits dans la poêle qui les transmuait en caramel. Or les rutabagas, dont on pouvait faire provision dans les caves, dans les placards, sous les lits, envahissaient aussi les villes, leur commerce n'étant pas contingenté. Pour bien l'accepter sur la langue, l'antique chou-rave exigeait une ancestrale familiarité, dont les citadins étaient dépourvus.

– Je trouve, osa dire chez Rouffiat un de ces Stéphanois qui, même après le départ des occupants, continuaient d'écumer les campagnes, je trouve le rutabaga absolument dégueu.

– Qu'est-ce que ça veut dire ? demanda Léonce.

– Il n'aime pas le chou-rave, traduisit Jeff.

– Question d'habitude.

– Je ne m'habituerai jamais.

– C'est comme moi avec ma Vieille, poursuivit Rouffiat, en jetant un coup d'œil vers Louise qui somnolait au coin du feu. Avec ma Vieille quand elle a perdu ses dents. J'ai cru d'abord que je m'y habituerais pas. A présent, y a belle burette que je m'y suis habitué.

– Le rutabaga est bon quand on l'aime, conclut l'Irlandais qui disait toujours des choses raisonnables.

Zénaïde aussi avait eu quelque peine à s'y habituer, à cause de son goût de moutarde qui lui faisait pleurer les yeux. Elle avait mis au point sa consommation : par petites quantités, en le mêlant à d'autres légumes. Céleste voyait ses efforts et la récompensait d'une caresse sur les cheveux.

Un matin, elles se trouvaient seules ensemble, occupées à écosser des petits pois séchés. Ceux-ci, durs comme des chevrotines, tombaient dans une bassine à demi pleine d'eau. Quelques-uns flottaient, les tarés, on les écumait pour les donner aux poules. Rien ne se perdait dans cette maison, pas une épluchure, pas une coquille d'œuf, pas une miette de pain, pas un grain de riz, pas une goutte de lait. Les petits doigts agiles de la drôlette convenaient bien à l'écossage. Et les deux femmes, profitant de leur intimité, eurent un entretien sérieux.

– Je suis bien triste, dit la mère. Parce que tu vas bientôt nous quitter.

– Vous ne voulez plus de moi, maman Céleste ?

Elle acceptait d'être appelée *maman Céleste,* mais pas *maman* tout court : « Ta maman s'appelle Émilienne. »

– Ne dis pas de sottise.

– Pas tout de suite, s'il vous plaît ! La guerre n'est pas encore finie. Et je suis toujours un peu trasse.

– Trasse, toi ? Tu ne l'es plus du tout.

Elle poussa un gros soupir, puis ajouta :

– Tu reviendras nous voir, au moins ? Promets-moi de revenir ! Quand tu voudras. Quand tu pourras. Seule ou accompagnée. Promets !

– Je promets. Je le jure.

– Sur quoi le jures-tu ?

– Je le jure... sur la tête de Bofi.

Elles oublièrent un moment les petits pois et se jetèrent dans les bras l'une de l'autre.

20

Au début d'octobre, les écoles rouvrirent comme les autres années. A Albepierre, on constata que beaucoup d'enfants manquaient à l'appel. Des Belges, des Lorrains, quelques Marseillais avaient regagné leur pays. Et aussi les petits Juifs parisiens. Zénaïde Pujol tenait bon. De même, Bruno Biagione, le macaroni-auvergnat, devenu un peu moins ennemi de la France depuis que l'Italie, changeant son fusil d'épaule, s'était mise à combattre les soldats de Hitler. Zéna ne comprenait pas les raisons qu'avait l'Allemagne de vouloir exterminer tous les Juifs, au point qu'elle avait créé une police spéciale pour les attraper : la Gestapo. Elle interrogea là-dessus Adrien, plus âgé et plus instruit qu'elle :

– C'est que, expliqua-t-il, Hitler veut venger Jésus-Christ. Parce que des Juifs des anciens temps l'ont cloué sur la croix et qu'il pense que leurs descendants sont encore responsables.

Elle fut très impressionnée par cette dévotion extrême de Hitler à l'égard de Jésus-Christ; mais elle ne vit pas le motif qui avait poussé son grand christianisme à mitrailler le Cantal et à démolir le Pont Transbordeur.

Le savoir d'Adrien Rouffiat fut mis à l'épreuve quelques jours plus tard, car l'examen du certificat d'études eut lieu à Murat, que la présence des envahisseurs avait empêché en juillet. Il le subit très honorablement et revint avec son diplôme en poche. Celui-ci fut encadré par le grand-père Léonce et suspendu dans le salon à côté de la tour Eiffel de Jean Ajalbert.

Les horloges officielles furent reculées d'une heure, pour ne plus suivre celles de Berlin. Toutes les libertés étaient désormais revenues : de penser, de parler, d'imprimer, de voyager, de dire du mal du gouvernement. Une seule manquait, tout au moins dans les villes : celle de manger à sa faim, de s'habiller et se chausser à des prix raisonnables. Le rationnement persistait. Le marché noir également. Le ministre Yves Farge menaça de pendre les spéculateurs; mais il n'en fit rien, il eût manqué de potences. On put organiser des bals publics sans craindre le garde-champêtre, ce qui arrangea bien les affaires de Coucoulagne, le berger accordéoniste. De nouveau, les chasseurs eurent le droit de brûler de la poudre. Léonce ressortit le fusil qu'il avait caché dans la fenière, le graissa, l'astiqua. Quelques lapins infortunés s'aperçurent qu'il n'avait perdu ni le coup d'œil ni la détente.

L'hiver 44-45 fut neigeux et sibérien. A Marseille, on grelottait, faute de combustible. « Tant qu'il fait un froid pareil, se dit la drôlette, on ne viendra pas me chercher. » En attendant, elle profitait au mieux, en compagnie d'Adrien, des plaisirs de l'hiver. Le bonhomme de neige qu'ils construisirent, avec deux galets pour les yeux, une carotte pour le nez, dura bien trois semaines. Oh ! les glissades, debout, accroupis, ou attelés comme des wagons ! Oh ! les glaçons transparents qui pendaient des toitures et qu'ils léchaient comme des sucettes ! On pouvait aussi en fourrer une brisure entre le cou et la chemise de l'autre, ce qui lui procurait de l'agrément. L'hiver, régal des yeux, des oreilles et du nez. Les dentelles de givre ajoutées à chaque brin d'herbe étaient, à y regarder de près, composées de minuscules aiguilles disposées de façon très artistique. Selon le raisonnement de Jeff, elles démontraient l'existence de Dieu au même titre que les potentilles. Le silence épais qui recouvrait la campagne, sur lequel planaient seulement les cris gras des corbeaux et le son des cloches. Le pétillement du feu dans la cheminée, parfumé de résine comme les pastilles Valda. L'odeur ambrée des bouriols, qui sont des crêpes auvergnates, en train de cuire dans la poêle plate appelée la tuile. On les accumule au milieu de la table, sur un plateau d'osier. Quand ils se sont légèrement refroidis, chacun mange le sien avec les doigts. « En Auvergne, pensait la drôlette, on n'emploie pas souvent l'assiette. Ça économise la vaisselle. »

Il y eut un autre Noël. La neige avait bloqué les routes : mais le Jésus n'avait pas de problème de transport, il arrivait par les voies aériennes. On parlait de lui en souriant. Grands et petits faisaient semblant de croire en sa venue; les enfants savaient bien qu'il ne se dérangeait pas personnellement et chargeait les parents de le remplacer. Le 24 au soir, on eut le courage de descendre à pied entendre la messe de minuit. Les prières allèrent toutes au retour de la Paix, des prisonniers, des déportés. Le lendemain matin, près de ses sabots, Zénaïde trouva une quenouille en miniature, mais bien complète, avec sa cage remplie de laine écharpillée et son fuseau. Adrien reçut un tombereau, une chartouire comme disait le patois, apte spécialement à transporter le fumier.

– Tu m'as appris les alphabés, dit la Vieille en se vantant un peu. Moi, je t'ai appris le tricot. Et maintenant, je veux t'apprendre la « counouille ».

Elle lui montra comment il fallait tirer, entre le pouce et l'index mouillés de salive, la laine prisonnière; mettre en mouvement le fuseau pour tordre le fil débutant.

– Autrefois, ajouta-t-elle, ma mère se servait d'un rouet pour filer le chanvre. Mais on ne le cultive plus. Le rouet est monté au grenier.

Les jours passaient trop vite. D'Allemagne, les lettres des prisonniers n'arrivaient plus. Signe que la guerre y détruisait les voies de communication. En revanche, elles arrivaient de mieux en mieux de Marseille. La drôlette sentait bien que, malgré ses prières, la guerre allait bientôt finir. Dans son lit, chaque soir avant de s'endormir, elle s'en entretenait avec Bofi son ourson en peluche. Lui semblait plutôt favorable à un proche retour vers la rue du Poirier dont il avait gardé la mélancolie.

A l'école, on ne chantait plus *Maréchal nous voilà*. L'institutrice expliquait que le sauveur de la France, ce n'était plus lui, mais un autre militaire, le général de Gaulle, qui mesurait presque deux mètres de haut et portait une croix de Lorraine sur son képi. On attendait qu'une autre chanson le célébrât. Gandilh, qui regrettait l'ancienne rengaine, proposait de changer le premier mot, le reste gazait parfaitement :

Général, nous voilà!
Devant toi, le sauveur de la France...

Il regrettait la perte d'une aussi jolie musique.

L'hiver mordit largement sur le printemps. En avril, côté ubac, il restait sur le Cantal de larges traînées blanches. Puis soudain, tout se transforma. L'herbe verdit. C'était chaque année la même métamorphose. Les vaches sortirent de leur long hivernage et reprirent le chemin des pâtures en balançant la queue. Coucoulagne se rasa la barbe qu'il avait laissée pousser six mois pour se tenir la gorge au chaud et rassembla son abir au son de sa trompette. Adrien et Zéna cueillirent des violettes et des primevères qu'ils appelaient *bragas de cocù*, culottes de coucou, parce qu'elles ont la forme de celles que portait la Vieille Louise, serrées sous le genou par une dentelle dont elle pavoisait l'étendoir au moment de la lessive. Ils les arrachaient comme Gandilh arrachait les pattes des mouches, et buvaient la liqueur miellée qu'elles distillaient. Adrien en tressait des guirlandes et la drôlette s'en revenait des prés couronnée de fleurs.

Prépare-toi, ma nine, écrivait Émilienne Pujol. *Je viens te chercher sitôt que j'ai pu réunir l'argent pour nos deux billets, car ils coûtent très cher...*

Dans Albepierre, on lisait *Le Cantal libre* par lequel on apprenait les derniers événements du monde. On savait que les troupes libératrices avaient franchi le Rhin et avançaient vers la capitale allemande. Hitler dit enfin *sèbe* le 1er mai en se logeant une balle dans la tête. Une semaine plus tard, ses généraux dirent *sèbe* à leur tour; ils déposèrent des armes qui n'étaient plus tenues que par des enfants et des vieillards.

Par un juste retournement des choses, les soldats verts connurent les délices de la captivité. Il en vint plusieurs dans les fermes de la région; ils remplaçaient les prisonniers encore retenus dans leurs stalags. A les en croire, autant qu'ils pouvaient s'exprimer, ils étaient de bons pères de famille entraînés malgré eux dans la folie hitlérienne. On les reconnaissait de loin à leurs uniformes délavés et rapetassés portant deux lettres blanches imprimées sur l'échine : *P.G.* Ils n'avaient jamais entendu parler de Tulle ni d'Oradour-sur-Glane. Leurs fonctions militaires étaient d'ailleurs pacifiques : ils étaient tous cuisiniers, infirmiers, photographes, garde-mites. La plupart n'avaient jamais touché un fusil. Maintenant, ils acceptaient n'importe quelle besogne, si dure, si répugnante qu'elle fût. Parmi eux, quelques adolescents, blêmes, chétifs, aussi trasses que Zénaïde à son arrivée. Tous se mirent à aimer l'Auvergne très sincèrement, surtout à cause de ses pommes de terre, de son lard, de ses fromages. On les voyait mener les bœufs, tenir les mancherons de la charrue, fendre le bois, se promener librement avec leurs majuscules dans le dos. Un ou deux s'évadèrent. Mais la plupart étaient trop heureux de vivre dans ce pays tranquille et nourrissant. Principalement ceux de l'Allemagne orientale. Car cette partie était occupée par les Russes anthropofages. Léonce Rouffiat, à qui l'on en proposait un, déclina l'offre, disant qu'il avait déjà Jeff à son service, qui était aussi une sorte de prisonnier de guerre malgré sa neutralité, et qu'il attendait le proche retour de son fils et de son gendre.

Chaque jour, Zéna disait au revoir aux choses. Du dos de la main, elle caressait son lit, les autres meubles, les pierres des murs, les margelles de la bachache. Elle entrait dans l'étable pour saluer les vaches et les veaux; dans la soue pour tirer les oreilles du cochon, de la truie, des porcelets. Elle se faisait grand souci pour les écureuils du tilleul, s'imaginant qu'ils se laisseraient mourir de faim et de soif sitôt qu'elle serait partie. Elle les recommanda à Drien. Il haussa les épaules, lui tourna le dos sans répondre. Elle chercha à comprendre ce silence et lui trouva deux significations; l'une : tu n'es pas encore partie, tu ne vas pas réellement partir, c'est impossible; l'autre : les écureuils ont vécu avant que tu les connaisses, ils vivront bien après.

Tout à coup, ce bruit courut : Albert Chaze est revenu. Il s'agissait d'un forgeron-maréchal-ferrant, prisonnier depuis 1940. Pendant cinq ans, les vaches de trait, les ânes, les chevaux avaient été ferrés, plus ou moins bien, par leurs propriétaires. Il fut reçu à bras ouverts, presque porté en triomphe dans Albepierre et sa banlieue. Par lui, on sut la vie des *Kriegsgefangenen*, la misère, la famine, les vexations qu'ils avaient dû supporter. Avec, çà et là, de rares réconforts lorsqu'il leur arrivait de travailler chez des personnes de cœur.

– Des personnes de cœur ? En Allemagne ?
– Oui, il y en a quelques-unes.
– Sûrement pas beaucoup.
– Je n'ai pas fait le compte.

Après Chaze, il en vint un second. Puis un troisième. Puis beaucoup d'autres. Certains avaient suivi d'incroyables détours : par l'Autriche, par la Suède, par la Pologne, par la Russie. Il en manquait encore.

Au Cayrol, dans la même semaine, débarquèrent coup sur coup Denis Rouffiat et Louis Guignabert. Incroyable, mais vrai ! Transportés en avion jusqu'à Paris. Venus ensuite par le train jusqu'à Murat, d'où ils étaient montés à pied, l'un et l'autre, en braves pousse-cailloux. Plutôt maigres, plutôt hirsutes, mais bien portants. Vêtus d'uniformes américains. Pendant huit jours, un peu étrangère, un peu oubliée, Zéna dut assister à une tempête de larmes, d'embrassades, de cris de joie. Et Amélie qui parlait de son homme en l'appelant par son nom de famille :

– Guignabert a bien dormi... Guignabert voudrait ci... Guignabert n'aime pas ça...

On finissait quand même par aller chercher la drôlette dans son obscurité :

– C'est une petite Marseillaise que nous gardons depuis 1943. En venant ici, comme elle était trasse, pécaïre !
– Bonjour.
– Bonjour.
– Malheureusement, elle va bientôt repartir.

Le plus étrange était qu'Adrien se trouvait quasiment dans les mêmes dispositions qu'elle. Après soixante mois d'absence, l'image de son père lui était un peu sortie de la tête et du cœur. Sa mère lui suffisait. Maintenant, la voyant à chaque instant collée à son mari comme un timbre-poste, il éprouvait le sentiment que cet homme prenait d'elle bien plus que sa part. Alors, il rejoignait Zéna dans son coin. Ils boudaient ensemble. Ou bien ils jouaient à des jeux sans matériel, tout en chuchotis. Aux charades : « Mon premier... mon second... mon entier... » Aux calculs : « Pense un nombre... double-le... ajoute 14... » Aux devinettes. Au biscouti-biscouta. Au cacheron. A grifouillette.

Que de choses les anciens *guéfangues* avaient à raconter ! Les moments douloureux de leur exil ; mais aussi les bons tours joués à l'ennemi :

– Nous avions un gardien qui s'était mis en tête de venir visiter notre pays après la guerre. Parce qu'il en avait entendu dire grand bien. Parce qu'ils ont là-bas un dicton : *Glücklich wie Gott in Frankreich.* Heureux comme Dieu en France. Alors, il me demandait, me sachant un peu instruit, des leçons de français qu'il me payait avec des cigarettes. Et moi, je lui apprenais les mots tout de travers. Je me prenais la main et je disais : le pied. Je me touchais le genou et je disais : le coude. Le front et je disais : le cul. Le menton et je disais : l'orteil. Je montrais le pain : la merde. Un nom d'ailleurs bien mérité. Les copains se gardaient de me démentir. Entre nous, les *guéfangues*, ça produisait des conversations bizarres, dans le genre : « Fait froid. Oublie pas de bien enfoncer ton calot sur ton cul ». Quand il pourra venir en France, le gars aura de jolies surprises !

– Dans notre Kommando, je m'étais fait apprécier des gardiens en leur demandant des portraits d'Adolf Hitler et des grands chefs nazis, Goering, Goebbels et compagnie. Des portraits découpés dans les journaux. Ils me les apportaient et considéraient que j'étais devenu un bon hitlérien comme eux en me voyant les mettre dans mon portefeuille. Ce qu'ils ne savaient pas, c'est que je me servais spécialement de ce papier pour me torcher le derrière.

Et les Rouffiat de se tordre de rire. A en avoir mal au ventre. On pouvait même se demander comment les Français avaient réussi à se faire battre en 40 et envahir par des gens aussi stupides.

Durant plusieurs semaines, les deux anciens *guéfangues* ne firent guère autre chose que manger, boire, dormir, raconter. Il fallait bien leur laisser le temps de se remettre. Les femmes étaient pour eux aux petits soins. Et elles se soignaient aussi, après s'être négligées cinq ans de suite, mettaient des corsages fleuris, se peignaient, s'attifaient, se parfumaient à l'eau de Cologne. Tu te serais cru dans un salon de coiffure. Heureuses comme Dieu en France.

Petit à petit, Adrien s'habituait à ce père retrouvé qui, de temps à autre, voulait bien lui consacrer un moment pour parler avec lui de l'école, du certificat d'études, de la première communion, de ses copains-copines. Il posa même cette question :

– Quel est l'ami que tu préfères?

Adrien ne répondit pas tout de suite, comme s'il calculait, pesait le poids de l'un, le poids de l'autre; mais ses yeux s'étaient tournés vers Zénaïde.

– C'est... commença-t-il.

– J'ai compris! le coupa Denis en souriant.

Il appela la drôlette, les disposa côte à côte, comme s'il avait voulu comparer leurs tailles, celle du garçon l'emportant de deux travers de doigt sur celle de la fille.

– Vous faites tous deux, dit-il, une belle paire.

Certains P.G. allemands se rendaient à l'église d'Albepierre le dimanche et faisaient les gestes, signes de croix, génuflexions avec beaucoup de piété. Parfois, un ancien *guéfangue* français les invitait au bistrot, content des rôles renversés. Ils jargonnaient ensemble, *Ja, ja, nein, nein,* et trinquaient comme les meilleurs amis du monde. Adrien eut la surprise de voir son père se comporter ainsi et tenir conversation avec un de ces envahisseurs. L'Allemagne se trouvait maintenant partagée en deux comme une pomme dont une moitié avait été attribuée à l'U.R.S.S. Y retourner voulait dire se condamner à l'esclavage soviétique, qui ne valait pas mieux que l'hitlérien.

Dans Murat, au contraire, les P.G. évitaient de se promener. Chaque fois que l'un d'eux osait s'y aventurer, il suscitait des manifestations hostiles, recevait des pierres et des injures.

21

C'est que Murat aussi attendait dans l'angoisse le retour de ses 130 déportés. Il en revint quelques-uns, réduits à l'état de squelettes. Ayant à peine la force de marcher. Ou allongés sur des civières. Après des mois et des mois d'espérances vaines, on dut bien faire la soustraction : il en manquait 75. Sans compter les fusillés et ceux qui étaient tombés au combat. Le 1er juillet 1945, Charles de Gaulle vint rendre une visite de politesse. Denis Rouffiat y conduisit sa femme, son fils et Zénaïde, car on n'avait pas souvent l'occasion d'admirer de près un si grand homme. Il parcourut les rues accompagné par le sultan du Maroc tout vêtu de blanc et le fils de celui-ci coiffé d'un bonnet rouge en forme de pot de fleur. Toutefois, le général ne poussa pas son hommage jusqu'à se rendre au Mont Mouchet. D'après certains rapports qu'il avait reçus, les événements ne s'y étaient pas déroulés dans la bonne règle. La population endeuillée l'applaudit honnêtement tout de même.

Le 14 juillet, on célébra enfin la fête de la République ressuscitée. Dans Albepierre, toutes les maisons se pavoisèrent de bleu-blanc-rouge, même le four communal. Les enfants des écoles, encadrés de leurs institutrices et de M. Rigal revenu d'Allemagne, allèrent fleurir le monument aux Morts et chantèrent *Allons enfants.* On dansa sur les places, aux carrefours, dans la cour des écoles. On alluma un radal, un feu de joie. On but dans les cafés tout le vin disponible à la santé des vivants et au souvenir des morts. Au Cayrol, on sacrifia le piot, le dindon qui mordait le monde, parce qu'il se prenait pour la Bête du Gévaudan.

Amélie ayant récupéré son cheminot, ils regagnèrent Neussargues. Un soir, Jeff prit la parole :

– Maintenant que la paix est revenue et que vos hommes sont rentrés, je comprends que vous n'avez plus besoin de moi.

Il attendit quelques secondes, avec l'espoir peut-être que quelqu'un protesterait. Personne n'ouvrant la bouche, il poursuivit :

– Je vous quitterai donc prochainement.

– Et où iras-tu planter cheville ? demanda Léonce.

– A Paris d'abord. Peut-être plus tard en Irlande, dans mon pays. J'ai l'espérance d'écrire des choses importantes.

Zéna fut la seule à oser demander :

– Encore des récitations ?

– Oui, des récitations. Et d'autres ouvrages. Vous m'avez accueilli sous votre toit pendant cinq ans et je vous en remercie de tout mon cœur. Dans ce que je prépare, je parlerai sûrement de vous.

– De nous ? Tu nous mettras dans tes écritures ?

– Certainement. D'une manière ou d'une autre. Ces cinq années auront été une des périodes les plus riches de ma vie. Si je réussis, vous entendrez peut-être prononcer mon nom. Alors, je reviendrai vous voir sur un cheval blanc, avec aux talons des éperons d'or.

Il ne partit pas d'un seul bloc, mais progressivement. Un peu chaque jour. Avec l'aide de Léonce, il construisit d'abord une caisse où il rassembla ses affaires. Dessus, il cloua une étiquette. Ce conteneur resta une semaine en attente dans la remise. Le neuvième jour, il le chargea sur le charreton. Le dixième, il le transporta jusqu'à la gare, d'où il partit pour une adresse parisienne : il avait des amis, là-bas, qui le recueilleraient. Le onzième, il annonça son vrai départ pour le lendemain. Ce qui ne le retint pas, ce même soir, de traire les vaches et de diriger la prière familiale. Le matin du douzième, il fit ses adieux, embrassa tout le monde. Zéna posa trois baisers dans ses joues creuses comme des soucoupes. Denis proposa de le descendre :

– Non, non. Je m'en vais à pied comme je suis venu.

On vit sa grande ombre à contre-jour s'éloigner. Tout à coup, elle fit demi-tour :

– J'ai oublié mes jumelles!

En effet, elles étaient restées suspendues à leur clou. Il les prit en bandoulière.

– Miladiou! s'écria le Vieux. Bois encore un canon. Ça te donnera des moustaches.

Ils trinquèrent.

– Merci d'être venu au Cayrol, ajouta Léonce. Tu nous as bien rendu service.

– Vous aussi.

Ils se secouèrent la main. Jeff s'en alla pour de bon, après avoir recommandé : « Ne me regardez pas, ça m'obligerait à revenir. »

La journée se déroula comme elle put. Plutôt dans la tristesse. Denis en éprouva quelque amertume, comme si son retour à lui n'avait pas compensé suffisamment le départ de cet étranger. Au repas de midi, sentant cette pesanteur, il proposa :

– Si vous voulez, je repars pour l'Allemagne. Comme ça, vous pourrez rappeler votre Irlandais.

Le Vieux posa sur lui un regard lourd et grommela en patois :

– *Orro bestio!* Sale bête! C'est là-bas que t'as appris à dire des âneries pareilles?

Céleste se pressa contre son mari. Tous les autres plongèrent le nez dans leur bol de soupe, faisant mine de n'avoir rien entendu.

Petit à petit, le vide se combla. Denis, qui avait repris des forces, travaillait à plein corps. Adrien et Zéna gardaient les vaches, les porcs, les oies. Chaque samedi soir, Amélie et son Guignabert revenaient de Neussargues donner un coup de main et manger à leur aise. La Vieille prit le commandement de la prière du soir.

– Est-ce que, demanda-t-elle à son fils, notre religion t'a aidé à supporter ces années de misères?

– Grandement. Je passais des nuits entières à prier la Sainte-Vierge.

– Elle doit être un peu sourde, intervint son beau-frère, puisqu'elle a mis cinq ans à t'entendre!

– Oh toi! répliqua la Vieille. On sait ce que tu es. Un flamasson! Un huguenot!

– Pas huguenot, belle-mère. Un communiste. Je m'en vante.

– Comme tous ceux du chemin de fer. Comme tous ces feignants de fonctionnaires. Et ton communisme t'a aidé à prendre patience?

– Pour de bon, oui, belle-mère. Vous, vous attendez le Paradis? Moi, je rêvais d'une vie sans injustice. Où les riches seraient moins riches. Les pauvres moins pauvres. Les ignorants moins ignorants.

– Une vie sur terre sans injustice, ça n'existe pas, soutint Denis.

A chacun son Paradis. Zéna vivait le sien au Cayrol, en compagnie d'Adrien, de Céleste, du Vieux et de la Vieille, d'Augustine, de Bofi, des vaches, de toute la ménagerie. Des forêts noires pleines d'airelles et de framboises. En compagnie du ciel changeant comme un visage. Du Lagnon sur lequel volaient les dames libellules. Des sources, des serves, de leur mère la pluie, de leur père l'arc-en-ciel. Mais d'autres fois, l'idée de retrouver sa famille marseillaise, la mer et ses horizons infinis, le quartier du Poirier bruyant et grouillant, joyeux et pouilleux, la Montée des Accoules et la Montée du Saint-Esprit, cette pensée du retour la chatouillait agréablement. Juste au creux de l'estomac, où elle ressentait ses émotions les plus fortes. Elle avait une crainte seulement : retomber sous la coupe de Mme Guglielminetti, une terrible directrice qui les faisait trembler avec sa voix de gendarme lorsqu'elle s'écriait :

– Ici, vous n'avez qu'un droit : celui de vous taire! Encore est-il question de vous l'enlever!

Mais peut-être aurait-elle une autre directrice; peut-être Mme Guglielminetti serait-elle partie à la retraite; ou en Allemagne, enrôlée par la Gestapo. Entre l'envie de rester et l'espoir de partir, Zéna se sentait douloureusement partagée. Ne sachant plus où allaient ses vœux.

La lettre de sa mère arriva le 8 du mois d'août :

Ma nine, je me mettrai en route lundi prochain, le 12 de ce mois, à 6 h 18 du matin. D'après les renseignements de Saint-Charles, j'arriverai à Murat le soir à 19 h 56. Je serais bien reconnaissante à la famille Rouffiat si quelqu'un pouvait venir m'attendre à la gare...

Ils furent deux seulement à descendre dans le charreton : Denis et la drôlette. Adrien avait refusé de les accompagner. Depuis qu'il savait de façon certaine que Zénaïde allait le quitter, il s'efforçait de la punir par tous les moyens, comme si elle en eût été coupable. Quand elle lui parlait, il tournait le dos. Il s'était remis à lui allonger sous la table des coups de sabot qu'elle lui rendait de son mieux. Il en résultait au milieu des repas des sabotages qui amenaient le Vieux à faire péter des « Miladiou! ». Si, le soir, elle lui souhaitait la bonne nuit, il répondait par un grognement. D'autres fois, au contraire, pensant qu'elle ne le voyait pas, il la guignait du coin de l'œil; mais ce sont là des choses qui se sentent : elle levait les yeux, il regardait ailleurs.

Denis et Zénaïde atteignirent Murat avec une demi-heure d'avance. Ils attachèrent Batistou à un arbre;

puis, se tenant par la main, ils firent quelques pas dans la ville, accablée de chaleur et de tristesse. Les passants rasaient les murs et ne saluaient personne. Les cafés, les boutiques étaient vides. Au fronton de la mairie, pendouillaient de lamentables drapeaux. Place du Balat, une vieille ramassait des crottins dans un seau. Ils burent à une fontaine. Ils virent des maçons en train de reconstruire les maisons détruites par les envahisseurs.

Sur le quai de la gare, trois femmes silencieuses, assises côte à côte. Denis reconnut un employé, lui serra la main.

– Elles viennent à toutes les arrivées, dit le cheminot. Elles attendent le retour de leurs déportés. Un fils, un frère, un mari. Elles espèrent encore.

Une sonnette grelotta, annonçant l'approche du train de Neussargues. Les trois femmes se levèrent, incapables de contenir leur impatience, faisant les cent pas sur le quai, scrutant l'horizon. Enfin, le train arriva dans un nuage de fumée et le couinement de ses freins, suant son huile. Quelques personnes descendirent, que les trois femmes mangeaient des yeux. Et soudain, lâchant la main de Denis, Zénaïde s'élança vers une voyageuse coiffée d'un chapeau de paille bleue qui s'avançait, les chevilles enflées, clopinant sous le poids de sa valise.

– Maman !

– Ma nine ! Mon bicouli ! Comme tu as grandi ! Tu me rattrapes !

– Oh ! Maman !

– Quelles belles joues tu as maintenant ! Tu as retrouvé tes fossettes ! Comme tu es devenue jolie !

Les présentations furent vite faites. Denis lui prit des mains son bagage et tous trois se dirigèrent vers le charreton. Ils s'installèrent dedans et Batistou entreprit de les hisser au Cayrol. A petits pas. Aussitôt, Émilienne Pujol prit la parole et on n'entendit plus qu'elle tant que dura la grimpette. Elle était de ces personnes dont on dit qu'elles ont été vaccinées avec une aiguille de phonographe. Elle raconta son voyage : les cent tunnels, etc. Elle raconta Marseille : le terrible bombardement du 27 mai 44 et ses 2 000 morts, les destructions, même celle des cimetières, la délivrance de la ville par les troupes marocaines :

– Ah! ceux-là! On peut leur garder une reconnaissance éternelle!

Ensuite, le pillage des entrepôts par la population affamée. Elle raconta la rue du Poirier; ses boires et ses déboires; ses amis et connaissances; ses relations difficiles avec une voisine de palier, Joséphine Trélus, qui se disait masseuse et recevait un peu trop de clientèle. Même des Allemands!

– C'est pas une personne comme il faut. J'y ai levé le bonjour.

Elle raconta sa famille. Noémie qui était devenue la plus jolie fille de Marseille; et avec ça, un goût pour la farce à ne pas croire!

– Quand elle se promène, le dimanche après-midi avec une copine, sur le cours Belsunce, vous savez quel est son amusement préféré ? Elle regarde les personnes, elle choisit un couple bien comme il faut, entre deux âges. Elle s'avance vers l'homme, les bras ouverts : « Oh! mon chéri! Comme je suis contente de te revoir! Mais où étais-tu passé ? » Le type proteste : « Mademoiselle... je ne vous connais pas. – Allons donc! As-tu oublié notre amour ?... » Et cétéra. Ensuite, elle fait semblant de pleurer un peu et elle s'écarte, laissant l'homme abasourdi et la femme furieuse, pour assister de loin à leur explication. C'est-y pas rigolo, ça, dites-moi ?

– Si, si, faisait Denis.

Elle se raconta elle-même :

– Je me suis teinte en noir, sinon j'aurais les cheveux tout gris. En ton honneur, ma nine. Comment tu me trouves ?

– Bien... bien... très bien.

– Est-ce que ça me va ? Est-ce que j'ai pas l'air trop jeune ?

– C'était pas la peine de te teindre. Les cheveux gris, ça ne compte pas. Mais je te trouve maigre. Tu es trasse.

– Qu'est-ce que je suis ?

– Trasse.

– Moi aussi, je vous trouve assez trasse, confirma Denis.

– Ah ! bon. Regardez aussi mes mains. Comme elles sont devenues blanches depuis que je fais des lessives. C'est l'eau de Javel.

Elle parla de ses chevilles qui gonflaient toujours. De ses oreilles qui souffraient de bourdonnements. De ses genoux qui craquaient quand elle dansait le charleston.

– Tu danses le charleston ?

– Je l'ai dansé le 14 juillet. Obligée. Y avait des soldats américains.

A chaque instant, la mère et sa fille éclataient de rire, même s'il n'y avait guère de motif. Denis écoutait ces jacasseries, secouant la tête, n'intervenant guère, touchant son âne avec la mèche de son fouet. Zéna présentait aussi le paysage et ses curiosités : ça, c'est l'Alagnon ; ça, c'est le moulin de Martinet ; ça, c'est Notre-Dame de Consolation ; ça, c'est l'église ; ça, c'est mon école ; ça, c'est la croix du Voleur.

Au Cayrol, Léonce et ses trois femmes pressèrent Émilienne sur leur cœur. Et elle :

– Ça va-t-y comme vous voulez, monsieur Rouffiat ?

– Ça irait, ça irait. Excepté les rhumes.

– Les rhumes en cette saison ?

– Les rhumatismes, traduisit Céleste.

Adrien, en revanche, avait disparu. Il fallut l'appeler aux quatre vents, le chercher dans les coins et recoins. Augustine le dénicha au grenier, assis sur une malle, en train de pédaler le rouet de l'arrière-grand-mère. Elle le ramena couvert de toiles d'araignée. Sa mère le regarda bien, ne posa pas de question, le poussa vers Émilienne :

– Embrasse madame Pujol.

Il tendit ses joues, froid comme marbre, sur lesquelles la mère de Zéna plaqua deux baisers, qu'il essuya avec le dos de sa main.

– Dis donc! s'écria-t-elle en riant un peu jaune. J'ai pas mangé de la confiture!

– Excusez-le, madame. Il a du chagrin.

– Du chagrin?... Pourquoi donc?

– Parce que vous venez lui enlever son amie.

– *Qué!* Je lui enlève... Elle n'est pas perdue! On se reverra si tu...

Mais lui, sans vouloir en entendre davantage, était déjà reparti vers ses araignées. D'un commun accord, on décida de lui laisser ruminer sa peine sans intervenir. Zénaïde écoutait en silence ces tractations, comme si elles ne l'avaient pas concernée. Mais dès cet instant, elle cessa de rire aux plaisanteries maternelles.

Malgré les efforts de Mme Pujol, le repas du soir et la veillée se passèrent dans la mélancolie. Adrien ne voulut rien avaler après sa soupe; Zéna fit de même. Leurs yeux se cherchaient et se fuyaient. Sous la table, à présent, leurs sabots se tenaient tranquilles. Denis essaya d'animer la conversation languissante :

– C'est comment, Marseille?

– Boudi! Que voulez-vous que je vous dise? C'est grand. Il y a des bateaux. On y parle toutes les langues. Ça sent la marée. Quand on est au sommet de Notre-Dame de la Garde, on voit le monde entier. Un jour, quand j'étais petite fille, j'y suis montée avec ma mère. Elle m'a montré les pays. Là-bas, c'est Rome. Là-bas, c'est Alger. Là-bas, c'est l'Amérique. Là-bas, c'est l'Espagne. Faut dire qu'elle avait bonne vue. Et qu'elle est d'origine espagnole, elle s'appelle Carmen. Une autre fois...

Elle parla longtemps toute seule. Pareille à ces toupies dites sabots qui tournent à l'infini pourvu que, de temps en temps, on les relance d'un coup de fouet. Mais comme personne ne la relança, elle finit par tomber. On entendit le tic-tac de l'horloge. Le reniflement de Drien, qui avait besoin de moucher. Les soupirs de Zéna. Les petits bruits de la vaisselle. Les propositions d'Augustine :

– Encore un peu de soupe à la fourchette ?... Encore du saucisson... Encore du fromage ?...

Léonce buvait et se suçait les moustaches. Un chat se hasarda à miauler ; ce n'était pas le moment, il reçut un coup de pied sous la queue. Lorsque Louise commença la prière, Émilienne se comporta très honorablement. Elle avait été élevée dans la religion espagnole. Et elle en avait eu bien besoin avec un mari soiffard et pistachier, avec tous les malheurs de la guerre et de l'occupation. Que de cierges elle avait fait brûler sur l'autel de la Bonne Mère ! On alla se coucher, à la pâle lueur du veille-mort. La drôlette et sa mère dormirent dans le même lit, se tenant par la main, l'une conduisant l'autre à travers les dédales du sommeil. Émilienne s'agita toute la nuit. Un peu la fatigue, sans doute, de ce long voyage, un peu la chaleur, un peu la nourriture dont elle s'était chargée, mal habituée, peuchère, à manger son content. Au milieu de la nuit, le chavan ne manqua pas de faire *hou-hou-hououou.*

Sur le matin, en revanche, quand les coqs eurent chanté plusieurs fois, quand Gustine se fut levée pour préparer le café d'orge, elle dormait comme un sabot. Sa fille l'écoutait ronfler à côté d'elle. L'horloge sonna un quart, puis une demie. La drôlette écarquilla les yeux, regarda les planches brunes du plafond ; les pierres rugueuses des murailles ; le bénitier de porcelaine ; les photos des deux ancêtres ; l'armoire sans glace ; la table avec sa cuvette et son broc. Tous ces objets précieux qui l'avaient accueillie chaque soir pendant plus de deux ans et qu'elle allait quitter. Elle se dit qu'elle regretterait l'odeur de cire, de mélisse, de choses vieilles. La paillasse remplie de feuilles de hêtre. Et Mme Pujol continuait son ronflement de batteuse. Zéna ne put supporter davantage cette indifférence. Elle la secoua un peu. L'autre grogna, soupira, se frotta les yeux, murmura d'une voix pâteuse :

– Où suis-je ?

– Tu es au Cayrol. En Auvergne.

– Qui suis-je ?

– Tu es Émilienne Pujol, de Marseille.

– Qui êtes-vous ?

– Je suis ta nine.

– C'est bon. Voilà que ça me revient. Merci, ma nine, de ces renseignements.

Augustine remonta, disant que c'était la fête de la Sainte-Vierge, un 15 août ; qu'elles devaient se dépêcher un peu si elles ne voulaient pas manquer la messe et la procession. Il n'était pas question, boudi !, de les perdre. Les deux Marseillaises accélérèrent leur toilette, se peignèrent l'une l'autre faute de miroir. Leur appartement du Poirier en possédait bien quatre ou cinq. Les gens des villes éprouvent à chaque instant le besoin de s'examiner, de se poudrer, de se pomponner, de se faire la raie au milieu. Ceux des campagnes n'en ont cure. Léonce seul disposait d'une petite glace circulaire et basculante pour se raser, qu'il gardait dans un tiroir. Jeff usait naguère d'un rasoir mécanique et se rasait à l'aveuglette, sans se regarder nulle part ; de sorte qu'il lui restait souvent des paquets de poils çà et là, comme il reste des touffes d'herbe dans une prairie mal fauchée.

– C'est aussi bien comme ça, dit Mme Pujol. A partir d'un certain âge, on devrait briser ses miroirs. Chaque fois que je m'y regarde, ça me donne le *bomi*.

Affirmation excessive, car il lui restait de jolies choses dans la figure : ses yeux noirs et luisants comme la gaillette, ses dents encore blanches et ces deux fossettes dans les joues qu'elle avait transmises à Zéna, même si elles étaient à présent un peu cerclées de ridules.

Toute la famille endimanchée assista donc à la messe de l'Assomption. Ensuite, pour remercier la Mère de Dieu de les avoir épargnés grosso modo – il en manquait tout de même quelques-uns, déjà dans son Paradis –, les Arapeyrous défilèrent en chantant *Ô Marie, ô Mère chérie* derrière la statue de plâtre héritée du Chantier 40, portée sur un brancard. Ils montèrent jusqu'à la croix du Voleur et redescendirent, ce qui n'était pas un petit mérite sous ce déluge de feu. Émilienne et Zénaïde ne ménagèrent pas leurs voix. Adrien chantait intérieurement, remuant à peine les lèvres comme font les ventriloques. Léonce et Louise, bras dessus bras dessous, se traînaient en queue de cortège. Augustine acheta à l'épicerie un kilo de prunes.

La soirée fut plus triste encore que la précédente, car c'était la dernière avant la séparation. Personne n'eut le courage de papoter, pas même Mme Pujol. Léonce fit alors la seule chose capable d'égayer un peu cette atmosphère : plagiant son ancien ouvrier agricole, il lâcha un pet si gaillard que Jeff, dans sa plus grande inspiration, n'aurait pas fait mieux. Émilienne poussa un cri d'assassinée. Les enfants éternuèrent de rire dans leur écuelle. Les autres explosèrent presque aussi fort. Excepté la Rouffiate qui, malgré sa demi-surdité, avait ouï ce coup de tonnerre et protestait violemment :

– Bougre de dégoûtant ! De pelaùdas ! De tartavel !

– C'est les prunes. Vous aviez qu'à pas m'en faire manger.

– Excuse-toi, au moins !

– Je m'excuse. Voilà. Tu es contente ?

On rit encore un moment. Mais ensuite, peu à peu, la gaieté s'éteignit, tel un feu sans aliment. Le silence revint. Les prunes mangées, les noyaux crachés, la mélisse sirotée, Gustine débarrassa la table. La Vieille dirigea la prière et l'on monta se coucher.

Quand elles se réveillèrent, ce matin du 16 août, Zéna dit à sa mère :

– Je veux bien retourner à Marseille, à une condition : que je n'aille plus à l'école de Mme Guglielminetti. Elle est trop méchante. Sinon, je reste ici.

– Sois tranquille, ma nine. Je t'inscrirai dans une autre.

Le moment fatal enfin venu, Émilienne embrassa tout le monde, en répandant ses ultimes remerciements. Zéna passa de même de bras en bras, toute trempée de larmes. Le charreton attendait dans la cour avec les bagages, et Denis pour cocher.

Et Drien ? On l'appela. Une fois de plus, il était parti se cacher, le seul de la famille qui refusait de dire au revoir. Pour ne pas montrer la peine qui l'étouffait. Pour punir encore la drôlette de son abandon. Partagée en deux : tirée d'un côté par Marseille, retenue de l'autre par le Cayrol. Impossible de mettre la main sur lui.

– C'est peut-être mieux comme ça, dit Émilienne qui comprenait les choses. Vous l'embrasserez pour nous.

Malgré les caresses de sa mère, Zénaïde pleura tout le long du chemin, jusqu'à la gare, se sentant victime d'une grande injustice. Et le cœur rempli de champignons vénéneux, d'amanites panthères, de bolets Satan, d'oronges tue-mouches. Denis, sur son siège, ne pipait mot, pensant que ces larmes n'étaient qu'une rosée que sécherait le premier rayon de soleil. Cinq années durant, il avait, lui, vécu loin de sa femme, de son fils, de ses parents quasi sans pleurer. Sans crier, sans mordre son traversin comme faisaient certains camarades. Il n'était pas d'un naturel pluvieux. Adrien non plus. « Un bon signe. Ça l'aidera à supporter les mauvais coups que la vie lui réserve. »

Quand ils atteignirent la gare, la sonnette grelottait déjà. Les deux Marseillaises se hissèrent laborieusement dans un wagon de troisième classe. La petite ne pleurait plus, mais ses joues gardaient des traces grises, concentriques. Émilienne baissa la vitre et cria, retenant d'une main son chapeau bleu :

– Nous vous écrirons!

– Bon voyage! répondit Denis Rouffiat pour la forme.

22

Adrien marchait comme un somnambule. N'en croyant ni ses pieds ni sa tête. Ne sachant plus s'il dormait ou s'il était éveillé. A chaque instant, il entendait une porte s'ouvrir et se disait : « C'est Zéna qui rentre. » Elle n'avait pas emporté ses sabots : qu'en aurait-elle fait à Marseille ? Sous son lit, ils attendaient qu'elle revînt. Quand il lui arrivait, sous un mauvais prétexte, d'entrer dans la chambre où elle avait dormi plus de deux ans près d'Augustine, il les regardait, et ces sabots lui parlaient. Lui rappelaient les petits pieds de son amie. Les courses qu'ils avaient faites ensemble. Les combats livrés sous la table. En vérité, tout lui parlait d'elle : les marches qu'elle avait gravies, le banc où elle s'asseyait, son écuelle, sa cuillère, sa brosse, son gant de toilette. En cette maison sans miroir, elle s'examinait parfois dans la vitre de l'horloge, derrière laquelle le balancier rouge promenait ses perpétuels allers et retours ; elle relevait une boucle de cheveux ; ou bien se faisait une grimace ; ou se tirait, se pétrissait le nez pour le faire long et plat, un nez de cane. A son tour, il s'y regarda, avec l'espoir qu'elle y avait laissé un peu de son reflet. Mais les miroirs renvoient les images et n'en gardent rien.

Hors de la maison, c'était pire. Il se tournait à droite,

à gauche, derrière pour la chercher. Il allait pareil à celui qui avait perdu son ombre.

Un jour, il monta jeter à la Fonsade. Dans la pâture bordée de framboisiers où ils avaient vu l'avion allemand fondre sur eux comme le miarou, la buse sur des poulets. Il chercha et retrouva le point précis où ils étaient tombés dans les chardons; il l'avait prise dans ses bras, il avait appuyé une joue sèche contre sa joue mouillée. Elle tremblait si fort que ses dents jouaient des castagnettes. Peu à peu, cependant, sa terreur avait fondu, il n'en restait plus de temps en temps que de rares soubresauts. Elle avait enfin retrouvé son calme. Or, au lieu de s'éloigner de lui, elle était restée blottie dans ses bras. Elle s'y trouvait bien. Et même elle avait enfoui son visage dans le golfe que formaient son épaule et son cou. Il l'entendait, contre son oreille, respirer, avaler sa salive. Puis elle dit tout bas, dans un souffle, quelque chose qu'il ne comprit pas d'abord et qui était simplement :

– Adrien... Adrien... Adrien...

Enfin, ils s'étaient dénoués. Écartés l'un de l'autre. Ils se regardaient en silence, étonnés de se voir vivants.

Une autre fois, au même lieu – ou était-ce ailleurs ? – ils avaient prié ensemble le Jésus pour que la guerre ne finît pas avant leur âge adulte. « Demandez et l'on vous donnera », promettait le Christ du catéchisme. Ils avaient demandé, en fermant l'œil gauche, et on leur avait refusé. Peut-être devaient-ils fermer les deux yeux ? Maintenant, couché dans l'herbe piquante, seul là où ils avaient été deux, Adrien se sentait très en colère contre Jésus. Il décida, comme disait Mme Pujol, de lui lever le bonjour. Et le bonsoir. Et la prière. De ne plus lui adresser la parole. Ni à lui ni à sa famille.

Les vaches paissaient la Fonsade, surveillées par Tempête. La sérénité cantalienne remplissait, entre le vert d'en bas et le bleu d'en haut, cet espace qu'avaient traversé, l'année en question, des oiseaux de mort. Soudain, le drôle ne put plus supporter un pareil silence. Il se leva et, les mains en porte-voix, se mit à crier aux quatre vents :

– Zéna ! Zénaïde ! Zénaïde Pujol ! Marseillaise ! Bouillabaisse !

La chienne Tempête tourna la tête vers lui, ne comprenant rien à ces ordres disparates ; puis elle vint, rampante, demander des explications. Les salers ne perdirent pas un coup de dent.

Il monta jusqu'au Roc des Fraux. Il retrouva la fissure dans le rocher au fond de laquelle dormaient des palanquées de pièces d'or et d'argent. Comme il avait fait en compagnie de Zéna, il prit une pierre, la laissa tomber, perçut le tintement qu'elle produisait sur le trésor, vrai ou supposé. D'après le temps qu'elle avait mis, il supputa la profondeur : de quinze à vingt mètres. « Quelqu'un qui voudrait l'atteindre, se dit-il, devrait élargir la cheminée, descendre au moyen d'une corde, comme dans un puits. Ou bien creuser un tunnel à l'horizontale, quinze ou vingt mètres plus bas. » Il imagina la masse d'écus, de louis, de pistoles qui, depuis des siècles, attendaient peut-être leur résurrection. « Quand je serai plus grand, je ferai ce qu'il faut. J'en donnerai la moitié à maman. Avec l'autre moitié, j'irai à Marseille et je ramènerai Zénaïde. Elle ne pourra pas refuser de suivre un homme aussi riche. » Bref, une histoire de prince et de magie.

A propos d'argent, une folle agitation secouait les villes et les campagnes. Cherchant à briser les reins aux spéculateurs, profiteurs de guerre, trafiquants du marché noir, le ministre des Finances René Pleven avait décidé que les anciens billets de banque, de 50 à 500 francs, seraient échangés contre des nouveaux. Chaque porteur devrait présenter ses papiers d'identité et le coupon n° 19 de sa carte d'alimentation. Les enrichis honteux se mirent en quête de pauvres pas trop pauvres, honnêtes mais point jusqu'au scrupule, à qui confier le transport de leurs économies. De la sorte, ils les dispersaient parmi les voisins, les parents, les amis, leur promettant une récompense proportionnée. On vit sortir des campagnes des cultivateurs qui serraient sous le bras des paquets de billets enveloppés de vieux journaux et se demandaient ce qu'on allait leur faire, ce qu'on allait leur prendre. Les percepteurs ne prirent rien que leurs nom et adresse. Ils remettaient des billets de banque imprimés en Amérique, aux dimensions insolites, sans aucune figure de la République, de L'Industrie, du Commerce ni du Carême, couverts de lignes inextricables. Y compris un bien étrange billet de 300 francs. On sut qu'ils avaient franchi l'Atlantique pour arriver aux banques françaises dans des caisses portant l'étiquette « Champignons ».

Pour sa part, Léonce Rouffiat n'eut pas de gros soucis à se faire. Il avait pratiqué le marché noir avec modération. Plutôt le troc, échangeant son beurre, son fromage, ses œufs contre du vin, de la laine, du tabac, de la taupicine, du savon, des vêtements, des clous à vache ou à charpente. De ces cinq années de famine, de trafics, de mouchardages, d'abominations, il sortait la conscience propre comme l'œil.

Denis Rouffiat, qui avait travaillé dans des fermes allemandes, avait rapporté de là-bas des idées nouvelles. Notamment des idées de propreté. L'ancestrale borie du Cayrol lui apparaissait maintenant comme une déshonorante dégoûtation. Avec sa cour irrégulière et boueuse, son tas de fumier toujours survolé par une nuée de mouches, ses murs sombres, ses fenêtres étroites, son absence d'hygiène. La première chose qu'il voulut fut d'installer un cabinet. Malgré l'opposition de sa mère qui s'écriait, chaque fois qu'il en était question :

– Saprediou! Nous ne sommes pas dans une maison bourgeoise! On est toujours allés dans l'étable. Ou sous le poirier, au fond du pradet. Pourquoi donc qu'il nous faudrait changer d'habitudes?

– Vous serez bien mieux à votre aise, mère. Vous pourrez vous asseoir comme dans un fauteuil. Vous y trouverez de l'agrément, j'en suis certain.

– J'ai pas besoin d'agrément pour faire ces choses-là.

Il installa quand même son vécé derrière la soue des cochons. Avec un siège double, ce qui permettait, en cas d'urgence, de recevoir deux personnages à la fois. Ainsi se faisaient les choses en Allemagne, pays de grande civilisation en dehors de ses périodes de barbarie. Après quoi, les Rouffiat du Cayrol n'eurent plus rien à envier non plus aux Gandilh de la Molède.

Secondement, il entreprit de paver la cour. Là, ce fut le Vieux qui protesta :

– Paver? Comment paver?

– Mettre des pierres plates, bien jointes. Comme dans l'église d'Albepierre.

– Nos bêtes vont glisser dessus et se casser les pattes. Ça sera la ruine de notre maison.

– Y aura moins de boue, moins de fumier, moins de poussière. Davantage de propreté.

– La propreté, la propreté! A quoi ça sert, la propreté?

Il est des questions qui ne trouvent pas vraiment de réponse. Jamais il ne s'était soucié de propreté dans sa vie. Et il ne s'en trouvait pas plus mal. Et quelle curieuse pensée que de vouloir transformer en église la cour de sa ferme! Ce pauvre Denis avait attrapé en Allemagne des idées complètement barioques. On dut bien le laisser faire cependant, puisque la succession reposait sur ses épaules. Et plus tard sur celles de son fils. Il fallut charroyer à pleins tombereaux des pierres noires qu'on allait prendre dans une carrière; les dégauchir; les enfoncer dans la terre remuée; les ajuster entre elles comme les pièces d'un puzzle. Adrien fut d'une grande utilité dans cette besogne, malgré ses mains encore petites, mais déjà dures et vigoureuses. Le soir, à force de se frotter aux blocs, le bout des doigts saignait un peu. Son père le complimentait :

– Tu as le coup d'œil. Tu pourrais faire un bon maçon, si tu voulais.

Le temps sec et ensoleillé favorisait l'entreprise.

L'été passa dans ces révolutions domestiques. Quand le dallage fut fini, Denis promena son balai sur toute sa surface et attendit des compliments. Il n'en vint guère.

– Est-ce que tu penses, demanda le Vieux, que nos vaches vont s'arrêter de chier dessus ? Que les roues de nos chars, nos sabots, n'y apporteront plus de terre ? Je te donne un mois pour que tes pierres disparaissent sous la bouse et le fumier.

– Il faudra les laver de temps en temps.

– Laver les pierres ? De quelle façon ?

– Au jet. Avec un tuyau de caoutchouc. C'est comme ça qu'on les tient propres en Allemagne. Faudra aussi que je creuse une fosse à purin. Que je déplace le foumarié.

Léonce leva les bras au ciel. Mais l'autre, comme on dit, touchait son âne. Continuait sa marche. Il y eut encore celle-là :

– A présent, faut mettre des fleurs. Pour embellir.

– Quel genre de fleurs ?

– Des géraniums. Des rosiers. Peut-être une glycine. Un seringa. Si des étrangers viennent ici, ils verront bien que nous ne sommes pas des sauvages.

– Les fleurs, ça se mange pas en salade !

Denis remonta de Murat avec des sacs de ciment et se mit à construire des bacs, des bordures, des jardinières. Puis il planta, tutora, promit qu'au printemps à venir la ferme aurait complètement changé de figure. Autre changement à peu de frais : au lieu du chaleil qui produisait plus d'ombres que de lumières, la cuisine fut éclairée au moyen d'une lampe à pétrole suspendue. Les soirs en furent transformés dans la salle : on y voyait mieux qu'en plein jour. Les ombres se réfugièrent dans les placards et la souillarde. Mais on n'était pas au bout des surprises :

– J'ai chaque jour dix vaches à traire, exposa Denis. Bientôt, y en aura quinze, vingt ou trente. C'est une besogne très longue et qui m'empêche de faire autre chose. Alors, ce qui nous arrangerait bien, c'est une machine à traire.

– Ça existe ?

– J'en ai vu là-bas. Ça comprend des espèces de chopines en métal et en caoutchouc, qu'on appelle des suçoirs. On fait entrer chaque tétine dans un goulot et la machine tire le lait qui va dans un bidon. Seulement, y a un petit empêchement : tout ça, c'est électrique et on n'a pas l'électricité.

– On n'a pas besoin de cette saloperie, affirma très fort Léonce. L'électricité attire la foudre.

La question fut provisoirement réglée.

Lorsque vinrent les derniers jours de septembre, Adrien éprouva dans l'estomac un étrange vide. Une impression de faim. Les écoles allaient rouvrir leurs portes aux écoliers, et lui n'en serait plus. A treize ans accomplis, il sortait de l'enfance, il entrait dans l'âge adulte, il allait gagner le pain qu'il mangeait au lieu de le recevoir par charité. Pourtant, il ignorait encore un million de choses, il en avait bien conscience. Il se reprochait de n'avoir pas été assez attentif aux leçons de ses institutrices. Les maîtres d'école savent tout; mais ils peinent à communiquer leur science, parce que les élèves ont l'esprit ailleurs. Ainsi lui, Adrien Rouffiat, n'avait pas bien retenu les participes, les batailles de Napoléon, les affluents de la Garonne. Ce sont là des choses utiles dans la vie et il devrait s'en passer. Mais il regretta surtout la communion des chaleurs, des pensées, des regards, des voix, conduite par la baguette de Mme Rigal. Les récréations, tout en cris et en mouvements, survolées par les ailes ouvertes de Jérôme Constant. Les voyages montants et descendants en compagnie de Zéna et de quelques autres, puis de Zéna seule. Au lieu de tout cela qui n'était que jeux gratuits, il devait à présent curer l'étable, porter les seaux de lait, balayer la cour, arroser les géraniums, écosser les haricots. Aider aux hommes, aider aux femmes. Taillable et corvéable à merci. En récompense, son père lui permettait d'accomplir certaines tâches nobles : assis sur le siège de fer, il manœuvrait le levier du rateau mécanique. Il battait le seigle au fléau. Il tenait les brides de l'âne. Il poussait et tirait le passe-partout à tronçonner. Il essaya de manœuvrer l'estèbe, le mancheron cranté de l'araire, même si ses sillons étaient un peu coudés. La Vieille s'inquiétait de la rudesse de ces travaux :

– Tu vas gâter ce petit, reprochait-elle à son fils.

– C'est tout le contraire. Pour être un bon laboureur, il faut commencer jeune. Et je vous promets qu'il sera bon.

Un peu avant la Toussaint arriva une lettre d'Émilienne Pujol. Très bavarde oralement, elle l'était moins sur le papier. Elle expliquait seulement qu'elles avaient fait bon voyage de retour et remerciait une fois encore : *C'est une chose que je n'oublierai jamais, et ma fille non plus. Que le bon Dieu et sa Bonne Mère vous bénissent pour tant de générosité.* Leurs santés étaient satisfaisantes, même si beaucoup de choses manquaient encore à Marseille, notamment le pain et les pommes de terre. Pour finir, elle leur envoyait un million de poutous. Zénaïde avait ajouté un post-scriptum : *Je n'ai plus envie de me faire religieuse. Je pense beaucoup à vous tous et surtout à Adrien.*

La lettre circula entre les mains de ceux qui savaient lire. Drien se gobergea du post-scriptum, composé de deux propositions indépendantes. Il se demanda s'il existait entre elles une liaison. Il se persuada que oui. Si Zéna avait su ou osé traduire complètement sa pensée, elle aurait sans doute écrit : « Je ne songe plus à devenir religieuse *parce que* je pense trop à Adrien. » A peu de chose près, se dit-il, il y avait là une offre de mariage. Il consulta son cœur. Celui-ci répondit que lui-même ne s'y opposait point.

Par les voies habituelles, on sut que le grand chef, premier responsable de la collaboration, Philippe Pétain, emmené de force en Allemagne par les envahisseurs en fuite, était revenu en France spontanément, exprimant le souhait d'être jugé. Il l'eût été même sans ce souhait. Devant le tribunal de Versailles, il demeura à peu près muet, ne comprenant pas très bien où il se trouvait. Il bénéficia d'une condamnation à mort immédiatement commuée, vu son grand âge, en détention perpétuelle. Ce qui lui permit d'affirmer que ses juges s'étaient montrés « très gentils ». En regagnant sa cellule, il salua militairement les gardes mobiles qui ne lui rendirent pas son salut. Comme Napoléon, il fut enfermé dans une île.

Le chef de la Milice, Joseph Darnand, souffrait de malnutrition dans sa prison de Fresnes. Un voisin de cachot, mieux loti, l'ancien président Pierre Laval, lui faisait porter la moitié de la nourriture qu'il recevait. A son procès, Darnand reconnut tout ce qu'on lui reprochait, revendiqua toutes les responsabilités et demanda de verser son sang pour la France comme il avait fait déjà plusieurs fois en 14-18. On lui donna satisfaction.

– C'était un homme courageux, dit Laval. Même s'il avait autant d'intelligence politique qu'une borne.

A son tour, il fut condamné à mort après un simulacre de jugement. Il ne servit de rien qu'il essayât de s'empoisonner au cyanure : on lui fit subir dix-sept lavages d'estomac avant de le traîner au poteau.

Ainsi se termina cette année 1945 qui avait produit de si formidables renversements.

23

La France de 1946 travaillait durement à sortir de ses décombres. Des députés élus au suffrage universel discutaient à Paris pour lui donner une nouvelle Constitution. On pouvait se croire revenu à 1789 et au serment du Jeu de Paume. Il naîtrait de tout cela une IVe République qui ferait oublier le régime de Vichy.

Au Cayrol, Adrien eut une année de plus. Mais ses quatorze ans en paraissaient bien seize. Il n'avait plus l'âge de montrer ses genoux, sa mère lui acheta une paire de braies en toile bleue, avantageuses en longueur; mais des bretelles les tenaient bien tirées, car il n'avait pas terminé sa croissance et elles devaient durer le plus longtemps possible. Quand il passait devant l'horloge, il regardait ces pantalons reflétés dans la vitre, peinait à croire qu'il logeait dedans. Il aimait leur léger flottement sur ses jambes. Puis, il en prit l'habitude et n'en fit pas plus de cas bientôt qu'à ses pieds ou à ses oreilles. Il connaissait maintenant toutes les pratiques de l'agriculture et de l'élevage. En outre, Léonce lui enseignait le travail du bois, du fer, de la pierre, du cuir, de la paille. Il apprit comment fabriquer des sabots, un banc, une table, un joug; rempailler une chaise; ferrer des vaches; ressemeler des souliers; bâtir un morceau de mur; et même réparer une horloge.

– Pour le reste, lui expliqua le Vieux, faudra que tu t'adresses à des spécialistes.

Denis Rouffiat remuait toujours dans sa tête des idées allemandes. Il attendait avec impatience que l'électricité montât jusqu'au Cayrol, malgré l'opposition de son père :

– A Murat, j'ai entendu causer de ta machine à traire. Ça fonctionne très mal. Les chopines métalliques savent pas s'arrêter quand il faut. Au lieu de tirer du lait, elles tirent du sang. Comme ça, à la place du fromage, on peut faire du boudin.

Denis haussait les épaules. Il eut quand même l'audace d'accroître son cheptel : à la fin de l'été, ils possédèrent une vingtaine de vaches ainsi qu'il avait prévu. Vingt superbes salers aux cornes immenses, qui engendraient d'adorables veaux au front frisé, rouges comme des écureuils. Chaque matin, le laitier muratais venait prendre six bidons de cinquante litres tenus au frais dans la bachache.

Toujours aucune nouvelle des déportés. Sauf qu'à présent, l'on connaissait les horreurs des camps de concentration : les tortures, la mort par la faim, par les gaz, par la corde. Et dire que des Français avaient voulu collaborer avec les monstres hitlériens!

Adrien pensait souvent à Zénaïde : comme à une maladie contractée dans l'enfance, tuberculose ou je ne sais quoi, dont les suites te tourmentent de longues années, mais peu à peu s'atténuent. La nuit, il rêvait d'elle. Muni d'un pouvoir magique, il la rapetissait, l'enfermait dans une cage de jonc, la glissait dans sa poche, l'emportait aux champs, aux pâturages, aux bois. Une fois arrivé, il la délivrait, lui rendait sa dimension, parlant avec elle de choses graves en lui tendant la main. Cette main, qu'il avait tant de fois serrée et, une ou deux, pressée contre son front, lui importait plus que tout. Il s'en rappelait la forme un peu allongée, les veinules qui bleuissaient le dos, les ongles roses marqués de taches blanches; les sillons de la paume : ligne de vie, ligne de chance, ligne de tête, ligne de cœur. Zéna lui avait fait la démonstration des siennes, elle prétendait avoir reçu ce savoir de sa grand-mère espagnole, un peu gitane. A lui, elle avait prédit un avenir très inquiétant :

– Tu quitteras le Cayrol. Tu partiras pour la guerre. Mais tu ne seras pas tué.

– La guerre ? Encore ? Contre qui ?

– Je ne sais pas. Ça n'est pas inscrit.

On en sortait à peine. Quels ennemis pouvaient bien nous rester ? Il fit dans sa tête le tour de nos voisins neutres dans la précédente : l'Espagne, le Portugal, la Suisse, l'Irlande, Monaco, Andorre. Aucune de ces puissances ne nous menaçait. Il en conclut que Zéna se moquait de lui. D'ailleurs, les femmes ne connaissent rien à la politique.

Le général de Gaulle, successeur du maréchal déchu, leur avait pourtant accordé le droit de vote. Une erreur manifeste aux yeux de la plupart des Auvergnats. Par cette mesure, la IVe République cherchait à se distinguer des précédentes. Mais au premier scrutin qui suivit, les femmes votèrent mal ; et de Gaulle donna sa démission. Bien qu'il ne fût pas encore majeur, Adrien commençait de s'intéresser à ces choses. Avec l'aide de son père, ouvert à toutes les nouveautés, il apprit ce que signifiaient G.P.R.F., P.C.F., S.F.I.O., M.R.P., S.N.C.F., E.D.F., G.D.F. La IVe serait bourrée d'initiales. On ne pouvait rien comprendre aux temps modernes si l'on ne savait pas les déchiffrer.

Ce fut un événement considérable quand la Vieille et ses deux filles endossèrent leurs plus beaux vêtements, comme si elles allaient à une noce, pour descendre « voter le référendum » à Albepierre. Il s'agissait d'approuver ou de désapprouver le projet de Constitution, de répondre par OUI ou par NON. Conscientes de leur responsabilité et de leur ignorance, elles demandèrent à Denis ce qu'elles devaient faire. Il y eut sous la lampe à pétrole une réunion politique, en présence d'Adrien. Des prospectus explicatifs étaient arrivés en même temps que les bulletins de vote ; mais le mode d'emploi était imprimé si fin que seul Denis eut le courage de s'y user les yeux.

– Toi, comment voteras-tu ?

– Si je m'écoutais, je dirais NON. Pour quel motif ? Parce qu'on a tort d'y inviter les femmes. Ça les détourne de leur besogne familiale. Et elles n'y sont pas préparées. La preuve : vous me demandez conseil.

– Donc faut voter NON ?

– Mais je m'écoute pas. Peut-être que je mettrai un OUI. Parce qu'il faut bien sortir de cet état provisoire. Le pays a besoin d'un gouvernement définitif.

– Alors, c'est OUI ?

– Après tout, il est possible que je mette un bulletin blanc.

On dut encore leur expliquer le sens de cette blancheur. Au terme de la réunion, les trois femmes en surent autant qu'avant. Le vieux conclut :

– Demandez conseil à Batistou.

C'est lui en effet qui les transporta. Dans la salle de la mairie, deux piles d'autres bulletins attendaient sur une table. Grâce aux leçons de Zénaïde, Louise n'était plus tout à fait une illettrée. Elle sut distinguer les feuilles affirmatives des négatives et en prit une de chaque sorte. Mais quand elle fut derrière le rideau de l'isoloir, elle se sentit de nouveau dans une complète incertitude. « Mon Dieu ! pria-t-elle mentalement. Guidez-moi ! » Elle serrait dans sa main tremblante les deux carrés, comme deux billets de dix francs. Alors, derrière son dos, elle unit sa gauche et sa droite, confondit les deux papiers comme on bat les cartes, en tira un à l'aveuglette, le glissa dans l'enveloppe bleue, les yeux fermés, fit une boulette du second. Ainsi, elle put laisser tomber son bulletin dans l'urne, se fiant au choix de Dieu, sans connaître s'il avait voté négatif ou affirmatif.

– Louise Ajalbert, épouse Rouffiat, clama le scrutateur.

– A voté.

Quelques jours plus tard, on sut que les OUI avaient triomphé des NON ; que la IVe République était pourvue d'une solide Constitution.

L'hiver fut précoce et rude. Drien s'amusait encore, comme au temps de Zénaïde, à sucer les chandelles de glace qui pendaient des toitures. Une carte postale arriva de Marseille. Elle représentait la place Castellane, leur souhaitait un joyeux Noël et une heureuse année 1947. Zéna avait écrit trois lignes de sa main : *Cette année, je prépare moi aussi le certificat d'études. Ensuite, je serai modiste. Quand j'aurai gagné des sous, je viendrai vous revoir.*

En janvier, ils eurent des nouvelles de leur cousin Jean Ajalbert de l'Académie Goncourt. Un long article dans *Le Cantal libre* lui était consacré. Le facteur le lut à voix haute, sans en sauter une ligne :

Retiré à Cahors, il vit là-bas dans la gêne, la mauvaise santé et l'opprobre. La vie de cet homme de lettres a été une succession de gloires et d'infortunes. Si bien qu'il se colla lui-même dans sa jeunesse le sobriquet de « Pas-de-chance ». Son père, originaire de Brezons, élevait cinquante vaches salers sur des terrains vagues de la banlieue parisienne, et fournissait son lait quotidien à tout un quartier de la capitale. Dans la maison, l'on ne s'exprimait qu'en patois cantalien. Agé de sept ans, il fut mêlé aux horreurs révolutionnaires. « La Commune, c'est pour moi une nuit rouge où je crie d'épouvante ; des gardes nationaux piquent mon matelas d'une baïonnette. » Sa mère se réfugie avec lui en Auvergne. Anémique, il boit l'eau minérale de Vic-sur-Cère qui le requinque. Il chausse les sabots des bergers, partage leur vie, leurs nourritures, leurs orages. Mais son père, qui a pour lui des ambitions, le rappelle, lui fait faire des études. Le voici avocat, homme de lettres, ami des plus célèbres de son époque : Clemenceau, Mallarmé, les frères Goncourt, Millerand. Il publie des recueils poétiques, des romans, fait jouer des pièces de théâtre, écrit dans les journaux, se fait des ennemis, se bat plusieurs fois en duel. Devant les juges, il défend des socialistes, des anarchistes, notamment le fameux Vaillant qui a lancé une bombe dans la chambre des députés. Lorsque éclate l'affaire Dreyfus, il défend avec passion la juste cause de cet officier juif. Il est un des auteurs de sa victoire. Or voilà que, curieusement, elle se retourne contre lui. Dreyfus sauvé, les Juifs rejettent les dreyfusards qui leur font une publicité trop pesante. Ils veulent qu'on les oublie. La presse des deux bords le repousse : trop voyant. Pas de chance.

En 1895, il épouse Dora Dorian, fille de Charles Dorian, député de la Loire. Beau mariage. Un fils leur naît : Charlie. Mais bientôt c'est le divorce et un cortège de dettes. Pas de chance.

En 1900, il obtient une mission au Laos. Il y reste plusieurs années, en rapporte des romans, des nouvelles, des essais, des mémoires. Entre deux traversées, il revient en Auvergne se mettre à la gaspe et au vert. Après l'expérience asiatique, il est nommé conservateur de la Malmaison, préposé au souvenir de Bonaparte et de Joséphine.

En 1914, il a passé l'âge de la mobilisation. Son fils unique, Charlie, s'engage et tombe à Vauquois le 26 novembre. Pas de chance non plus.

Deux ans plus tard, Jean Ajalbert est élu à l'Académie Goncourt, troisième couvert. Elle ne le retient pas d'en révéler les dessous douteux dans Les Mystères de l'Académie Goncourt. *Ce qui lui vaut d'autres inimitiés.*

En 1919, il épouse en secondes noces Camille Brunner, poétesse et auteur culinaire. Mais leur table reste discrète. Il continue d'écrire et de sabrer.

*En 1939, éclate une autre guerre. Suivie de l'invasion. Comme tant d'autres auteurs patriotes, il devrait se réfugier dans le mutisme. Mais il ne peut pas plus se passer d'écrire que de respirer. Il publie des articles dans des journaux collaborateurs. Notamment dans l'*Émancipation nationale *de Jacques Doriot. Dans le* Tord-Boyaux, *feuille de chou limougeaude, « ne paraissant que pendant les guerres », son article « Le bourg pourri » (il y en a, dit-il, des milliers en France, plus d'un s'y reconnaîtra) cogne à tort et à travers sur les bourgeois, les hôteliers rapaces, les médecins attirés par la politique plus que par les malades, les instituteurs communistes dont l'un, dans ses leçons d'histoire, se refusait de parler de Jeanne d'Arc. Il finit sur cet aveu :* Tout ce dernier trimestre, je me suis rongé de silence, dans la solitude, sur les routes de refuge. Les vieux n'ont qu'à se taire. En avant la jeunesse ! Et qu'est-ce qu'elle sait, la jeunesse, de toutes ces turpitudes du bourg pourri ?... Aujourd'hui que le devoir est de parler, en avant les vieux, derrière le vieux Pétain !

Ce n'est pas tout. Il rencontre des personnes infréquentables. Lors d'un séjour à Nice, on le voit en compagnie de certains membres de la commission d'armistice italienne. La Libération lui demande des comptes. S'il n'est pas condamné à l'indignité nationale, on lui conseille du moins de ne plus se montrer dans la capitale.

Le 16 janvier 1947, une lettre encadrée de noir, adressée à *Madame Louise Rouffiat Ajalbert,* l'informa que Jean Ajalbert, décédé à Cahors le 14, serait inhumé à Bredons le 18. Louise n'avait jamais oublié ce lointain cousinage qui honorait sa famille, les rares marques d'intérêt, les plus rares visites de l'écrivain, le portrait de la tour Eiffel dont il leur avait fait cadeau. Elle revit sa silhouette massive, ventrue, son chapeau à larges bords; elle entendit ses salutations patoises; et se dit qu'il était de son devoir de l'accompagner à sa dernière demeure, puisqu'on l'y invitait. Toutefois, elle ne pouvait envisager de faire une si longue marche, sur des chemins couverts de neige et de verglas. Batistou lui-même s'y serait cassé les pattes. Elle délégua donc ses devoirs à son fils Denis et à son petit-fils Adrien. *Le Cantal libre* avait publié un avis d'obsèques.

– Il y aura sans doute beaucoup de monde. Faites-vous connaître par la famille. Saluez bien sa veuve pour moi, recommanda la Vieille.

L'inhumation devait avoir lieu à 11 h 30, sans cérémonie religieuse, le nécessaire ayant été fait à Cahors. Les deux Rouffiat délégués cheminèrent laborieusement sur la neige gelée et craquante, se tenant par la main. Ils arrivèrent à Pignou en même temps que le fourgon automobile qui transportait le cercueil. Ayant considéré la sente impraticable qui montait à Bredons, le chauffeur déclara :

– Pas question que je m'y engage. Faut trouver une paire de bœufs. On transbordera le corps.

Mais où était la foule espérée ? De Murat encore en deuil, de Murat jadis si fière de son académicien accusé maintenant, à tort ou à raison, de collaboration avec l'ennemi, pas un chat n'était venu. La veuve pleurait derrière son voile noir. Le curé battait la semelle et soufflait sur ses doigts. Denis, qui connaissait du monde à Pignou, entra chez Mathieu. Celui-ci voulut bien prêter sa chartouire et une paire de vaches, Prune et Frisade. Deux prisonniers allemands, en service chez Delhostal, aidèrent au transbordement.

La foule n'arrivait toujours pas. Denis s'approcha de la veuve, se présenta; elle souleva son crêpe, lui tendit une joue ruisselante.

Le convoi se mit en route. Il comportait exactement sept personnes : le curé, la veuve, les deux P.G., le fossoyeur et les deux Rouffiat. Plus le défunt dans sa boîte. L'ascension jusqu'au sommet fut longue et malaisée. Les vaches s'écartelaient sur le verglas. Pas une fenêtre ne s'ouvrit pour regarder ces funérailles minables. Seuls quelques chiens aboyèrent. Une fois à l'entrée du cimetière, les deux Allemands tirèrent le cercueil et, chacun le tenant par une extrémité, entreprirent la descente tout en abrupt. Le plus simple eût été de le faire schlitter sur la neige ; mais la dignité des obsèques s'y opposait. Les P.G. eurent le plus grand mal à l'amener au fond intact. Par bonheur, Jean Ajalbert, qui pesait au moins un quintal métrique au faîte de sa gloire, avait bien maigri dans son obscurité.

Ayant regardé autour de lui, comparé les unes avec les autres, Adrien se dit que le cousin Ajalbert avait la plus belle tombe de Bredons. Sur la façade en pierre de Volvic, vis-à-vis du soleil levant, son nom et son titre académique. Dessous, une date, celle de sa naissance : *1863.* Près d'elle, un petit rectangle vierge attendait celle de son décès. Dessous encore, deux autres rectangles, disposés pour recevoir les noms d'occupants ultérieurs. Des citations littéraires : *Mon pays est le plus beau de tous les pays... J. A.* et : *Plus je vis d'étrangers, Plus j'aimai ma patrie. Du Belloy.*

Des entrailles du caveau, le fossoyeur cria :

– Envoyez !

Ainsi, le cousin Jean Ajalbert, de l'Académie Goncourt, fut conduit à son domicile éternel dans un tombereau à fumier et installé sur son rayon par les mains de deux envahisseurs. Pas de chance.

24

Au cours de l'année 1947, les prisonniers de guerre regagnèrent leur pays. Excepté ceux qui, refusant les délices de la République Démocratique Populaire Allemande, lui préférèrent celles de la République Bordélique Française : Liberté, Égalité, Fraternité, Fortune, Famine, Petit vin blanc, Quatre-Chevaux, Lys Gauty, Tagada tsoin-tsoin. Quelques-uns, oubliant qu'ils étaient déjà mariés en R.D.A., profitèrent des mauvaises communications administratives pour épouser une Française peu regardante. De ces amours, naquirent dans le Cantal de petits Auvergnats blonds aux yeux bleus qui aimaient la potée et la choucroute. Inversement, et pour des raisons identiques, un certain nombre d'anciens *guéfangues* français restèrent en Allemagne. L'ambassade de France à Bonn connaissait leur nombre, leur nom, leur adresse; mais elle refusait de les communiquer à qui que ce fût.

Autre point commun entre ces deux nations : après avoir reculé nos horloges à la Libération, les autorités françaises jugèrent qu'après tout on pouvait les avancer de nouveau pour faire des économies d'électricité. Une super-heure d'été fut donc rétablie, en avance de deux heures sur le soleil. Et de nouveau la France se trouva vivre à l'heure de Berlin.

Jeff l'Irlandais ne donnait pas de ses nouvelles, bien

qu'il eût promis de revenir un jour chaussé d'éperons d'or, sur un cheval blanc. Émilienne Pujol envoyait chaque année une ou deux cartes postales que contresignait Zénaïde. Leur sens était toujours le même : *Nous allons bien, nous espérons que vous faites de même, nous ne vous oublions pas.*

Les arbustes plantés par Denis prospéraient. A présent, une glycine étendait sur la façade ses tentacules d'où pendaient en juillet des grappes mauves. En bordure du pradet, un seringa – dit « fleur de la mariée » – aux branches innombrables, se développait en forme de panache ; au temps de sa floraison, il parfumait la vallée ; si quelqu'un allait s'étendre dessous pour une heure de sieste, il se réveillait tout enneigé de corolles blanches. Au coin de l'étable, le forsythia pleurait de l'or. Les paysans que le hasard conduisait près du Cayrol considéraient, les yeux ronds, cette luxuriance et secouaient la tête d'un air désapprobateur, comme ils auraient regardé leur femme, leur fille trop attifées.

En 1948, Adrien accomplit sa seizième année et Léonce sa quatre-vingtième. Gros fumeur de pipe, il avait souffert de la rareté du tabac. Certaines années, il aurait volontiers échangé, disait-il, sa femme contre un paquet de gris. A défaut d'herbe à Nicot, il avait brûlé des feuillages divers : d'ortie, de marronnier, de topinambour, mêlés de menthe ou de mélisse. Ce qui remplissait la maison de fumées anarchiques. Puis le tabac revint, et avec lui la puanteur patentée.

Jusque-là, Léonce s'était porté comme un charme. Or voici qu'il lui vint une grosseur, une noix sous le menton, accompagnée d'un enrouement chronique. D'abord, il refusa les soins, prétendant qu'il s'agissait d'un simple coup de froid sur la courniole. Il s'enveloppa le cou d'un cache-nez, même au plus chaud de l'été.

– Tu vois bien, pauvre homme, se tuait à lui dire la

Vieille, que tu as pris quelque mal qui va t'emporter si tu ne lui fais rien. Mais je sais bien la cause : ta saloperie de tabac, sapprediou!

– Allons donc! C'est une espèce de rhume. J'en ai eu bien d'autres! répliquait-il avec sa voix de corbeau.

Chaque soir, il se badigeonnait la courniole à la teinture d'iode. Sans cesser de fumer. Voyant que rien n'y faisait, il accepta quand même de descendre à Murat. Le médecin lui déclara sans ambage :

– Vous avez un cancer du larynx.

– Un cancer? Qu'est-ce que c'est, au juste?

– Une sorte d'écrevisse qui vous ronge la gorge. Vous fumez beaucoup?

– Juste quelques pipes par jour.

– Faudra les supprimer. Plus de pipes, plus de cigarettes, plus de tabac.

– Monsieur le Docteur, j'ai toujours entendu dire que le tabac tue la vermine. En Allemagne, avec son jus, on asperge les pucerons des pommiers. Alors pensez-vous pas qu'au contraire il pourrait tuer votre écrevisse?

Malgré la recommandation du médecin, Léonce continua de pipailler.

– Tu verras ce qui t'arrivera! Tu verras!

– M'arrivera rien du tout.

La noix du cou devenue mandarine, le parler de Léonce se faisait de plus en plus sourd. Il revit le médecin, qui lui prédit froidement :

– A présent, il vous faut une opération. Sans quoi, je ne vous donne pas plus de six mois de vie.

– Et si j'arrête complètement la pipe?

– Trop tard. Ça n'y changera rien.

– J'ai dépassé les quatre-vingts. Je peux bien crever.

– A votre aise. Mais ne venez plus me voir.

Au Cayrol, on parla en famille de son écrevisse. Une opération pareille devait coûter les yeux de la tête. Au moins le prix d'une vache. Peut-être de deux. Sans espoir de remboursement. Les paysans n'avaient pas droit, comme les ouvriers, à la Sécurité Sociale.

– On en vendra trois s'il le faut, dit son fils.

Léonce répéta qu'il était assez vieux pour crever ; les quelques mois de vie qui lui restaient ne valaient pas une telle somme. A la fin, il demanda un vote, comme pour le référendum :

– Que ceux qui sont d'avis de laisser tranquille mon écrevisse lèvent la main.

Il fut le seul à la lever.

Cinq jours plus tard, il fut opéré à l'Hôtel-Dieu de Clermont. Ils étaient une douzaine dans la même chambrée où se confondaient les odeurs d'urine, d'eau de Javel, d'éther, de boldo. Tous cancéreux jusqu'au trognon. Quinteux, livides, squelettiques, grelottants. Les uns achevaient de mourir. D'autres essayaient d'en réchapper. Léonce, qui gardait un peu de substance, faisait partie de la seconde catégorie. Le jour, ils luttaient contre la mort et repoussaient ses offensives. Mais la nuit, elle revenait à la charge, les prenait par surprise dans leur assoupissement. A chaque aurore, les infirmiers emportaient sur un chariot les vaincus, roulés dans un drap, en direction de la morgue dont on pouvait, par une fenêtre, apercevoir le vitrage bleu. Denis et son fils vinrent rendre visite au Vieux ; ils le trouvèrent le cou enveloppé d'un énorme pansement. Il leur tendit une main qu'ils baisèrent.

– Allons, fit Denis, tu n'as pas trop mauvaise mine. Comment te sens-tu ?

Le Vieux remua les lèvres, mais ils n'entendirent rien du tout. Ce fut la surprise des surprises.

– On lui a fait l'ablation du larynx, expliqua un voisin de lit. Il ne peut plus parler.

Les lèvres du malade, cependant, continuaient de bouger. Denis approcha son oreille. Il perçut alors un chuchotement, bien distinct dans le silence de la chambrée, mais couvert par le moindre bruit.

– On m'a ôté la courniole, confirma-t-il. Comment je vais faire, à présent, pour m'engueuler avec ma Vieille ?

Ses yeux riaient. Les deux autres Rouffiat se forcèrent aussi pour sourire.

Ils restèrent plusieurs heures à ses côtés, chacun lui tenant une main, assis tour à tour sur la chaise unique dont ils disposaient. De temps en temps, il sortait de sa bouche un son bizarre, comme un cri de grenouille, *coah, coah.* Une sœur à cornette vint le combler de mots gentils :

– Alors, pépé, comment allez-vous ?

– *Coah, coah.*

– Vous êtes content de recevoir votre famille, n'est-ce pas ? Vous en avez de la chance !

– *Coah, coah.*

Ses frères de cancer s'intéressaient aux visiteurs. L'un d'eux leur tendit aussi une main, et ils se levèrent pour la serrer. Un autre réclama un bassin. Ils sonnèrent la religieuse, mais personne ne vint. Deuxième appel, toujours sans résultat. Au troisième, elle parut. Trop tard. La catastrophe. Elle houspilla durement le cancéreux :

– Vous n'avez pas honte ? Espèce de dégoûtant ! Pour un instituteur, c'est du propre ! Vous ne pouviez pas appeler ?

– Je... je... j'ai appelé, ma sœur. Personne n'est venu.

– Il fallait insister. Est-ce que vous pensez que je n'ai que vous dans mon service ?

Elle nettoya quand même l'ordure, dont la puanteur envahit la chambre, s'ajoutant aux puanteurs précédentes.

– *Coah, coah*, fit Léonce.

Denis colla son oreille contre sa bouche.

– C'est un ancien maître d'école.

– J'ai bien compris.

– Personne vient le voir, pécaïre. A côté de lui, c'est un Espagnol.

– Ne parle pas tant.

Ils furent interpellés par un autre pensionnaire dont le lit était proche de la fenêtre.

– Vous avez vu ?

– Quoi donc ?

– En bas. De l'autre côté de la cour. Les carreaux bleus. C'est la morgue. Tous on va y aller, l'un après l'autre. Un jour, si vous trouvez pas votre père dans son lit, c'est qu'on l'y aura transporté.

Pendant huit jours, ils couchèrent chez un frère du cheminot Guignabert, en résidence à Aubière. Ils empruntaient le tramway pour s'y rendre. Pour la première fois de sa vie, Adrien découvrait une ville importante, ses pavés, ses jardins, ses cinémas, son théâtre, ses agents de police armés d'une massue blanche pour assommer le monde, la statue de Vercingétorix sur son cheval au galop. Mais ils passaient le plus clair de leur temps au chevet du grand-père. Celui-ci s'inquiétait :

– Et les vaches, qui s'en occupe, là-haut ? Qui les trait ?

– Les femmes : Céleste et Augustine.

Le Cayrol, provisoirement, était une maison sans hommes. Un peu comme la France en temps de guerre. Les femmes ont montré plusieurs fois qu'elles savent toutes seules faire fonctionner la France. Eux pouvaient se considérer comme mobilisés. Par le cancer. Léonce gardait bon moral. Il espérait bien être débarrassé à jamais de cette saloperie d'écrevisse qui lui mangeait la courniole. En prêtant bien l'oreille, en étudiant le mouvement de ses lèvres, ils arrivaient maintenant à le comprendre sans peine. Sa manière de les saluer, chaque matin, était presque toujours la même :

– Encore un de parti. Avant le jour.

Il désignait un lit vide. Mais celui-ci ne le restait pas longtemps.

Le septième matin, l'ancien instituteur sembla tomber dans un profond sommeil. En fait, dans un coma dont il émergeait de temps en temps pour bredouiller quelque chose d'incompréhensible.

– Qu'est-ce qu'il dit ? demandaient les bonnes sœurs.

L'Espagnol fit l'interprète :

– Il dit : « Enterrement civil. »

Les religieuses s'enfuirent en se signant à tour de bras. Le lendemain, le lit du maître d'école se trouva disponible.

Le Vieux fut enfin ramené au Cayrol. Il y reprit ses occupations comme si de rien n'était. Céleste et Augustine apprirent peu à peu à le comprendre. Il n'en fut pas de même de la Vieille Louise, déjà demi sourde et pas très voyante. Entre elle et lui, il n'y eut plus aucune communication orale. Comme elle regretta de ne pas savoir écrire, de n'avoir pas jusqu'au bout accepté les leçons de Zénaïde ! Elle aurait pu coucher sur une feuille ses pensées. Au lieu de ça, rien ! Alors, ils restaient ensemble de longs moments près de la cheminée, se tenant par la main, comme deux enfants perdus dans la forêt. Lui essayait bien :

– *Coah, coah !*

Elle secouait la tête, les larmes lui montaient aux yeux. Elle aurait pu parler comme avant, il avait encore bonne ouïe ; mais elle trouvait trop injuste d'avoir gardé la voix tandis que lui l'avait perdue. Alors, elle demeurait pareillement muette. Ils s'exprimaient seulement par signes :

– Mange ta soupe, elle va froidir... Veux-tu ta chaufferette ?... J'apporte la marmite...

Quand ils les voyaient dans cette intimité, les autres membres de la famille se gardaient de les déranger. Les deux Vieux semblaient, malgré leurs rides, malgré leurs rires sans beaucoup de dents, être redevenus les amoureux de leur jeunesse, quand lui montait de Laveissenet la fréquenter chaque dimanche au Cayrol ;

ou qu'il la rencontrait, par de heureux hasards, sur les bords du Lagnon, à l'église d'Albepierre, aux pâtures de Niermont. C'était à la fin du siècle précédent, leur mariage s'était fait en 98.

Quelquefois, dans leurs échanges de sourds-muets, Céleste était appelée pour servir de microphone. Elle tendait l'oreille aux paroles de son beau-père et les répétait d'une voix assez forte pour être entendue de Louise. Cela produisait des dialogues compliqués :

– *Coah, coah*... Peut-être elle regrette Gironde, le cardeur de Pignou, bien plus riche que moi, que je lui ai fait perdre.

– Il demande si vous regrettez le cardeur de Pignou qu'il vous fit perdre en son temps.

– Je regrette rien. Mais c'est un beau couillon s'il se pose une question pareille.

– Elle dit qu'elle regrette rien. Mais que vous êtes...

– Merci. *Coah, coah.* J'ai bien entendu.

– Il dit qu'il a bien entendu...

Pour payer les frais de chirurgie et d'hôpital, il fallut vendre deux vaches. Du moins, les dépenses de tabac furent épargnées. Léonce suspendit sa pipe à un clou, au-dessus de la cheminée, afin de lui signifier qu'il ne la toucherait plus de sa vie. Les courants d'air la balançaient.

En 1949, les derniers tickets d'alimentation supprimés, toutes les libertés revenues, les bals avaient repris dans les granges, comme j'ai dit, à l'occasion de mariages, baptêmes, fêtes votives ou de sainte Barbe, protectrice des pompiers. Adrien, âgé de dix-sept ans, y accompagnait sa tante Augustine qui désespérait, vu son grand âge – elle approchait de la trentaine – de trouver chaussure à son pied. L'isolement du Cayrol y était pour beaucoup; mais surtout la guerre avait tué plusieurs fiancés possibles, avait retenu les autres dans les stalags; quand ils en étaient revenus, elle avait déjà coiffé Sainte-Catherine, ils en préféraient de plus jeunettes. Du moins, la tante et le neveu s'enseignèrent-ils l'un à l'autre les danses modernes et les anciennes. Ils formaient un étrange couple qui faisait naître les sourires et les bravades :

– Tiens! V'là Rouffiat et sa promise... C'est pour quand la noce?... Adrien, embrasse ton amoureuse...

Le jeune homme mettait ces compliments dans sa poche, son mouchoir par-dessus, observait d'où ils lui venaient, mais ne réagissait pas autrement. Ce n'était pas une nature vindicative.

Un jour, les conscrits d'Albepierre décidèrent que leur bal, animé par Dantal le joueur de piston, successeur de Coucoulagne qui à présent dormait sous les pâquerettes, serait agrémenté par un concours de bourrée à deux. A deux hommes, naturellement, car cette danse est un véritable duel en musique. Le vainqueur, proclamé par la foule, recevrait en récompense une bouteille de vin bouché.

– Allons, les amateurs! Faites-vous connaître!

Mais peu de gars semblaient intéressés, par timidité ou par gaucherie. Un pourtant s'avança : Gandilh, de la Molède. Ce rogneux, cette gueule puante qui se plaisait, au temps des culottes courtes, à couvrir de moqueries tous ceux qu'il approchait. Il promena sur l'assemblée un regard provocant, avec ce geste du bras qui met en rage les plus calmes. Alors, Rouffiat se présenta.

– Personne d'autre?

Ben non, cela suffisait. A l'idée de cet affrontement, la foule frétillait d'aise. Elle forma un cercle et le piston lança le mouvement. Il joua la plus agressive de toutes les bourrées, rarement tendres : *Bouligo-te.*

Un, deux! Remue-toi donc!
On dirait que le cul te pèse.
Un, deux! Remue-toi donc!
On dirait qu'y as mis du plomb!

A peu de distance l'un de l'autre, les deux hommes sautaient comme des cabris. Leurs souliers martelaient le plancher d'où montait une poussière irritante, qui faisait boire. Des filles éternuaient. D'autres marquaient le rythme en frappant dans leurs mains. Et tous, au bon moment, de lancer : « Yahou ! » Cri de guerre pour exciter les duellistes. Mais ceux-ci n'en avaient pas besoin. Ils avançaient, reculaient, se rejoignaient, se séparaient, leurs regards croisés comme des lames. Adrien fouillait des yeux la figure de Gandilh, depuis le front mussé sous le chapeau, les joues hirsutes – il n'avait pas pris la peine de se raser pour venir au bal –, ce bec-de-lièvre au-dessous du nez qui découvrait une dent, cause sans doute de sa méchanceté. Gandilh faisait de même et s'attardait injurieusement sur le nez large et plat qui avait engendré le sobriquet de *Naz-de-rito.* A chacun sa tare.

Ils finirent par se coller l'un à l'autre, chacun obligeant l'adversaire à reculer, le poussant de la poitrine, du ventre, du souffle, du regard. Le Molédou puait le vin et le tabac. Leurs genoux se heurtaient, leurs pieds s'évitaient néanmoins, à force d'acrobaties. Ils n'avaient pas le droit, cependant, de se bousculer. Au-dessus, leurs quatre poings étaient si fort serrés qu'ils blanchissaient aux jointures. Et toujours ces ya-hou, ce martellement, cette poussière. Rouffiat sentit son front effleuré par le chapeau de l'autre ; mais il ne recula pas d'une ligne. Puis Gandilh dut céder du terrain, contraint par les coudes qu'Adrien portait en avant. Ainsi, en marche arrière, il atteignit malgré lui la bordure du cercle humain. Dantal arrêta sa musique. Tout était joué. La foule les applaudit pareillement. Mais lorsque le piston demanda : « A qui la bouteille ? », elle répondit, quasi unanime : « A Rouffiat ! »

Gandilh jeta son chapeau à terre avec fureur.

25

Et le miracle se produisit. A force de fréquenter les bals, Augustine rencontra un garçon qui faisait tapisserie sur son banc, derrière une table. Elle l'observa du coin de l'œil, remarqua qu'il n'invitait jamais personne, bien qu'il n'eût pas mauvaise mine et fût habillé convenablement. Un peu jeunet, sans doute, mais après tout... A la fin de chaque danse, ses copains revenaient à la table et ils buvaient ensemble une chopine qu'ils faisaient durer. En somme, il semblait préposé à la garde des verres et de la bouteille. Ayant un bon moment considéré ce manège, elle osa se lever, s'approcher – ce n'était pas une manière courante, mais pas non plus chose inouïe – et dire :

– Vous ne dansez pas ?

– Je ne sais pas danser.

– Vous n'apprendrez jamais si vous restez toujours assis. Voulez-vous qu'on essaye ensemble ?

– Oh ! vous, je vous ai remarquée ! Avec votre fringant, vous faites une bonne paire !

– Ce n'est pas mon fringant. C'est mon jeune neveu. Allons, venez.

Il se laissa entraîner. Dieu du Ciel ! Quelle besogne elle eut pour le remuer, le faire marcher en mesure ! Au troisième essai, c'est lui qui se leva et vint lui dire : « Mademoiselle... »

En même temps, ils faisaient connaissance. Il s'appelait Pierre Bruel, travaillait à Murat dans la silice. On y exploitait un gisement de diatomites dont l'usine Delpirou tirait des filtres à vin et des matériaux utiles dans la marine de guerre. Une bonne place. Elle-même se présenta. Bref, ils s'en dirent tant que, quelques mois plus tard, il vint au Cayrol la demander en mariage à ses père et mère.

– *Coah, coah...* répondit Léonce.

– Il veut savoir votre âge, traduisit Céleste.

– Vingt-six ans.

– *Coah, coah...*

– Il dit que c'est un peu jeune.

– Je l'accepte tel quel, précisa Gustine. Dites-moi pourquoi il faut qu'un mari soit toujours plus vieux que sa femme.

Dans ces circonstances, la seconde fille des Rouffiat, qui était une brebis, se comporta en chèvre véritable. Les noces se célébrèrent le dernier samedi d'avril. Dans la grange du Cayrol, il y eut quatre-vingts invités : de ceux qui ne se contentent pas de regarder passer les plats. Dont Victor Dantal avec son cornet à pistons et ses joues qu'il gonflait comme un crapaud. Rien n'y manqua. Ni les dragées lancées à la gaminaille devant l'église. Ni la tournée dans les auberges. Ni le défilé en musique. Ni les guirlandes de fleurs et de papier suspendues aux murs de la borie. Ni la jarretière de la mariée que le garçon d'honneur alla cueillir sous la table et dont il distribua les morceaux porte-bonheur. Les restes des festins nourrirent la famille une semaine encore.

Ainsi, le Cayrol se trouva privé d'une autre tête. Chacun en éprouva quelque tristesse. On vit plus d'une fois, au coin de l'âtre, la Vieille renifler dans son mouchoir. On avait espéré vaguement qu'après le retour de Denis, cinq ans retenu en Allemagne, un drôlet ou une drôlette serait un jour tombé du plafond pour compléter les Rouffiat. Mais rien ne venait. Adrien resta le seul continuateur de la ferme, qu'il transmettrait à son tour, le jour venu, à sa propre descendance. Si Dieu voulait. Lui n'en était ni heureux ni fâché ; mais déjà il sentait sur ses épaules ce poids à venir.

Les années passaient. En 1950, il eut dix-huit ans. La barbe commença de lui hérisser les joues et le menton. L'électricité atteignit le Cayrol. Il y eut des ampoules partout, même dans l'étable ; on éteignit à jamais les chaleils et la lampe à pétrole. Denis put acheter sa machine à traire. C'était vraiment une belle invention, les trente vaches la réclamaient.

De Marseille, Zénaïde écrivit seule : *Je fais maintenant des chapeaux chez une modiste qui me tient en grande estime. Nous fournissons les dames les plus importantes de la ville, même l'épouse du premier adjoint. Tout irait bien si je n'avais eu la grande douleur de perdre ma mamé Carmen. Et aussi notre chatte Merlette. Je pense très fort à vous et j'espère venir bientôt vous revoir. Je vous envoie ma photo. Est-ce que Drien pourrait m'envoyer la sienne ?*

Ce fut une belle surprise ! Le petit carton, guère plus grand qu'un timbre-poste, style « Photomaton », circula de main en main. On y découvrit une Zéna métamorphosée, aussi différente de la trasse gamine de 1943 qu'un papillon peut l'être de sa chenille. Épanouie, souriante, les joues creusées des célèbres fossettes, appétissante à manger toute crue. En outre, coiffée d'un de ces petits chapeaux que les Parisiens appellent « bibis », qu'elle avait dû confectionner elle-même, pour leur donner un échantillon de son savoir-faire. On ne se lassait pas de la regarder. Quand chacun se fut usé les yeux à cette contemplation, Céleste déclara que l'image revenait à Drien. Il l'emporta, la glissa entre les pages du missel qu'il avait reçu pour sa première communion, et mit le livre sur sa table de nuit. Il l'ouvrait le soir pour la regarder. Il lui arriva même de poser les lèvres dessus. Sa mère voyait le livre de messe à son chevet. Elle trouvait qu'il était en train de devenir bien dévot.

Un jour, il se rasa, se peigna, s'endimancha, descendit à Murat pour se faire tirer le portrait.

– Combien en voulez-vous ? demanda le photographe.

– Un seul.

– Je ne travaille pas pour un seul. C'est 20 francs les 6, 30 francs les 12. Si vous n'en voulez qu'un, je vous en fais payer 6 quand même.

– Marchons pour 6.

L'homme l'éclaira sur toutes les faces, lui commanda de sourire.

– Je ne sais pas.

– Pensez à votre bonne amie.

Il fit une sorte de grimace qui parut satisfaire le photographe. La semaine suivante, il redescendit prendre livraison des 6 clichés, se considéra, pensa : « J'ai l'air d'une andouille. » Mais l'homme assura que les portraits étaient lui tout craché. Il donna 20 francs et s'en alla.

– Vous ne trouvez pas que j'ai l'air d'une andouille ? demanda-t-il à sa famille.

– Mais non. Tu es très réussi.

Il envoya un cliché à Zénaïde, disant : *Ma mère dit qu'il est bien réussi. Moi, je trouve que j'ai l'air d'une andouille. Pardonne-moi. Je n'ai pas l'habitude de me faire photographier. Nous t'attendons avec impatience.*

Zéna ne vint ni en 1950 ni en 51. Mais un jour, le facteur leur étala sous le nez un numéro du journal *La Montagne*, l'index sous une photo de la première page.

– Ça ne vous dit rien ?

Ils se penchèrent dessus, l'un après l'autre. Chacun en convint : c'était Jeff l'Irlandais! La légende disait : *Jeffrey Barow, poète de la décomposition.* Suivait un long article qui narrait la vie et les œuvres de cet auteur, récompensé par un grand prix littéraire européen. Sa devise : *Rien n'existe.* Son passe-temps : *Je pleure, donc je suis.* On y évoquait son séjour, pendant la guerre, comme ouvrier agricole dans une campagne française, sans la préciser.

– Faudrait sans doute faire quelque chose, suggéra Denis. Écrire au journal que ce Jeffrey était ici, dans le Cantal.

– Il le fera bien lui-même, si ça lui chante. Nous, ça nous regarde pas.

Voilà donc qu'il avait bien conquis des éperons d'or. On attendit la visite qu'il avait promise sur un cheval blanc.

En juillet, on apprit que l'ex-maréchal Pétain était décédé dans son île. Son cercueil ne dut pas recevoir plus de larmes que celui de Jean Ajalbert. Il fut pareillement mis en terre sans cérémonie. Ainsi finit celui qui « avait fait don de (sa) personne à la France ». Le rôle de Messie est des plus difficiles à tenir; il s'achève toujours dans le sang ou dans la honte.

Au printemps de 52, Adrien Rouffiat fut appelé devant le conseil de révision. Il se montra tout nu devant des militaires habillés, et fut jugé bon à remplir dans l'armée les fonctions qui incombent à tout citoyen français. Une autre guerre sévissait en Indochine. Avec un peu de chance, il aurait l'occasion d'y participer et d'aller vérifier si les Tonkinoises sont aussi charmantes que le prétendait la chanson. Les opérations y portaient des noms aguicheurs : *Mandarine, Colibri, Jonquille*, susceptibles d'attirer les engagements volontaires. Adrien n'était pas cependant pressé de partir, car les foins le retenaient dans le Cantal.

Malgré ce conflit lointain, le pays nageait en pleine prospérité. Cela se remarquait spécialement à la multiplication des petites voitures : 4 CV Renault, 3 CV Panhard, 2 CV Citroën. De sorte qu'on voyait à présent des prolétaires rouler carrosse. Le facteur faisait sa tournée non plus à pied, mais sur un vélomoteur qu'il appelait sa « Zéro Chevaux ».

L'agriculture aussi entrait en révolution. A commencer par le foin, qu'il n'était plus nécessaire de retourner dans une prairie en batifolant. Il suffisait de le faucher, de le rentrer tout vert à la ferme, d'en faire un long silo recouvert d'une bâche de plastique. Celle-ci était retenue contre les vents par des cordes. Ou mieux : par de vieux pneus, faciles à trouver chez les garagistes. A l'abri de l'air, l'herbe fermentait, produisait une espèce de choucroute nauséabonde dont les effluves empuantissaient l'atmosphère. Un peu de cette odeur passait dans le lait, qui devenait impossible à boire au naturel; mais il la perdait à la laiterie grâce à la pasteurisation. Les vaches, disaient les éleveurs, étaient friandes de cette pourriture. Même si, quelque peu alcoolisées par la fermentation, elles étaient pompettes chaque soir et finissaient par y gagner la cirrhose. Mais, nourries de la sorte, ces ivrognesses distillaient une grande quantité de lait. Le bon calcul était donc de remplacer les traditionnelles salers, plutôt délicates question choucroute et moyennement lactifères, par des hollandaises ou frisonnes, porteuses d'énormes mamelles, ballonnées, entravées par leurs pis. Leurs cornes basses, arrondies en forme de parenthèses, menaçaient en poussant de leur entrer dans les yeux; il était nécessaire de les rogner de temps en temps. Caricatures de vaches. A cause de leur lourdeur, elles ne s'éloignaient guère de leurs mangeoires dans lesquelles, à tout moment, elles pouvaient puiser et se bourrer, comme les petits voleurs de confiture. Cela s'appelait la libre tabulation. Mais elles pissaient le lait comme fontaines.

Denis était à l'affût de ces nouveautés. Et quand il ne les découvrait pas tout seul, le journal agricole auquel il était abonné les lui mettait sous les yeux.

Mémorable année 52! Au mois de juillet, arriva la merveilleuse annonce :

En août, profitant de nos congés payés, mon frère Lucien et moi viendrons passer quelques jours en Auvergne si vous voulez bien nous recevoir. Il s'agit de Lustucru, mon aîné de trois ans, pâtissier, qui vous montrera ce qu'il sait faire. Répondez-moi vite pour que je sache si nous devons nous préparer...

Depuis sept ans, ils attendaient l'occasion de dire oui. Zéna ne rappelait pas son âge; mais Drien n'avait pas besoin de calcul : dix-huit ans. La plus belle saison de la femme, alors qu'elle garde encore sur ses formes accomplies un nuage d'enfance.

Toute la borie se mit en frais pour les accueillir. Les deux hommes plantèrent d'autres fleurs, revernirent portes et fenêtres, inondèrent la cour. Céleste lava les vitres, changea les rideaux, apprêta les chambres. Même les vaches, les cochons, Batistou profitèrent d'un coup de plumeau. Personne n'ignorait l'intérêt qu'Adrien portait à la jeune Marseillaise. Un mariage entre ces deux enfants n'était pas pour déplaire, bien qu'il fût encore un peu tôt pour en parler. A vingt ans, un garçon n'est pas vraiment un homme. Sauf ces cas particuliers qui mûrissent précocement, comme l'orphelinage. Une nouvelle rencontre pouvait du moins les éclairer sur leurs sentiments.

Tout commença, de tradition, par la descente à Murat, l'arrivée du train, les embrassades. Grâce aux photos échangées, Adrien et Zéna se reconnurent sans peine malgré les années écoulées. Elle se tenait devant lui, riant de toutes ses dents blanches et de ses deux fossettes, belle comme la nuit dans sa peau brune, sous son bibi de paille. Elle le présenta ainsi à Lustucru :

– *Té, té!* Voici mon frère d'Auvergne! Celui qui volait pour moi des œufs dans les pondoirs! Jusqu'à l'œuf en porcelaine!

Et le pâtissier :

– Je vous connais par cœur. Elle nous a tout raconté de vous. Mille fois!

Ils s'embrassèrent violemment. Elle lui dévorait les joues. Il eut contre sa poitrine cette merveille de beauté. L'émotion lui coupait le souffle, il se sentait aussi rouge qu'un gratte-cul. Et incapable d'exprimer une virgule de ce qui remuait en lui. Lustucru lui secoua la main. C'était un grand gaillard, de belle apparence, excepté qu'il boitait légèrement, ce qui lui avait épargné le service national, comme on disait à présent. Lorsqu'ils furent devant Batistou, Zéna s'étonna de le savoir toujours en vie; puis elle l'embrassa aussi, entre les oreilles. Une fois dans le charreton :

– Que penses-tu de mon chapeau? demanda-t-elle.

– Superbe.

– Je l'ai fait moi-même.

– Je m'en doutais. Tu es une grande modiste.

Elle éclata de rire. Elle riait pour un oui, pour un non. Pour une coccinelle – une cacarinette – qui s'était posée sur son genou. Pour une plume de geai. Pour une feuille. Pour un grain de poussière. Parce qu'elle était heureuse de retrouver ce pays bien-aimé, si longtemps perdu. Et son demi-frère, dont elle avait saisi la main comme aux jours de leurs dix ans. Tout le long du chemin, elle salua les vieux amis : l'Alagnon, le moulin de Martinet, Notre-Dame de Consolation, Albepierre, son école, son four, la croix du Voleur. Au Cayrol, ce fut le retour de l'enfant prodigue. Mais la voix nouvelle de Léonce – *coah, coah*! – lui fit un choc et elle pleura sur sa poitrine, tandis qu'il lui tapotait l'omoplate. Augustine revint de Murat et Amélie de Neussargues constater la métamorphose de la petite Marseillaise. Zénaïde remarqua aussi les changements dans la borie, la cour pavée, les fleurs, l'électricité, la machine à traire, le poste de radio. Pendant une semaine, elle rendit visite à tous ses souvenirs. Au parapluie qui séchait dans le grenier. Au trou de la fenière dans lequel un jour elle était tombée. Aux pâturages des environs, à la Fonsade où elle avait failli être mitraillée par un avion allemand. A la serve où elle s'était baignée nue comme une grenouille. A tout, à tout, à tout. Drien l'accompagnait, souriant mais réservé. Elle demanda des nouvelles des écureuils ; il ne les voyait plus depuis longtemps ; peut-être avaient-ils changé de domicile. Un jour qu'ils s'étaient allongés sur le poil-de-bouc comme autrefois :

– A présent, interrogea-t-elle, que vas-tu faire ?

– En octobre, mon service, pendant dix-huit mois.

– Et ensuite ?

– Ensuite, je reviendrai au Cayrol. Je ferai le paysan. Comme mon père. Comme mon grand-père.

– Tu aimes ce métier ?

– Je n'en connais pas d'autre.

Un long silence. Il n'osait la regarder en face. Il la sentait trop belle pour lui, trop modiste, trop citadine, trop marseillaise. Il voyait leurs deux mains posées l'une sur l'autre, comme celles des enfants qui jouent à la pyramide. Longtemps, ils regardèrent passer les nuages. Une buse – un miarou – miaulait dans le ciel, à la recherche d'une proie qu'elle espérait affoler par son cri. Les cimes du Cantal, en cercle autour d'eux, les considéraient gravement.

Soudain, Adrien se dressa sur les coudes. Elle resta immobile, les yeux clos, les bras un peu écartés. En un instant, il fut sur elle, lui saisit les poignets, la crucifia sur l'herbe, comme autrefois, au bord du Lagnon. Elle ouvrit les yeux, le vit aussi énorme qu'une montagne. Elle distingua ses yeux gris-vert piquetés de points d'or.

– Crie *sèbe* ! dit-il.

– *Sèbe!*

Il l'embrassa. Sur le nez.

Comme promis, Lustucru fit la démonstration de son art. Employant les produits du bord, il fit des choux à la crème, des éclairs au café, des charlottes. En huit jours, le Cayrol mangea plus de pâtisseries qu'il n'en avait consommé pendant dix ans.

Puis les deux Pujol repartirent, après un flot d'embrassades et de promesses : on s'écrira, on ne se perdra plus de vue, vous viendrez un jour à Marseille, il se passera des choses. Le lendemain :

– Eh bien ? demanda Céleste à son fils.

– Eh bien quoi ?

– Qu'est-ce que vous vous êtes dit, toi et la petite, quand vous étiez seuls ?

– Pas grand-chose.

– Quoi donc ?

– *Sèbe.*

– Vous vous êtes dit *Sèbe* ? Comment ça ?

– On faisait semblant de se battre.

– Tu n'avais rien d'autre à lui dire ? A lui demander ?

– Rien de spécial. Mais on s'écrira.

– Oui, vous vous écrirez.

Elle le regarda un peu tristement et secoua la tête.

26

Adrien Rouffiat fut incorporé au 92e R.I. de Clermont-Ferrand, caserne Desaix. On le nourrit de haricots et de mortadelle. Il obtint le permis de conduire les automobiles. Pour échapper aux corvées, il suivit les cours de peloton, gagna le grade de sergent, ce qui lui permit de manger au mess des sous-officiers et de dormir dans une chambrette à quatre lits.

Il fit plus ample connaissance avec la capitale des Auvergnes. En compagnie d'autres sous-offs, il arpenta ses pavés; s'éberlua dans sa cathédrale noire; musarda au jardin Lecoq; butta contre la fontaine d'Amboise plantée au carrefour du cours Sablon et de l'avenue Carnot; admira le Desaix de bronze, parrain de sa caserne, qui tendait le doigt place de Jaude. Une farce, que les troubades s'enseignaient l'un à l'autre, consistait à se placer derrière lui de telle sorte que cet index pendant, à mi-hauteur de l'illustre général, pût paraître autre chose. Les jours de pluie, quand il dégouttait, la confusion était absolue. Le sergent Rouffiat recevait le salut des simples deuxième-classe et le leur rendait. Il fréquenta les bars, les cinémas, le stade Marcel-Michelin, la source pétrifiante : on y voyait des Auvergnats surpris en pleine bourrée par l'action du CO^2 et transmués en blocs de pierre; près de là, les dépôts calcaires avaient formé un pont naturel. Un ruisseau, la Tiretaine, arrosait divers quartiers à visage découvert et emportait leurs détritus. Montferrand était un village de vignerons, de petits marchands, d'éleveurs de poules et de cochons. Les ceps couvraient les côtes de Chanturgue, de Châteaugay, de Beaumont, de Ceyrat. Au milieu de toutes ces beautés, les tramways produisaient leurs *drinn-drinn*, leurs couinements, leurs étincelles bleues. Place de la Victoire, les clochards mettaient des litrons à fraîchir dans le bassin d'Urbain II. Alentour, des pigeons blancs attestaient la présence du Saint-Esprit. Au marché Saint-Pierre, des marchands d'oranges criaient avec l'accent espagnol la valenciana et la majorquine. Rue Neuve, deux mendiants dont un aveugle, face à face, tendaient la main; et quand la manche rapportait peu, ils se faisaient la charité l'un à l'autre. Place des Salins, le cirque Amar avait planté son chapiteau; Drien assista au spectacle grâce au tarif réduit consenti aux militaires. Tout cela sous le regard débonnaire du vieux Puy-de-Dôme dont la tête, blanche ou indigo suivant les saisons, surgissait à chaque bout d'avenue.

A la caserne, il reçut un enseignement efficace et moderne. Il apprit qu'on reconnaît un lieutenant-colonel à ce signe particulier qu'il porte *cinq galons d'or dont deux d'argent.* Que l'armée est à la nation ce que le manche est au balai : l'un ne fonctionne pas sans l'autre. Que la France a besoin de temps en temps d'une bonne guerre, comme l'intestin a besoin d'une bonne purge; c'est la condition nécessaire à sa prospérité. Que le vent peut détourner la trajectoire d'un obus; qu'il faut en conséquence tenir compte de sa force et de sa direction; faute de quoi l'obus risque de tomber *hors de son point de chute.* Riche de ces principes, il fit de son mieux pour satisfaire ses supérieurs. Il eut en récompense l'honneur de défiler le 14 juillet et le 11 novembre, applaudi de tous les Clermontois. Au bout de son temps, il obtint un certificat de bonne conduite.

Au cours de ces dix-huit mois, les grands-parents Léonce et Louise profitèrent de son éloignement pour quitter cette vallée de larmes. Ils le firent avec discrétion, à trois semaines d'intervalle, en catimini, pour causer le moins de dérangement possible. Une méchante grippe venue on ne sait d'où, d'Espagne ou d'Asie, les emporta tous deux l'hiver 52-53. Leurs vieux cœurs n'y résistèrent que quelques jours. Averti par télégramme, Drien put assister aux obsèques de Léonce, l'accompagner jusqu'au cimetière d'Albepierre; sa capote kaki, ses pataugas faisaient une tache jaune au milieu de ces paysans vêtus de sombre. Dans le wagon de troisième classe qui le ramenait, il appuya la tête à l'encoignure et sentit couler deux larmes. Un poseur de la S.N.C.F. qui voyageait en face de lui sortit de sa musette une chopine, du pain, du fromage et lui en offrit pour le consoler.

Le second décès, plus rapide encore, se produisit tandis qu'il manœuvrait au milieu des volcans, à la Fontaine du Berger. Il ne trouva la dépêche que huit jours après l'enterrement, en regagnant la caserne.

– J'aurais pu, expliqua le vaguemestre, te la faire suivre là-haut. Mais j'ai pensé te laisser tranquille une semaine de plus.

La Vieille Louise rejoignit donc son homme sans son accompagnement. Il remercia le vaguemestre de sa bonne pensée.

Lorsque Adrien revint de l'armée, le Cayrol lui parut presque désert. Seuls y restaient son père et sa mère.

– Il t'appartient, dit Céleste, de remplir les vides. En te mariant. En ayant des enfants.

– Laissez-moi respirer. Nous voici trois maintenant. Et je vous promets qu'à moi seul, j'abattrai autant d'ouvrage que quatre.

Au cours de son service, il avait traversé la Limagne,

vu que les vaches et les bœufs y étaient remplacés par des tracteurs. Il se mit à rêver de tracteur, comme son père avait rêvé de machine à traire en revenant d'Allemagne. Ils en discutèrent ensemble. Quoique partisan des nouveautés, Denis objecta qu'un tel engin, à cause des fortes déclivités, serait d'un emploi dangereux au Cayrol. Ils décidèrent seulement d'acquérir une motofaucheuse, qui ne craignait pas les pentes et lui permettrait de coucher à lui seul autant d'herbe que quatre faucheurs. Promesse tenue.

Ils ajoutèrent cinq autres vaches au cheptel, mais ne purent aller au-delà, faute de place dans l'étable. Peu à peu, ils remplaçaient les vieilles salers par des F.F.P.N., frisonnes françaises pie noir, comme l'imposaient les consignes syndicales. La production du lait augmenta, compensant la perte sur les carcasses; car les bouchers n'estiment guère les veaux ni les mères F.F.P.N., tout juste bons à faire du *Ronron* pour les chats.

Par la radio, ils étaient maintenant informés des grands événements du monde. Ils savaient que les peuples asservis d'Asie et d'Afrique aspiraient à se débarrasser de la tutelle coloniale. L'Inde y était parvenue au prix de quelques gouttes de sang : celui du mahātma Gandhi. Au lieu de crever de faim sous l'autorité anglaise, elle crevait de faim à présent sous sa propre autorité. La France avait espéré s'en tirer en organisant l'Union Française; mais celle-ci bientôt craqua de toutes parts. En Indochine, rebaptisée Viêt-nam, une guerre féroce durait depuis huit ans. Elle s'acheva en 1954, après la bataille de Diên Biên Phu.

Il y eut six mois de paix. Le 1er novembre 1954, un instituteur fut assassiné en Grande Kabylie. Ainsi commença la nouvelle guerre à laquelle Adrien Rouffiat devait participer. Annoncée par les lignes de sa main.

Officiellement, ce n'était pas une guerre véritable. Contre les rebelles algériens, la France envoyait des gendarmes, des C.R.S., les parachutistes de la Légion étrangère, chargés de rétablir l'ordre public. Simples opérations de police.

De temps en temps, arrivait une lettre de Marseille. *Quand venez-vous me voir ?* demandait Zénaïde. Ayant atteint sa majorité, elle les informa qu'elle avait quitté la rue du Poirier et vivait maintenant seule, dans un appartement de deux pièces et une cuisine, au 16 de la rue Tapis-Vert, 4e étage, non loin du cours Belsunce. Un quartier plus reluisant. Elle ne disposait pas d'un ascenseur, mais d'une sonnette à l'entrée. *Si vous venez sans m'avertir, appuyez sur le bouton et vous me verrez paraître. A la condition que je sois chez moi, naturellement.* Elle travaillait toujours chez la même modiste.

Ainsi, de même que l'Indochine, elle avait obtenu son indépendance. Les peuples comme les hommes n'aiment pas être traités en éternels mineurs. La France apprenait cette dure leçon.

– Qu'attends-tu pour te marier ? demandait souvent Céleste.

– Je n'ai que vingt-trois ans. Laisse-moi le temps de réfléchir. De profiter de mon indépendance, répondait Adrien.

Lui aussi, comme Zéna, comme l'Indochine...

– Le Cayrol a besoin d'enfants. Sinon, il mourra.

– Pourquoi ne m'avez-vous pas donné des frères et des sœurs ?

– J'avais quarante-deux ans quand ton père est revenu d'Allemagne.

– Et avant ?

– Dieu ne l'a pas voulu.

– Dieu, qui a dit : « Croissez et multipliez », fait d'étranges calculs. Il favorise la génération là où manquent les aliments; il la raréfie là où ils abondent.

– On ne discute pas les desseins de Dieu.

En 1955, le pauvre Batistou lui rendit à son tour son âme innocente. L'équarrisseur de Saint-Flour vint le charger sur son camion en le tirant par les pattes de derrière. Et il partit pour un destin inconnu. Peut-être pour nourrir les soldats du 92e R.I. sous forme de mortadelle. Le temps des ânes étant terminé, on le remplaça par une fourgonnette d'occasion Juva 4 qu'Adrien fut en mesure de conduire grâce à son permis militaire...

– Crois-tu qu'avec cette voiture, demanda sa mère, on pourrait aller jusqu'à Marseille ?

– Sans doute, sans doute.

– Est-ce que tu ne te perdrais pas en route ?

– Avec une carte, on ne se perd pas. Si l'on se perd quand même, on demande son chemin.

Elle pensait toujours à cette petite Zénaïde dont elle aurait bien voulu faire une belle-fille. Adrien y pensait aussi ; mais il se sentait encore un peu jeune. Il se fixa une limite : « Si tu ne l'as pas oubliée à vingt-cinq ans, tu sauteras le pas. » Il étudia sur une carte Michelin la route à suivre du Cayrol à Marseille, aller et retour. Une fois ce périple accompli, mais alors seulement, il envisagerait le mariage.

En attendant, il profitait de son indépendance. Il fréquentait les fêtes baladoires. Céleste enrageait : « Si je ne lui mets pas une femme dans son lit, je n'arriverai pas à le marier. »

En Algérie, les choses allaient de plus en plus mal. Les forces de police ne parvenant pas à rétablir l'ordre, le gouvernement français, quoique combattu par l'opposition de gauche et par les syndicats, rappela sous les armes des soldats du contingent. A Paris, des femmes se couchèrent sur les voies ferrées pour empêcher des trains chargés de jeunes réservistes de partir. En janvier 1956, on crut que les choses allaient changer de face quand le secrétaire de la S.F.I.O., Guy Mollet, socialiste depuis trente ans, fut nommé président du

Conseil. Bien déterminé à accorder a l'Algérie ce qu'elle réclamait, il se rendit à Alger pour voir de près la situation et gagner à son point de vue les Gaulois de l'autre rive, mais ceux-ci l'accueillirent avec de tels arguments, y compris les tomates et les pots de fleur, qu'il en revint complètement retourné.

– Il nous faut à tout prix, déclara-t-il à son retour, garder cette terre sous la protection de la France, si nous ne voulons pas qu'elle tombe sous celle de l'U.R.S.S. ou de la Chine. Et pour cela, nous devons renforcer là-bas notre présence militaire.

C'est ainsi qu'en mai 1956, le sergent Adrien Rouffiat se trouva rappelé sous les drapeaux.

27

De nouveau, il franchit le portail de la caserne Desaix. Incorporé au 121e R.I., régiment montluçonnais reconstitué à Clermont, il surveilla pendant dix jours des travaux de peinture. Tout le matériel roulant, jeeps, camions, remorques, fut passé au jaune sable afin de devenir invisible dans les déserts algériens. Après ce camouflage, le 121 se mit en route pour Marseille. Rouffiat avait eu le temps d'expédier un mot à Zénaïde afin de l'aviser de son passage : *Je ferai un saut jusque chez toi. J'espère avoir le plaisir de te voir.*

Issoire, Le Puy, Aubenas, Orange. Partis à l'aube du 18 mai, ils arrivèrent le soir au camp de Sainte-Marthe. Soûls de poussière et de kilomètres. Pendant huit autres jours, ils reçurent une instruction spéciale qui devait les mettre en mesure d'affronter la guérilla du F.L.N. Un lieutenant leur apprit le vocabulaire approprié :

– Un *fellag*, des *fellaga*. Mais on peu abréger : un *fellouze*, un *fell*. Il ne faudra jamais dire tuer, massacrer, descendre, mais *allumer*. On a *allumé* six fells. Un village se nomme un *douar*. Une ferme isolée une *mechta*. Jamais dire : « on a interrogé un prisonnier ». Mais : « on l'a passé au G.R.E. » (Groupe de renseignement et d'exploration). Ce sont des spécialistes qui feraient parler des muets.

On les munit d'armes nouvelles. Notamment de fusils-mitrailleurs extrêmement sensibles, qui partaient sur un simple regard un peu appuyé. Et aussi d'un petit flacon contenant un liquide transparent, mystérieux, à ne consommer que dans les moments d'extrême tension.

– Et maintenant, allumez-en beaucoup! Vive la France!

Adrien reçut dans les oreilles cet ordre de tuer comme une enclume reçoit un coup de marteau. Il en eut la tête toute sonnante. Mais l'ordre n'alla pas plus loin, il n'entra point dans la chair, il ne pénétra point ses fibres. « Je ne vais pas là-bas pour tuer du monde. Je ne me sens pas fait pour ça. » Il s'aperçut d'ailleurs, au cours des conversations privées, que beaucoup de ses copains raisonnaient de même : ne pas tuer, ne pas être tué. On discutait à voix basse du meilleur subterfuge pour se faire réformer à la prochaine visite médicale. L'un proposait d'attraper les oreillons en soufflant toute une nuit dans une bouteille. Un autre suggérait le faux ulcère d'estomac avaler : un mélange composé de pastis pur, de langoustines et d'une rondelle en caoutchouc. Un troisième voulait se prétendre daltonien, en confondant exprès le vert et le rouge; mais il ne fallait pas commettre la moindre erreur. Il y eut des tentatives, peu de succès.

Le 26 mai, on leur laissa une journée de quartier libre, embarquement prévu pour le lendemain. Il dévala vers le cours Belsunce, trouva la rue Tapis-Vert, le numéro 16, le bouton de sonnette. Il pressa dessus plusieurs fois sans obtenir de réponse. « Parbleu! A dix heures du matin, elle est au travail! » Ayant poussé la porte, il entra dans le hall qui sentait la pisse de chat, vit un alignement de boîtes aux lettres. L'une d'elles portait bien son nom : *Z. Pujol.* Un escalier étroit commençait devant lui, fait de marches de bois, usées en leur mitan jusqu'à la corde. Il s'y engagea. A mesure qu'il gravissait les étages, l'odeur de pisse devenait de plus en plus aigre.

Quatrième palier. Porte à droite, porte à gauche. Paillassons. A une poignée, une enveloppe suspendue, avec la mention *Pour Adrien.* A l'intérieur, un billet : *Cher Naz-de-Rito, je serai de retour à midi et quart. Nous déjeunerons ensemble. Je t'embrasse. Zéna.* Ainsi, elle l'attendait bien.

Deux heures à tuer. Pardon : à « allumer ». Il erra dans le quartier, atteignit le cours Belsunce, puis la fameuse Canebière, la plus grande avenue de Marseille, sans cesse parcourue de piétons et de véhicules. Il s'assit sur un banc, regarda s'écouler la foule multicolore venue des cinq parties du monde. Des égoutiers sortaient de terre. Des balayeurs faisaient semblant de balayer. A un carrefour, un sergent de ville remuait les bras comme un chef d'orchestre. Sur un trottoir, un marchand ambulant vendait des guignes de mai, en chantant : *Mais il est bien court le temps des cerises...* Attirées par sa voix autant que par les fruits, des clientes se pressaient autour du chariot. De temps en temps, Adrien, qui n'avait pas de montre, demandait l'heure à un passant.

Bien avant midi et quart, il fut de nouveau rue Tapis-Vert. Surveillant de l'œil l'entrée du numéro 16, il l'arpenta dans toute sa longueur, depuis Belsunce jusqu'aux allées Gambetta. Le ciel, au-dessus de sa tête, était d'un bleu limpide et indifférent. Quand il fut las de ses allers et retours, il monta de nouveau au quatrième étage, s'assit sur une marche et s'assoupit un peu, adossé au mur. Un chat vint se frotter à ses jambes.

Enfin! Enfin elle parut devant lui! Il en fut certain sans bien la reconnaître dans la pénombre. Ils s'embrassèrent trois fois, à l'auvergnate. Elle avait acheté et mangé des guignes, justement, elle en avait la bouche noire.

– Tu m'attends depuis longtemps?

– Deux heures, à peu près.

– Boudi! Et moi qui ne me pressais pas trop!

Elle lui tendit le paquet de cerises, il en saisit une touffe. Elle lui présenta son minuscule appartement, sa cuisinette, son lit de coin qu'elle appelait cosy, son salon. Par-ci, par-là, un objet dont elle était très fière : un presse-papiers en forme d'oursin, un thermomètre mural, une gravure représentant le château d'If, un diplôme de modiste. Et, dans une boîte d'allumettes, au fond d'un tiroir, une petite pomme de terre en forme de cœur, toute sèche, rapportée d'Auvergne et précieusement conservée. Sur une table, des chapeaux en cours de restauration.

– Je travaille aussi un peu à domicile, pour ma patronne.

En même temps, elle marmitonnait, battait des œufs, coupait du pain, disposait des assiettes et des verres. Ses yeux à lui ne pouvaient se détacher d'elle, de ses cheveux, de son rire, de ses fossettes, de ses mains. Ils erraient même un peu sur le reste. Comme elle était devenue femme!

– Je suis contente de t'avoir retrouvé, dit-elle.

– Moi aussi.

– Malheureusement, à quatorze heures, je dois ouvrir le magasin. La patronne arrive plus tard, quand il lui plaît. Elle me confie la clé. Nous n'allons pas rester ensemble bien longtemps. Est-ce qu'on peut se revoir ce soir?

– Non. Nous sommes consignés à partir de dix-sept heures. Nous embarquons demain matin pour l'Algérie.

– Pour l'Algérie! Tu vas faire la guerre!

– Tu me l'avais prédit.

De nouveau, elle consulta sa paume gauche :

– C'est vrai. Mais tu ne seras pas tué. Ta ligne de vie est très, très longue. Nous pourrons nous revoir quand tu reviendras. Quand reviendras-tu?

– Je ne sais pas.
– Tu m'écriras de là-bas ?
– Certainement.

Ils mangèrent des sardines à l'huile, une omelette à la tomate et des guignes en dessert. Ils burent un peu de vin. Sans se quitter des yeux. Sans bien se rendre compte de ce qu'ils avalaient.

– As-tu faim encore ?
– Oh non ! J'ai trop mangé.

Un moment, il eut la pensée de la demander en mariage. Comme ça, soudain, entre les guignes et le café. Puis il se dit qu'il valait mieux attendre son retour de l'autre rive, on ne savait pas ce qui pouvait s'y produire. Ils parlèrent un peu des absents, Léonce, Louise, Batistou disparus, Augustine mariée, Céleste et Denis grisonnants.

– Maintenant, dit Adrien, nous avons une Juva 4.
– Boudi ! Une Juva 4 ! Le luxe !

A deux heures moins le quart, elle rappela qu'elle devait partir.

– Accompagne-moi jusqu'au magasin, rue Nationale. C'est à deux pas. Et disons-nous au revoir ici. A bientôt. Que la Bonne Mère te garde.

Elle entoura son cou de ses bras, comme d'un collier ; et pour la première fois, lui donna un très long baiser, pas du tout fraternel. Elle renifla un peu. Comme il la regardait de très près, il distingua une goutte brillante sur sa joue gauche. Il l'essuya avec son nez de cane.

La boutique de mode montrait l'enseigne *Au camélia*. Dans les vitrines, toutes sortes de chapeaux : bibis, cloches, capelines, bérets, canotiers. Zéna le fit entrer, lui présenta ses moules, ses formes, ses marottes, ses champignons ; lui montra comment elle étirait et modelait les matières premières. Il admira son talent. Mais en même temps, il se demandait avec inquiétude comment une fille habituée à ces travaux délicats pourrait ensuite accepter les besognes grossières de la campagne, la pâtée des cochons, la lessive au ruisseau, le grattage des boyaux, le boudin et les saucisses quand on tuait Bébert – car tous les cochons élevés par la famille portaient ce prénom. Vers trois heures moins le quart, elle le poussa doucement dehors, sa patronne allait venir, il valait mieux qu'elle ne le trouvât point dans la boutique.

Un moment, il fit encore les cent pas devant la porte. S'arrêtant souvent pour observer la vitrine et, à l'intérieur, la silhouette de Zénaïde qui lui lançait de petits saluts. Son manège cessa à l'arrivée de la patronne.

Longtemps, il erra dans Marseille. Des appels de sirènes invisibles arrivaient du port. Malgré le beau soleil, un air de tristesse pesait sur la ville. Les passants lui jetaient des regards haineux, à cause de son uniforme. Il remonta à pied jusqu'au camp Sainte-Marthe.

Dès sept heures du matin, le 121 se trouvait rassemblé sur les quais de la Grande Joliette. Avec ses véhicules, ses armements, ses paquetages, son fourbi. Devant eux, un énorme bateau, le *Koutoubia*, roulait un peu les mécaniques à cause du violent mistral et de la houle. Au cours de leur descente du camp militaire, aucun civil ne les avait applaudis, aucune femme ne les avait salués.

L'embarquement commença; il devait durer une douzaine d'heures. Tout à coup, il y eut derrière eux, entre la gare maritime et la cathédrale de la Major, un grand brouhaha, des cris confus, des sifflets. Des slogans diffusés par mégaphone à travers les grilles :

– Paix en Algérie! A bas la guerre! A bas le colonialisme!

Pour couvrir la manifestation, un haut-parleur du *Koutoubia* déversa de la musique patriotique : *C'est nous les Africains... Tiens, voilà du boudin... La victoire en chantant...* Tout avait été prévu. C'est au milieu de ce concert que la troupe se hissa dans le navire. Une odeur de crésyl remplissait les coursives. Sur le pont, ça puait moins. De là, on voyait les manifestants, leurs drapeaux rouges et leurs pancartes. Et presque tout Marseille, depuis le parc du Pharo jusqu'aux hauteurs de la Batarelle. Puis les braillards se lassèrent et peu à peu disparurent.

A midi, on se régala du pain de guerre, du maquereau en boîte, de la *Vache-qui-rit* de l'intendance. Et c'est seulement en fin de journée, à la faveur des ténèbres, qu'ils prirent le large comme des voleurs.

Mais quelle compensation le lendemain lorsque, après vingt heures de traversée, de mal de mer, de vomissures, ils entrèrent dans le port d'Alger tout pavoisé de tricolore pour les accueillir ! Les jambes un peu flageolantes, ils mirent le pied sur la terre africaine, devant une foule enthousiaste. Acclamations, pluie de fleurs, plateaux de fruits, carafes de vin et toutes les filles qui leur sautaient au cou en disant : « Merci, merci, merci ! » N'empêche qu'ils ne purent s'empêcher de lire sur les murs des graffiti au goudron : *VIVE KRIM... VIVE LE F-L-N-... ALGÉRIE LIBRE...* Rouffiat considérait avec perplexité cette ville blanche, ces collines grises, ce ciel immaculé qu'il venait, théoriquement, reconquérir au nom de la France civilisatrice et généreuse, afin que son nom fût éternellement béni.

Oum Zizou était, sur un piton de Grande Kabylie, un amas de maisons bicolores, bleues par le bas, blanches par le haut, couvertes de tuiles rouges. Chacune avec sa cour intérieure où séchait le linge sur des cordes tendues. Tout autour, un cercle de montagnes gardait des traces de neige. Des étendues caillouteuses broutées par des chèvres et des moutons. Sur une pente, un bois de chênes verts. Dans les terrains bas, des oliviers épars, des champs d'alfa, des carrés de froment entourés de figuiers de Barbarie. Le village vivait en *kbila*, en communauté agricole, gouverné par les vieillards. Les femmes portaient des robes bariolées et des colliers de verroterie. Les hommes, une chemise et des pantalons bouffants. Ils grattaient la terre au moyen d'un araire tout pareil à celui du Cayrol; avec cette différence que le timon était retenu à une simple barre de bois liée aux cornes des vachettes, ce qui leur tirait la tête en arrière et n'employait que la moitié de leur force. Les paysans kabyles ne connaissaient pas le joug.

Le campement de la 6e compagnie était planté à quelque distance du douar, sous des tentes de grandes dimensions et, pour les officiers, des marabouts quasi individuels. Cerclé de murets en sacs de sable et de nids à mitrailleuse. A l'écart, les feuillées. Plus loin, le tas d'ordures sur lequel les cuistots déversaient leurs fonds de marmite, les viandes avariées et autres cochonneries. Chaque jour, des enfants indigènes venaient y ramasser ce qui leur semblait encore mangeable. Quitte à attraper le scorbut, la dysenterie, la typhoïde, la pelade ou la petite vérole. Mais au fond, ils ne risquaient pas grand-chose car ils les avaient déjà. Plus ou moins.

Adrien refusait farouchement en lui-même la consigne du lieutenant : « Tuez-en beaucoup. » Il se demandait : « Que viens-tu faire ici ? Reconquérir ? Impossible. Nous avons perdu l'Indochine. Nous allons perdre l'Algérie. » Il décida qu'il arrivait en touriste. Pour passer des vacances. Voir du pays et des hommes nouveaux. Apprendre d'eux, et, à l'occasion, les enseigner. Il devait néanmoins obéir aux ordres. Partir en patrouille avec sa section sur des jeeps F.M. Essuyer le tir des fells et riposter à l'aveuglette. Après quatre semaines d'action, les seuls cadavres qu'il eut sur la conscience, en connaissance de cause, furent deux sangliers. La popote afficha du cuissot et de la marinade.

Entre les expéditions, il aimait à se promener dans Oum Zizou. Converser avec ces bergers, ces gratteurs de terre qui lui paraissaient si proches des montagnards auvergnats. L'un d'eux, Brahim, lui rappelait son grand-père Léonce, en plus sec, en plus cuit. Il avait servi dans l'armée française en 14-18 et possédait la croix de guerre, qu'il épinglait certains jours sur sa gandoura. Il parlait le français intelligiblement. Les proverbes kabyles tombaient de sa bouche comme les figues mûres tombent du figuier :

– Ta langue est ton cheval. Elle te mène où tu veux. Si tu la gardes, elle te gardera. Si tu la trahis, elle te trahira. Une poire peut tuer un âne.

– Comment ça, une seule poire ?

– Oui, mon fils. Charge ton âne de paniers pleins de poires. Y en a beaucoup déjà. Encore un panier ! Encore une poire ! Celle-ci est de trop : l'âne tombe, et il crève. Brahim, c'est la même chose. J'ai cinq garçons et sept filles. Je vais crever.

– Pourquoi tant ?

– Parce que Dieu l'a voulu.

Les mêmes mots que ceux de sa mère Céleste. Dieu ne voulait plus d'enfants au Cayrol, mais il en accablait Oum Zizou.

Une autre fois, Adrien lui expliqua que les vachettes kabyles étaient mal liées à l'araire. Avec un clou, il dessina par terre le joug qui permettait aux vaches de chez lui un meilleur effort en poussant du front.

– Donne-moi un morceau de bois convenable, une scie, une hache et je te fabrique un joug. Mais du bois solide, bien dur, pas piqué des vers ! Sinon, le joug se brisera.

Brahim n'avait rien de tel. La région n'offrait que des oliviers tordus, des chênes rabougris. Un matin, le sergent Rouffiat profita d'un voyage à Bougie pour rafler sur le port une traverse de chemin de fer abandonnée. Il besogna une semaine à découper ce bois imbibé de créosote selon les lignes que lui avait enseignées le grand-père Léonce. Les courbes furent déterminées par le front des vachettes, ainsi pourvues d'un joug sur mesure.

– Les cordes ne vont pas bien non plus. Il faudrait des lanières de cuir que nous appelons dans notre patois des *julhes*.

– Faut pas trop demander, mon fils.

Brahim et Adrien s'enseignaient l'un l'autre.

Puis les choses s'aggravèrent. Les fells attaquaient les fermes isolées, massacraient leurs habitants, incendiaient les récoltes, coupaient les pieds de vigne, sciaient les poteaux télégraphiques. Invisibles le jour, ils surgissaient la nuit, osaient même mitrailler le campement. Plusieurs des nôtres furent tués. On glissait les corps dans des sacs de plastique avec fermeture Éclair; ils étaient ensuite transportés à Bougie où ils recevaient une enveloppe plus digne, avant d'être rapatriés.

Un matin, au lever des couleurs, toute la compagnie remarqua un drapeau du F.L.N. – blanc, vert, avec un croissant et une étoile rouges – arboré sur le sommet du Bilan qui dominait Oum Zizou. Vision insupportable. Douze soldats furent expédiés là-haut aux ordres du sergent Rouffiat. Ils furent accueillis par une grêle de chevrotines. Deux hommes tombèrent. Les autres répliquèrent au F.M. Adrien chercha dans sa poche le petit flacon de potion magique. Puis il y renonça, attendant une meilleure occasion. Ils redescendirent avec les morts, les blessés et les débris du drapeau. Le lendemain, un autre, tout pareil, flottait au même endroit.

La population civile indigène, cela va de soi, aidait secrètement les moudjahiddin, les combattants de l'indépendance, tout en simulant une certaine collaboration avec les Européens et les troupes françaises. Le bon domestique qui, le jour, servait fidèlement ses maîtres gaulois, ouvrait la nuit leurs portes à ceux qui venaient les assassiner. Lorsqu'un de ces simulateurs était pris en flagrant délit de traîtrise, il était confié au G.R.E. Il existait à Philippeville une école de torture où ses membres étaient formés. Un soir, Rouffiat put assister aux préambules d'un interrogatoire. Un vieil homme surpris dans la campagne avait eu le tort de prendre ses jambes à son cou à l'apparition de la patrouille.

– Pourquoi ?

– Parce que j'ai eu peur.

– Peur de quoi ?

– Des soldats.

Bousculé, brutalisé, il s'écria :

– Vous avez pas le droit ! J'ai la croix de guerre 14-18 !

– Ta croix de guerre, tu peux te la foutre au cul !

Avec stupeur, Rouffiat reconnut le vieux Brahim. On l'interrogea. On ne put rien tirer de lui.

La Tunisie bourguibiste soutenait aussi la cause algérienne. Elle tolérait sur son territoire la présence de camps où les fellaga trouvaient refuge et entraînement. Pour empêcher les infiltrations, le commandement français entreprit la construction de la ligne Morice, radarisée, barbelée, électrifiée, tout le long de la frontière. En juillet, le sergent Rouffiat fut envoyé avec sa compagnie à l'est du pays pour garder cette ligne. De temps en temps, on y trouvait un fell pris dans les mailles comme un ramier dans la palombière. Pour le décrocher, il fallait couper le courant.

Les radars sont des installations fragiles. Les hommes de Rouffiat étaient chargés de veiller sur eux. Toute créature vivante qui, nuitamment, s'en approchait, devait être abattue. Il fallait ensuite évacuer ces cadavres d'hommes, d'ânes, de chacals, de chameaux. On en mangeait quelques-uns.

Un paysan se fit prendre. On le fouilla, on le secoua, il en tomba une grenade française non dégoupillée.

– Où as-tu trouvé ça ?

– Par là-haut.
Il désigna le sommet où avait flotté le drapeau blanc-vert-rouge.
– Qu'est-ce que tu allais en faire ?
– Je sais pas.
– Précise.
– Je sais pas, j' te dis.
On n'en tira rien non plus. Avant de le confier au G.R.E., on lui fit faire quelques corvées salissantes. Ce jour-là, le cuistot avait prévu au dessert de l'ananas en boîte. Boîtes de cinq kilos, venues de la Martinique. Tout à coup, il pousse une exclamation :
– Merde ! J'ai perdu mon ouvre-boîte !
On le cherche partout, sans résultat. Alors, le prisonnier s'avance :
– Si tu veux, moi, tes ananas, je les ouvre.
– Avec quoi ?
– Avec mes dents.
On écarquilla les yeux. Il écarquilla la bouche, attaqua une boîte, la scalpa en quelques secondes avec ses dents d'acier. Comment se défaire d'un homme aussi précieux ?
On lui fit grâce du G.R.E. Il servit plusieurs mois avec le titre d'aide-cuisinier. Et le sobriquet d'« Ouvre-Boîte ».

Après la ligne Morice, Rouffiat fut ramené près de Blida, en bordure d'une large plaine couverte d'orangers et de citronniers. Logés dans une école désaffectée, ils connurent quelques jours de répit. Une nuit, une sentinelle tira sur une gandoura et donna l'alerte. Quand les lampes-torches éclairèrent le corps, on s'aperçut qu'il s'agissait d'un âne blanc.
– Pourquoi as-tu tiré ? interrogea le sergent Rouffiat.
– Ben... j'ai fait les sommations, il a pas répondu.
Quelques nuits plus tard, ce furent des fells véritables

qui les attaquèrent, occasionnant des morts et des blessés. Laissant eux-mêmes deux tués sur le terrain. En représailles, la compagnie incendia plusieurs mechtas faites de torchis et de bouse de vache. Elle ramena des prisonniers, dont une femme surprise en train de confectionner des bombes. Travail délicat qui convient à des mains féminines.

– Prends un homme avec toi, ordonna le capitaine, et emmenez cette moukère faire la corvée de bois. N'oubliez pas les outils. Vous avez une heure.

Il désigna la forêt de rouvres qui recouvrait une pente de l'Atlas, célèbre pour ses singes, dont on entendait les couinements. Rouffiat connaissait le sens de « corvée de bois ». Il avait jusqu'à ce jour réussi à l'éviter. Et voici qu'à présent... Quel complice choisir ? Il prit Hippolyte Traoré parce qu'il était paysan comme lui et africain. Lui emportait son pistolet, le Noir son F.M.

La femme leur fut remise les mains liées derrière le dos, les pieds nus. C'était une Kabyle, osseuse et jaune, aux paupières fardées, aux longs cheveux roussis par le henné. Avec un triangle bleu sur le front. Elle était responsable de plusieurs attentats, de morts, de mutilations. Les deux soldats marchaient derrière elle, silencieusement. Elle allait sans se retourner, comme indifférente, sûre de son affaire, trébuchant seulement sur les racines. Des glapissements de singes, pareils à des appels, les firent sursauter.

– Est-ce que tu parles le français ? cria le sergent.

Elle haussa les épaules, non, elle ne comprenait rien. Ils s'enfoncèrent au plus profond du bois. Le sol était tapissé de lentisques. « Chez moi, se dit Adrien, ce seraient des aireliers. » Les deux paysans en uniforme se comprenaient sans se parler.

Lorsqu'ils eurent mené longtemps cette marche cahotante, le sergent fit un geste pour arrêter Hippolyte. La femme continua péniblement, visiblement épuisée.

– *Bara!* cria le sergent. Fous le camp!

Elle se retourna, n'en croyant pas ses oreilles.
– *Bara! Fissa!* répéta-t-il.
Elle le regardait, toujours sans comprendre. Il ramassa une pierre, fit mine de la lui jeter, comme on chasse un chien.
– Fous le camp, saprediou!
Elle partit sans hâte, imaginant une mise en scène, s'attendant à recevoir une décharge dans le dos, les poignets toujours liés. Puis elle accéléra un peu. Quand elle eut disparu, Rouffiat saisit le F.M. d'Hippolyte et lâcha une rafale en l'air. Ce qui suscita parmi les singes un concert de vociférations.

Ils étaient trois sur le dos de Traoré, et un quatrième par terre.
– Enfants de salauds! criait l'Africain, tandis que le quatrième se relevait en se tenant la mâchoire.
– Qu'est-ce qui se passe? demanda le sergent Rouffiat.
– Il m'a traité de nègre!
– Ben... est-ce que tu n'en es pas un?
– Si. Mais j'aime pas qu'on me le dise.

Les gosses d'Oum Zizou pullulaient sur le tas d'ordures comme les mouches sur une bouse de vache. Le sergent Rouffiat entendit des cris et des pleurs:
– Scorpion! Scorpion! dit, le doigt tendu, un de ces petits morveux au visage de bronze.
L'autre se convulsait de douleur en se mordant les mains.
– Viens avec moi. Je t'emmène au médecin. Toubib!
Mais le petit n'entendait rien, ne comprenait rien. Il fallut l'enlever à bras-le-corps, l'emporter hurlant et gigotant sous la tente de l'infirmerie où un lieutenant-médecin, en blouse blanche, soignait les blessés de la dernière embuscade.

– Il a été piqué par un scorpion, dit le sergent.

– Un jaune ou un noir ?

– Allez savoir !

– Pose-le sur un lit.

Il fallut deux hommes pour le tenir. Pendant ce temps, le lieutenant fouillait dans une caisse, en tirait des flacons, des tampons d'ouate, une seringue.

– Baissez la culotte. Ne le lâchez pas.

Après la piqûre, l'enfant finit par se calmer. Un peu de bave lui blanchissait les lèvres. Puis il s'endormit. Adrien resta près de lui.

Une heure plus tard, quand de nouveau il ouvrit les yeux, le toubib lui donna une poignée de biscuits de guerre et le mit à la porte.

– Ne t'étonne pas, dit-il au sergent, si demain, pendant que tu feras la sieste, couché sur le ventre, lui ou son frère aîné ou son père s'approche de toi pour te planter un couteau dans l'échine.

Rouffiat fut libéré au début de novembre 56. La guerre d'Algérie continuerait sans lui. Il rentrait en France le cœur serein.

Pendant ces six mois, il avait écrit plusieurs fois à Zénaïde Pujol. Aucune réponse ne lui était parvenue. Sans doute fallait-il en incriminer la poste militaire, très fantaisiste. Ou les déplacements auxquels il avait été contraint. Il se promit de courir rue Tapis-Vert sitôt qu'il serait à Marseille.

Sur le *Ville d'Oran*, ils étaient plusieurs milliers de rappelés qui regagnaient leurs foyers. Plus une douzaine de cercueils recouverts du drapeau tricolore. La foule algéroise n'avait pas accompagné leur départ. Elle réservait ses applaudissements à ceux qui débarquaient. Durant la traversée, Adrien jeta à la mer le petit flacon de potion magique qu'il n'avait pas eu l'occasion de boire.

Le bateau accosta la gare maritime, toutes bannières déployées, sur le coup de midi. Juste au moment où les employés, les ouvriers, les fonctionnaires interrompaient leur travail. Les morts débarquèrent les premiers. On les vit suspendus au filin d'une grue traverser l'espace, atterrir délicatement sur le quai. Les troubades suivirent, en file indienne, descendirent la passerelle, chacun portant son barda. Or, il se produisit tout à coup une invasion de la Grande Joliette. Une cinquantaine de manifestants surexcités parvinrent à franchir les grilles, on ne sait comment, et à s'approcher, scandant des slogans connus :

– Paix en Algérie ! A bas le colonialisme ! A bas la guerre !

Le *Ville d'Oran* ne possédait pas, comme le *Koutoubia,* des haut-parleurs capables de les couvrir sous *Tiens, voilà du boudin.* Quelques braillards s'avancèrent vers les cercueils alignés, pas encore recouverts de drapeaux, et se mirent à leur cracher dessus. Symboliquement. Même s'ils manquaient de salive, l'intention y était. Désireux de cracher sur le colonialisme, ils crachaient sur des soldats morts, victimes de ce même colonialisme. *Fausse Direction,* comme disent les P.T.T. Erreur d'adresse. Les soldats vivants, indignés, les repoussèrent. Les cracheurs de paix battirent en retraite, rejoignirent leurs copains et poursuivirent de loin leurs huées.

C'est dans ce délire que le 121, conspué, reposa le pied sur le sol de la Mère Patrie.

Nouveau séjour à Sainte-Marthe.

Dès qu'il le put, Adrien descendit rue Tapis-Vert. Il retrouva le numéro 16. Au tableau des boutons, *Z. Pujol* avait disparu. Il monta au quatrième étage. L'escalier sentait toujours la pisse de chat, mais la porte de droite portait un nouveau nom. Il osa frapper. Une femme parut, boulotte, frisottée :

– C'est bien ici qu'habitait Zénaïde Pujol ?

– Jo sais pas, répondit la femme avec un terrible accent portugais.

– Pouvez-vous me donner sa nouvelle adresse ?

– Jo sais pas.

– Vous ne recevez jamais de courrier à son nom ?

– Jamais courrier.

La porte de gauche ne put mieux l'informer.

A des passants, il demanda de le diriger vers la boutique de chapeaux *Au camélia.* Après quelques errements, il la retrouva près de l'église Saint-Théodore. C'était toujours la même patronne. Elle voulut bien répondre à ses questions :

– Il y a trois mois que Zénaïde m'a quittée.

– Pour où ?

– Aucune idée. Elle m'a seulement dit qu'elle voulait changer entièrement d'existence.

– Je l'ai vue il y a six mois, avant de m'embarquer pour l'Algérie. Nous sommes des amis d'enfance. Qu'est-ce qui a bien pu se passer ?

– En six mois, mon povre, il peut s'en passer des choses !

– Ses parents, les Pujol, doivent pouvoir me renseigner ?

– N'y comptez pas trop. D'après ce que je crois savoir, elle a rompu aussi avec sa famille.

– Ne vous a-t-elle pas laissé... par hasard... une lettre, un message pour moi ? Je m'appelle Rouffiat Adrien.

– Rien du tout. J'ai même l'impression qu'elle est partie de Marseille, mon povre !

Il comprit le sens de sa pitié.

Il rentra à la caserne et se soûla magnifiquement.

28

Les saisons passent, le soleil reste insensible au temps, mais la terre vieillit. Les montagnes s'usent, les rivières se comblent, les lacs s'assèchent, les calottes polaires fondent comme du sucre, les forêts envahissent les anciennes pâtures, les déserts gagnent du terrain, la couche d'ozone est mangée aux mites. Le Cantal se dépeuple. L'agriculture a trop de bras. Rouffiat vit dans sa ferme du Cayrol près de sa vieille mère, sous la girouette rouillée qui rappelle Nénesse, l'étalon de Fernand Ajalbert. Son père Denis les a quittés en 1975, frappé par une congestion cérébrale. Céleste survit, malgré ses quatre-vingts ans, avec le secours de son congélateur et de son lave-linge. Adrien n'a pas pu se décider à prendre femme. Un peu parce qu'il n'en a point trouvé, un peu parce qu'il n'a pas bien cherché. Céleste lui chante souvent le même refrain :

– Crois-tu que je suis éternelle ? Rends-toi compte que je n'en ai plus pour longtemps. Moi partie, qui te soignera si tu tombes malade ?

– L'hôpital.

Mais lorsqu'elle se trouve en compagnie d'une voisine de son âge, elle confie :

– Je sais bien pourquoi il est resté seul. Parce qu'il a gardé au cœur... une plaie ouverte.

– Qu'est-ce que vous me racontez, avec votre plaie ouverte ?

– Y a une chanson qui parle comme ça. Il n'en dit jamais un mot. Mais je suis sûre qu'il pense toujours à cette Marseillaise que nous avions pendant la guerre.

– Il en a des nouvelles ?

– Non. Elle a disparu. On ne sait rien d'elle. Pas une ligne, pas un mot. Il aurait pu faire une enquête, à Marseille, en revenant d'Algérie. Mais à quoi bon, du moment qu'elle s'était évanouie sans laisser d'adresse ? On sait ce que ça veut dire. Une belle chipie ! Ou du moins une barioque !

– Elle a dû trouver un autre fringant.

– Possible. Mais lui... mais lui... après tant d'années... ne pas guérir d'elle, est-ce bien raisonnable ?

– Il n'est pas encore vieux. Il pourrait dénicher quelque veuve, quelque divorcée.

– Ça ne l'intéresse pas.

– Est-ce qu'il parle de la Marseillaise, de temps en temps ?

– Jamais. S'il m'arrive par hasard de prononcer son nom, de dire : « Tiens ! Voici les sabots de Zéna ! », il détourne la conversation. Mais je vois bien que ça le ronge.

– Il n'a pourtant pas trop mauvaise mine !

– Le travail : voilà son médicament. Le travail le sauve. Quand il est au milieu de ses vaches, plus rien ne lui manque.

Il faut dire que, poursuivant la politique progressiste de son père, il s'est modernisé de fond en comble. Il possède un tracteur ; un pick-up, c'est-à-dire un ramasseur de foin ; un tank, autrement dit un réservoir à lait frigorifique ; un évacuateur de fumier ; une fosse à lisier. Il songe à se munir d'un ordinateur. Les vaches modernes sont pourvues, sous le menton, non pas d'une cloche comme jadis, mais d'un relais électronique qui, au moment des repas, leur envoie une décharge dans la courniole. Dociles, elles se dirigent vers leur mangeoire où elles trouvent un mélange de fourrage, de tourteaux, de farines, d'oligo-éléments, de vitamines, de phosphates. Chaque bête a son propre menu en fonction de sa race, de son poids, de son âge, de sa lactation, de sa date de vélage. Le temps n'est plus où des enfants – mettons Drien et Zéna – menaient les vaches à la pâture, unique et variée, offerte à toutes sous la garde de la chienne Tobie. Il ne faut pas traiter les vaches du XXIe siècle comme celles du Moyen Age! Tout se transforme. Il existe de nouveaux paysans, comme il existe de nouveaux philosophes, de nouveaux cuisiniers, de nouveaux curés.

La solitude? Il n'en souffre pas. Il est relié par le téléphone et la télévision au reste du monde. Il envisage de s'associer en G.A.E.C. (Groupement Agricole d'Exploitation en Commun) avec d'autres éleveurs de la région. A la campagne, un homme et une femme légalement mariés ne sont guère autre chose, bien souvent, à la fin de leur vie, qu'un G.A.E.C. à deux. Qui sait comment aurait fonctionné le G.A.E.C. Adrien-Zénaïde? La Marseillaise, habituée aux agréments de la ville, se serait-elle contentée longtemps de la fréquentation des bovins, des poules et des cochons? Leur beau navire n'aurait-il pas un jour fait naufrage?

Tandis qu'absente, elle remplit encore le plus beau de sa mémoire. Pareille à ces anciennes garde-robes tout en tiroirs et en rayons. Il peut ouvrir n'importe lequel: paf! elle est dedans. Avec ses yeux luisants, noirs comme la gaillette; son visage en forme de dragée; ses dents blanches et menues comme des grains de riz; ses exclamations provençales: *boudi! qué! hoï! zou! té!* Avec son âme si légère – elle ne pesait que 29 grammes d'après leurs calculs – qu'on ne peut lui en vouloir de s'être envolée sans laisser d'adresse. Les mauvaises langues prétendent que Zéna l'a oublié, qu'elle lui a préféré je ne sais quel concurrent, comme il advint au cardeur de Pignou. Ce sont, disent-elles, des choses qui arrivent, pour peu qu'on oublie de retourner son chapeau. Mais si, pressentant les embrouilles quotidiennes, les querelles, les vulgarités de la vie commune, le linge sale, les chaussettes à repriser, elle avait choisi de s'évaporer littéralement comme l'eau de Cologne ? Si elle flottait dissoute dans l'air ? Si elle était présente autour de lui, éternellement, comme elle l'est en lui ? Avec le souvenir de tant de mots, tant de rires, tant de jeux, tant de larmes, tant d'innocence, tant d'amitié, tant de promesses ! Cependant que beaucoup de grisonnants de son âge ne gardent dans leurs armoires que de la charpie tout juste bonne pour les souris. Il se sent privilégié. Même Céleste, sa mère, disparue, il ne sera jamais complètement seul.

Il n'éprouve de rancune, de mélancolie contre personne. Dans un monde de promesses non tenues – Liberté, j'écris ton nom ; Égalité, Fraternité ; Des lendemains qui chantent ; Aimez-vous les uns les autres ; Demandez et l'on vous donnera... O Jeff ! ô Zénaïde, quand même ! – il demeure fidèle à ce qu'il fut toujours, à ses vaches, à sa terre, à son humilité.

Il s'est mis à la pipe, celle que son grand-père lui a laissée en héritage, pendue à un clou depuis le *coah, coah*. Il hume dans son fourneau toute la sagesse du Vieux Léonce. Ses proverbes, ses recettes, ses joyeusetés cantaliennes. Heureux les fumeurs de pipes héritées ! « Pour la mienne, se dit-il, je donnerais bien la moitié de Murat et tout Albepierre ! » Elle est sa petite compagne, sa chaufferette, sa cassolette, son divertissement, son violon d'Ingres, sa confidente, sa complice. Il parle à sa pipe comme d'autres à leur légitime épouse. Elle fait aussi des caprices, selon le temps et son humeur, mais ne va jamais jusqu'à la bouderie. S'il s'apercevait de cela, il en achèterait une, deux, trois autres. Il serait polygame.

De loin en loin, il descend sous Bredons rendre visite

à son cousin Jean Ajalbert, membre de l'Académie Goncourt, dit « Pas de chance ». Personne ne l'a rejoint dans son mausolée pharanoïaque que le temps, peu à peu, désagrège. Oublié de tous. Personne même n'a fait graver, à côté de sa date de naissance, celle de son départ : *1947*. Comme si elle n'avait aucune importance. Drien arrache les ronces, les orties, le bouillon blanc qui l'envahissent. En revenant, il se recueille de même à Albepierre sur les Rouffiat endormis. Eux, au contraire, sont nombeux dans un même carré : Léonce, Louise, Antoinette, Denis, sans parler des ancêtres. Ils se tiennent chaud les uns les autres. Ils conversent avec lui comme s'ils se trouvaient ensemble autour de la table rectangulaire et d'une soupe à la fourchette. Quand il atteint le Cayrol, au retour de ses deux cimetières, tout réjoui, il se frotte les mains et dit à sa mère Céleste :

– Aujourd'hui, j'ai passé une bonne journée.

ŒUVRES DE JEAN ANGLADE

Romans

Le Chien du Seigneur (Plon, Julliard).
L'Immeuble Taub (Gallimard).
Les Convoités (Gallimard).
Le Fils de Tiberio Pulci (Laffont) ou *La Combinazione* (Julliard).
Le Péché d'écarlate (Laffont, Julliard).
La Foi et la Montagne (Laffont).
La Garance (Laffont).
Des chiens vivants (Julliard).
Le Point de suspension (Gallimard).
Une pomme oubliée (Julliard).
Le Tilleul du soir (Julliard).
Un front de marbre ou *Les Mains au dos* (Julliard).
Un temps pour lancer des pierres (Julliard).
Le Tour du doigt (Julliard).
La Saga des Pitelet : *Les Ventres jaunes, La Bonne Rosée, Les Permissions de mai* (Julliard).
Le Pays oublié (Hachette).
La Noël aux prunes (Julliard).
Les Bons Dieux (Julliard).
Les Mauvais Pauvres (Laffont, Julliard).
Avec flûte obligée (Julliard).
La Dame aux ronces (Presses de la Cité).
Juste avant l'aube (Presses de la Cite)
Un parrain de cendre (Presses de la Cité).

Gens d'Auvergne (Presses de la Cité, coll. *Omnibus*).
Le Jardin de Mercure (Presses de la Cité).
Y a pas d'bon Dieu (Presses de la Cité).
L'Impossible Pendu de Toulouse (Fleuve Noir).

Biographies

Sidoine Apollinaire (Volcans, Horvath).
Hervé Bazin (Gallimard).
Pascal l'insoumis (Librairie académique Perrin).
Les Montgolfier (Librairie académique Perrin).
Qui t'a fait prince? (Laffont).

Histoire

La Vie quotidienne dans le Massif central au XIXe siècle (Hachette).
La Vie quotidienne des immigrés en France (Hachette).
La Vie quotidienne contemporaine en Italie (Hachette).
Histoire de l'Auvergne (Hachette).
Les Grandes Heures de l'Auvergne (Librairie académique Perrin).

Essais

Les Greffeurs d'orties (La Palatine).
Grands Mystiques (Pierre Waleffe).
Solarama Auvergne (Solar).

Albums

L'Auvergne que j'aime (SUN).
Drailles et burons d'Aubrac (Le Chêne).
L'Auvergne et le Massif central d'hier et de demain (Éd. Universitaires).
Clermont-Ferrand fille du feu (Xavier Lejeune).
Les Auvergnats (Nathan, La Martinière).
Auvergne (Nathan).

Mémoires d'Auvergne (De Borée).
L'Auvergne vue du ciel (De Borée).

Divertissements

Riez pour nous (Robert Morel).
Célébration de la chèvre (Robert Morel).
Cent clés pour comprendre le feu (Robert Morel).
Les Zigzags de Zacharie (CREER).
Les Singes de l'Europe (Julliard).
Jean Anglade raconte... (Le Cercle d'Or).
Fables omnibus (Julliard).
Mes montagnes brûlées (ACE).
L'Auvergnat et son histoire, BD (Horvath).
Confidences auvergnates (Christian de Bartillat).

Traductions de l'italien

Le Prince, de Machiavel (Le Livre de Poche).
Le Décaméron, de Boccace (Le Livre de Poche).
Les fioretti de saint François d'Assise (Le Livre de Poche).

Poésie

Chant de guerre et de paix (Le Sol clair).

Théâtre

Le Cousin des Îles, d'après *Les Bons Dieux.* Scénario en trois temps.
Le Clarinette, d'après *Un front de marbre.*
Quand bise vente.

Films

Une pomme oubliée, réalisation de Jean-Paul Carrère.
Les Mains au dos, d'après *Un front de marbre,* réalisation de Patricia Valeix.

Cassette

Contes et légendes d'Auvergne (Nathan).

Cet ouvrage a été réalisé par la
SOCIÉTÉ NOUVELLE FIRMIN-DIDOT
Mesnil-sur-l'Estrée
pour le compte des Presses de la Cité
12, avenue d'Italie, 75013 Paris
en mars 2003

Imprimé en France
Dépôt légal : août 1994
N° d'édition : 6255 - N° d'impression : 63233